イラスト版

初めての育児12か月

赤ちゃんのお世話がやさしくわかる

医学博士・小滝医院院長
小滝周曹　監修

成美堂出版

外の世界へようこそ

0か月の赤ちゃん

お母さんの温かいお腹の中から、ついに外の世界へ飛び出した新生児期の赤ちゃん。自分で呼吸するのも、お乳を飲みはじめるのも何もかも初めてのことばかり。この時期は、まだまだ外の世界で生活する準備を整える時期だといえます。体温調節も苦手ですし、体の動きもスムーズにいかず、生まれつき持っている原始的反射などが見られます。

0か月の赤ちゃんは、1日の大半を寝て過ごしますが、数時間ごとに目を覚ましては泣いておっぱいをほしがります。おしっこやうんちの回数も多いので、おむつ替えも小まめにしてあげる必要があります。

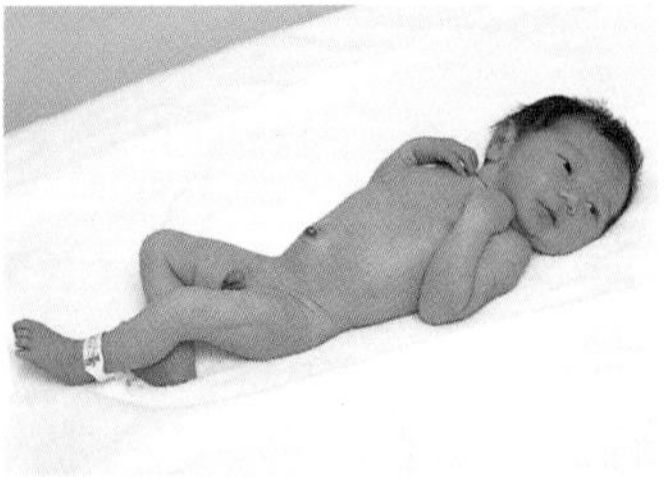

生後５日目の赤ちゃん。生まれて２週間までを新生児と呼びますが、広い意味では１か月までの赤ちゃんのことをいいます。

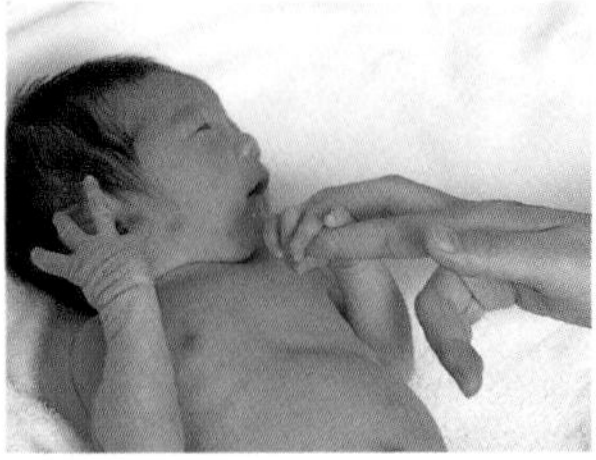

お母さんの指を手のひらにつけると、ぎゅっと握ります。これを握り反射といいます。

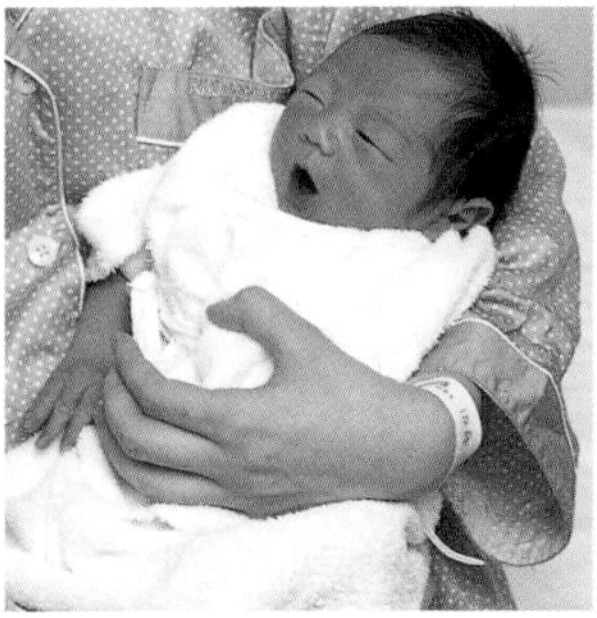

新生児期は昼夜の区別がなく、ほとんど一日中眠っています。

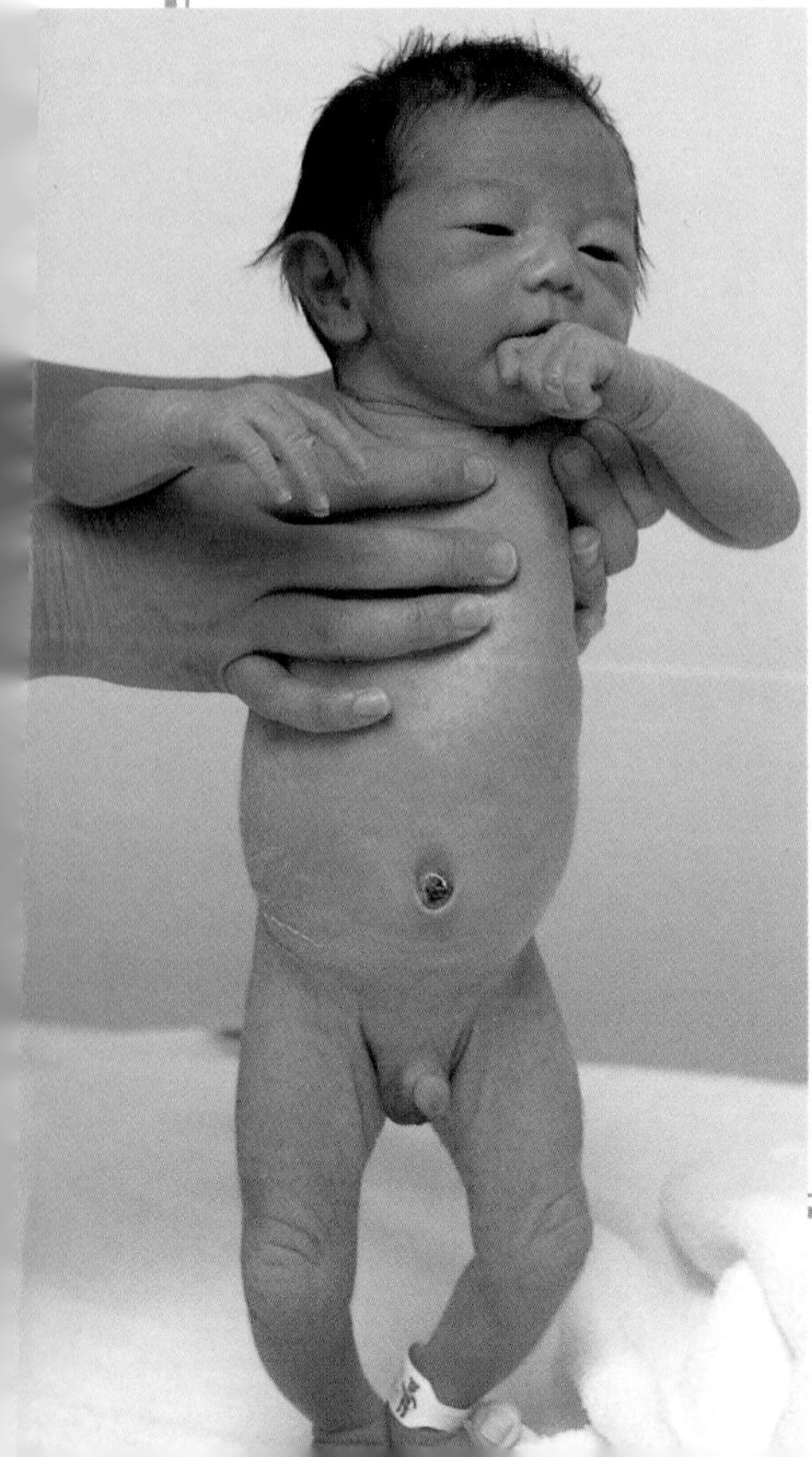

赤ちゃんを立たせると、まるで歩きそうな様子を見せます。これを自動歩行といいます。

1か月の赤ちゃん

目や耳が発達してくる

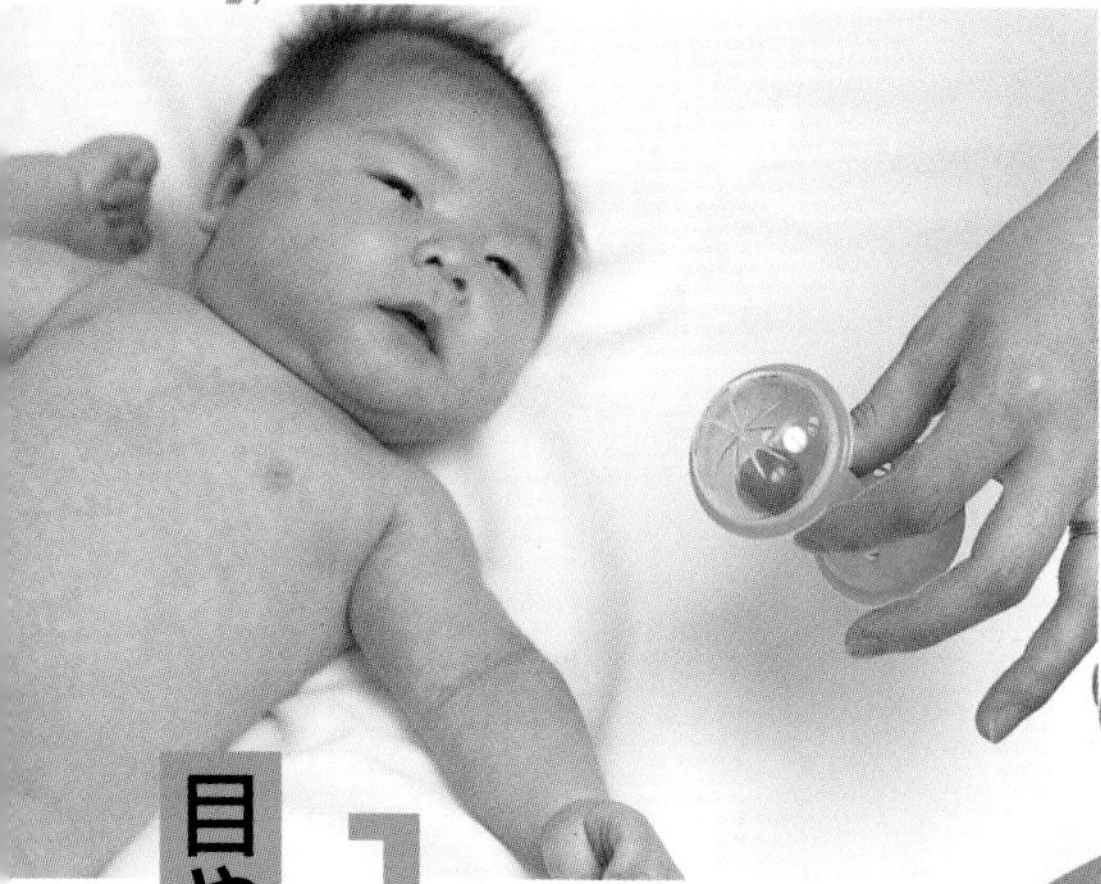

音のするおもちゃの方をなんとなく見るようになります。

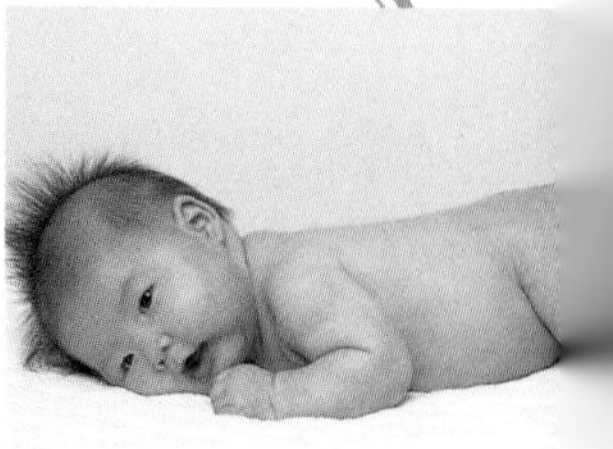

うつぶせにすると少し頭をあげようとすることも。

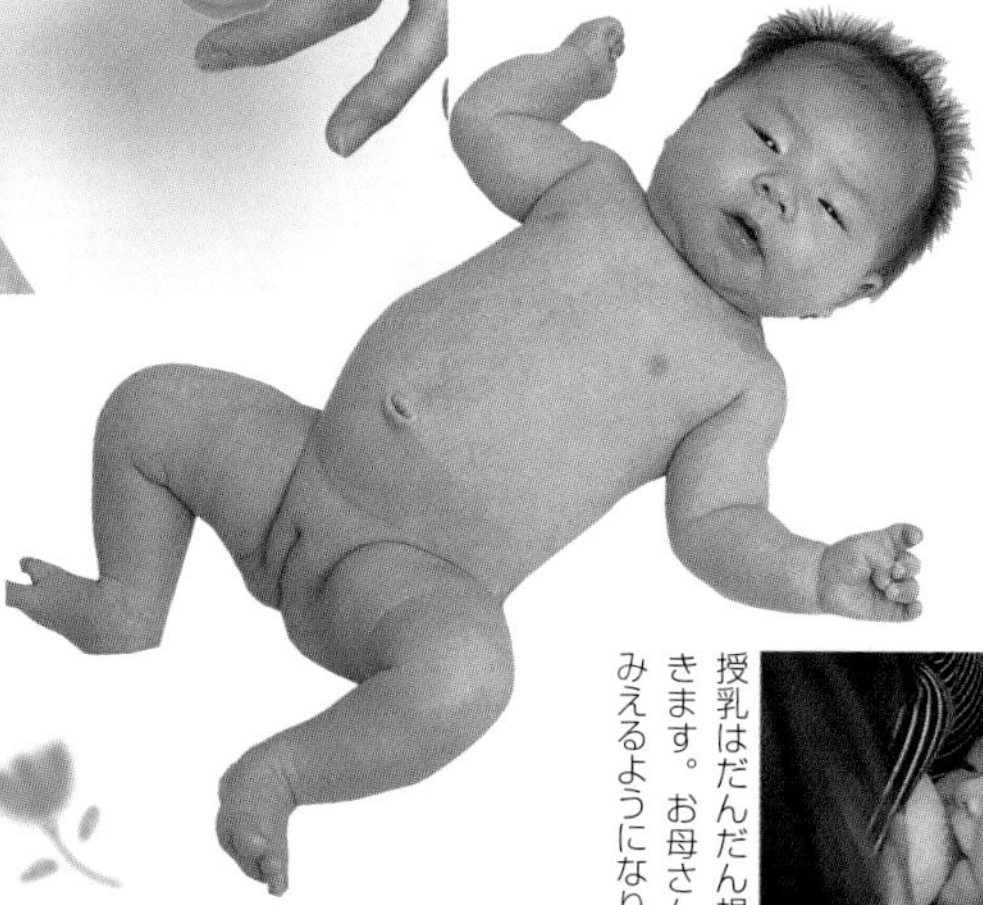

1か月を過ぎると赤ちゃんは丸みを帯びてきます。

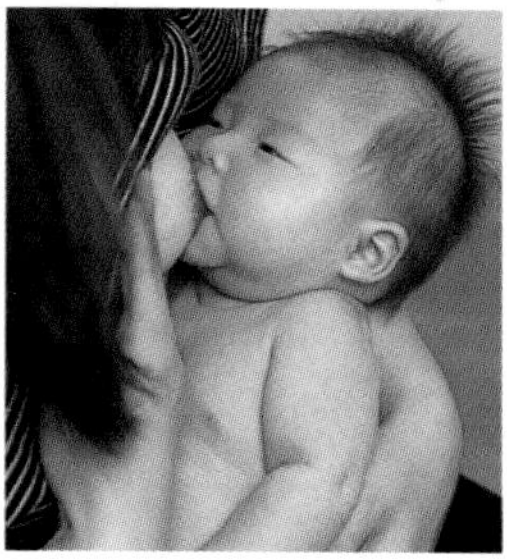

授乳はだんだん規則正しくなってきます。お母さんの顔もぼんやりみえるようになります。

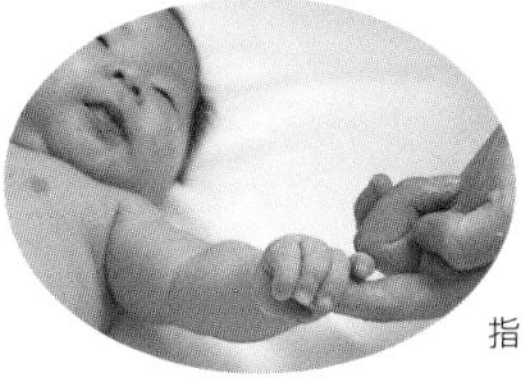

指をしっかり握ります。

　お誕生から1か月たったころには、皮下脂肪がついて、赤ちゃんはだいぶ丸みを帯びてきます。生まれたころより、体重は1㎏くらい増えていることでしょう。

　目や耳も徐々に発達してきて、耳のそばで音がすると、その方向をなんとなく向いたり、目の前にあるものがぼんやり見えてきたりします。

　新生児期はお乳を飲んでは寝て、また泣いてお乳をもらって寝る、という生活でしたが、少しずつ目を覚ましている時間も長くなってくるでしょう。

　授乳リズムもバラバラだった新生児期に比べれば、1日6～8回に安定してきます。

表情が豊かになってくる
2～3か月の赤ちゃん

この時期には、かた太りとなり体つきがだいぶしっかりしてきます。

赤ちゃんの表情は豊かになり、お母さんがあやしてあげると、にっこり笑うような表情を見せてくれるなど、赤ちゃんらしいかわいさが増してきます。

1か月のころよりも、さらに寝ている時間が短くなり、授乳の間隔も安定してくることでしょう。なかには、夜しっかり寝てくれるので、夜中の授乳は必要なくなる赤ちゃんも出てきます。

3か月に入ると、首がだいぶすわってくるため、腹ばいにさせると頭を持ち上げていられる子が多くなります。

お母さんが笑いかけると笑ったような表情を見せます。

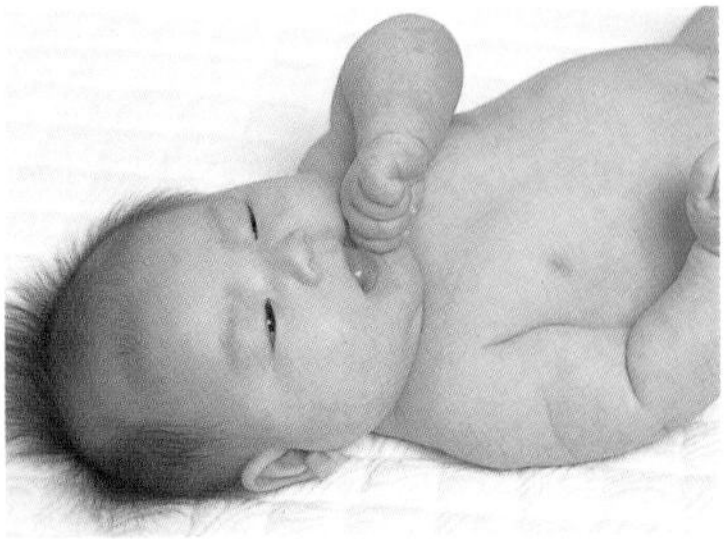

2か月くらいには口に手をもってきたり、「アーア」とか「ウー」などの喃語《なんご》と呼ばれる声を出すようになります。

腹ばいにすると首をもたげるようになる子も出てきます。

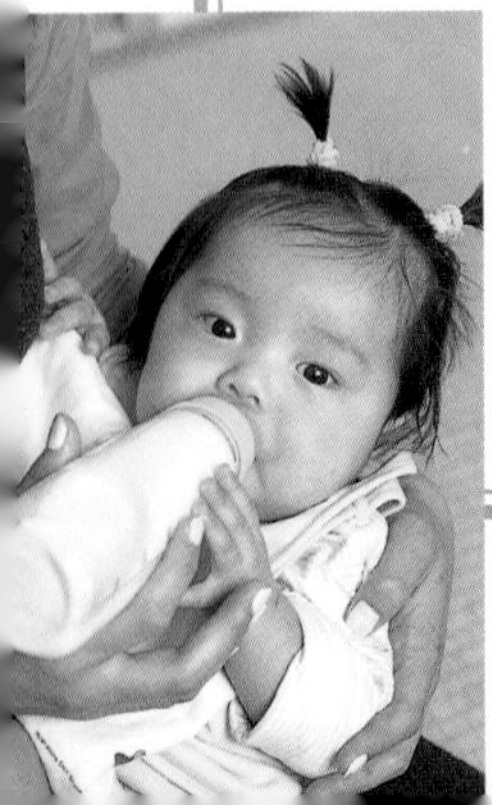

母乳の出が少ない場合にはミルクを足します。

4～5か月の赤ちゃん

たて抱きも大丈夫

4か月ではおもちゃを持って楽しく遊びます。

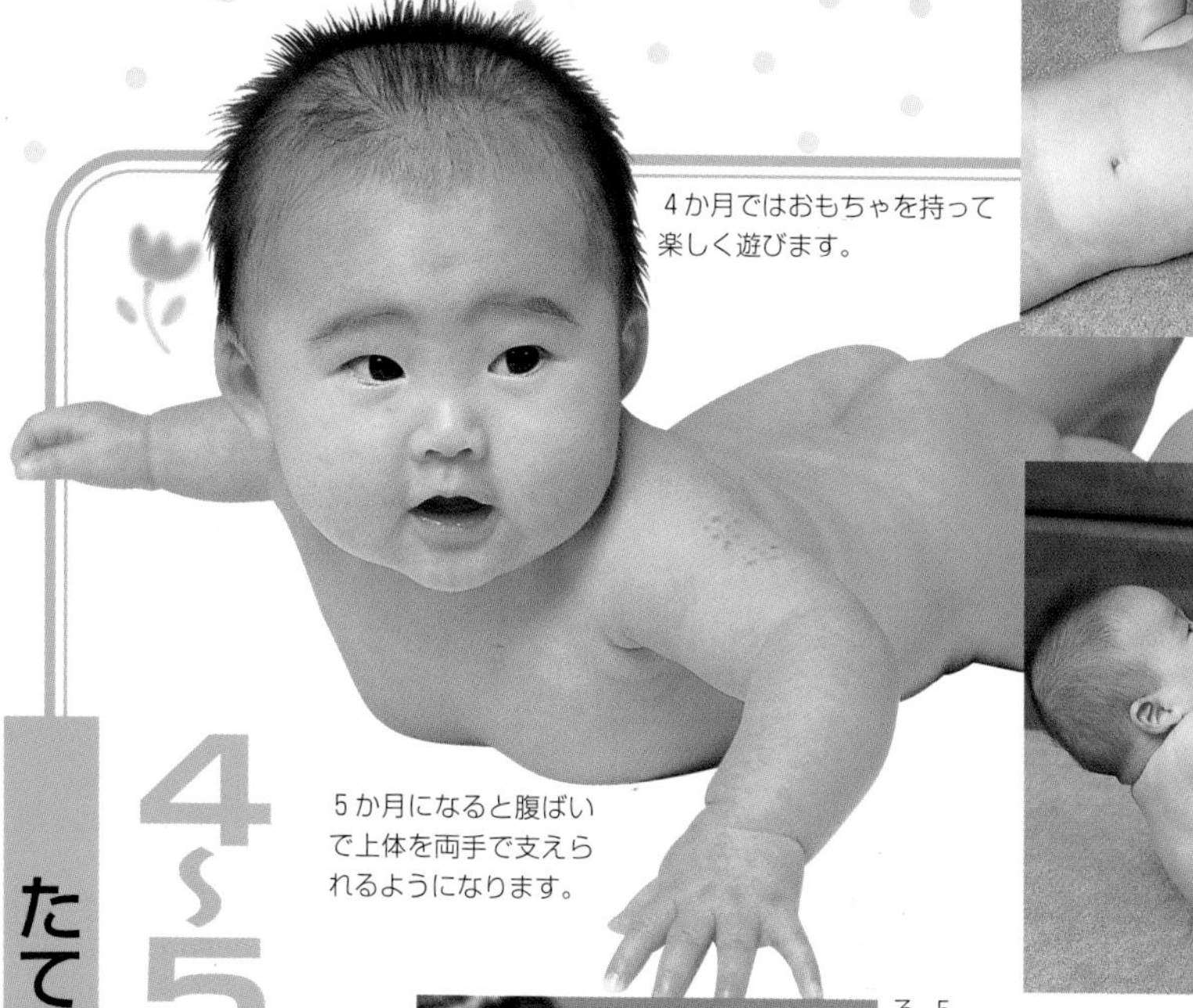

5か月になると腹ばいで上体を両手で支えられるようになります。

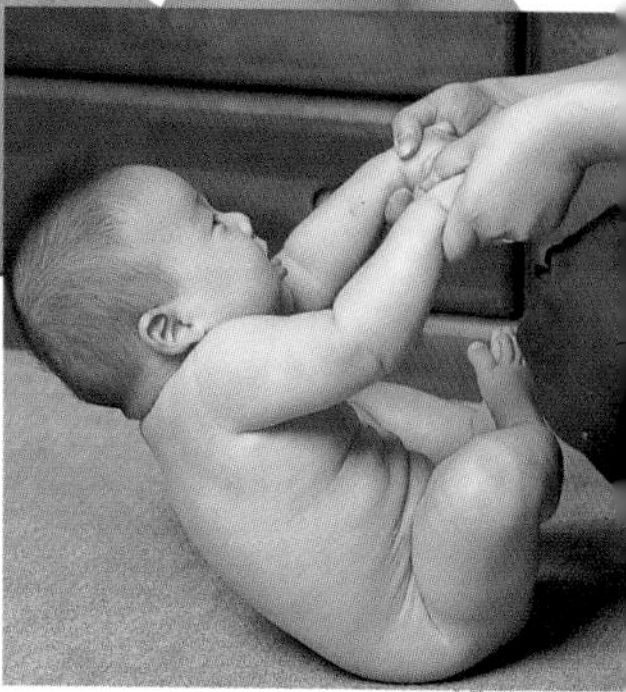

首がしっかりすわってくるので、たて抱きも安心。

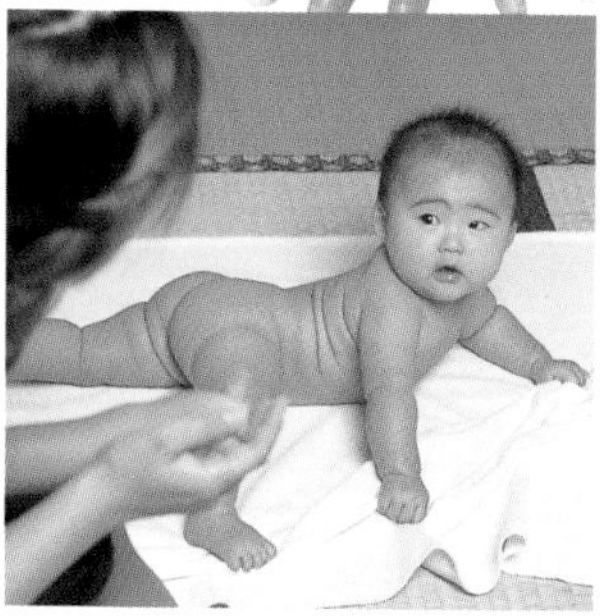

5か月ごろには、お母さんがよびかけると振り向きます。

5か月をすぎると、なかには離乳食がスタートできる子も出てきます。

この時期の赤ちゃんは、しっかりと首がすわってくるので、たて抱きにしても安心です。視力もだいぶ発達してきているので、遠くのものも見えるようになったり、お母さんなど、身近な人の顔もわかるようになります。

動きが活発になり、5か月に入ると寝返りのできる子も出てきます。また、手の動きもだいぶスムーズになるため、近くにあるものを口に持っていこうとします。ベッドから落ちたり、危険なものを口にしたりしないように、安全対策をしっかりしておくようにすることです。

また、そろそろ離乳食のことも考えましょう。

離乳食を進めたい
6~7か月の赤ちゃん

6か月に入ると、寝返りが上手にできるようになり、ますます動きが激しくなってきます。一人でしばらく座っていることができるようになる子もいるでしょう。情緒の発達も顕著で、お母さんと他人の顔がはっきりとわかり、人見知りが激しくなってくるのもこの時期です。このころは、離乳食を順調に進めていきたい時期でもあります。ただし、個人差がありますから、自分の子どもが少食でも、あせりすぎないようにしましょう。

なお、お母さんからもらった免疫が切れるので、初めて熱を出すこともあります。

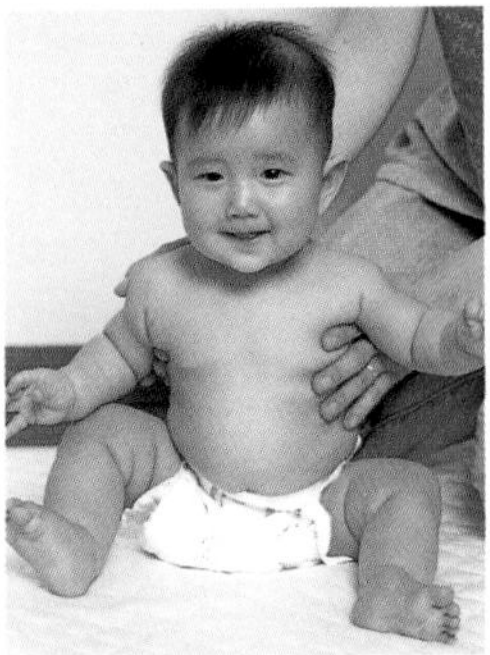

おすわりができるようになる子もいます。

ハイハイにはもうちょっとです。

離乳食はそろそろ2回食に。

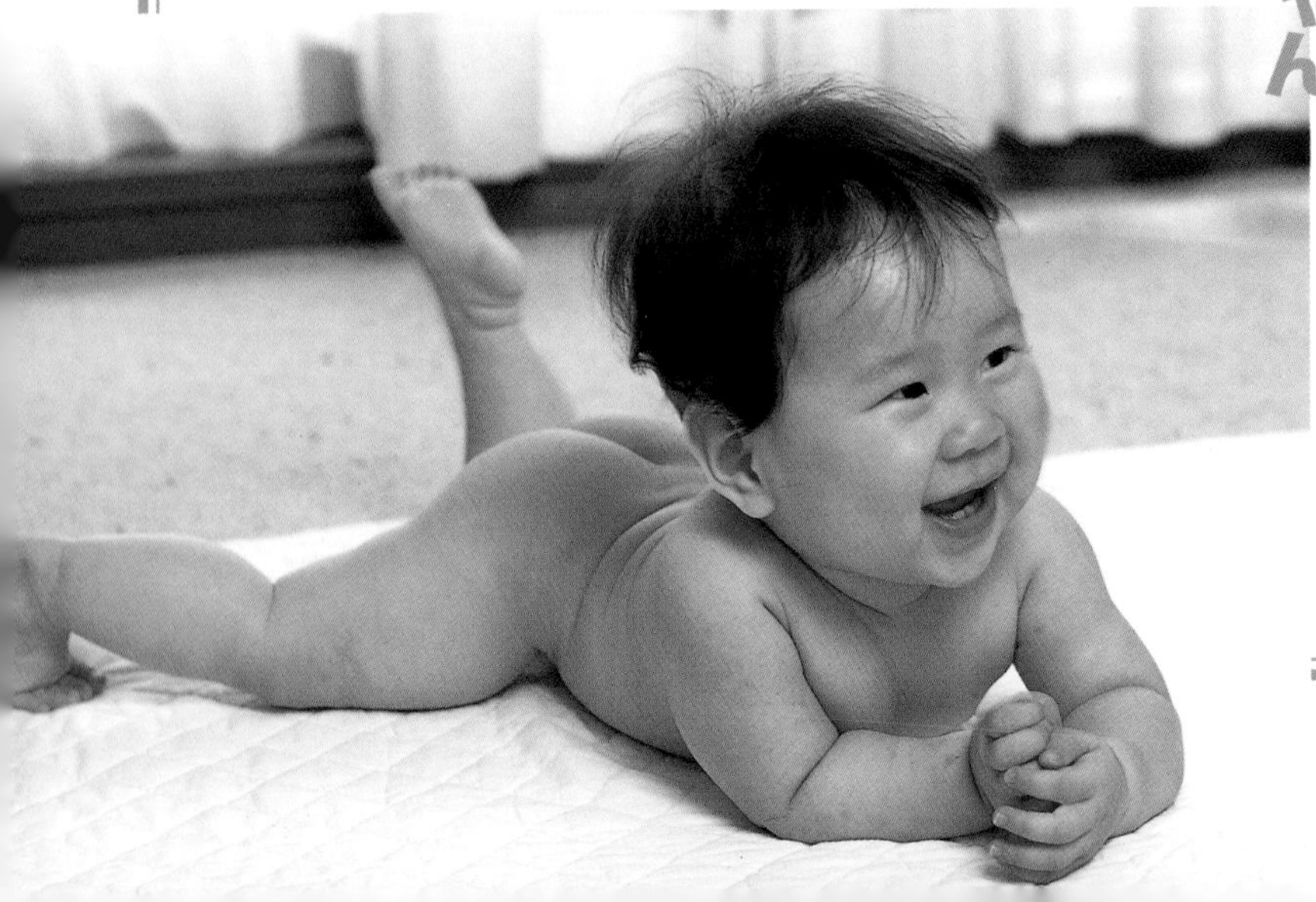

寝返りができるようになります。

8〜9か月の赤ちゃん

いろんなことに興味津々

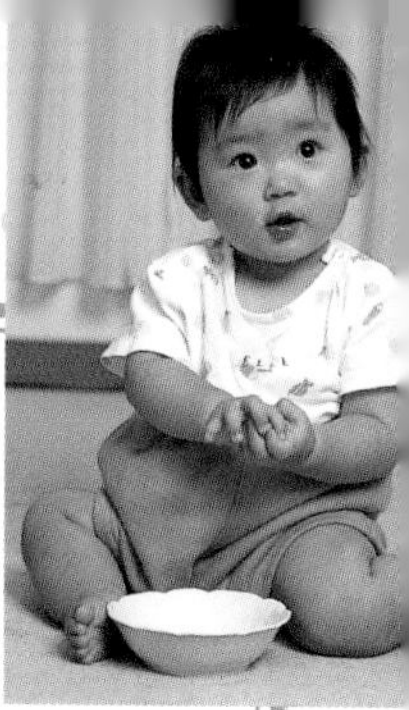

9か月ではボーロのような小さなものをつかめるようになります。

ハイハイもじょうずにできるようになります。

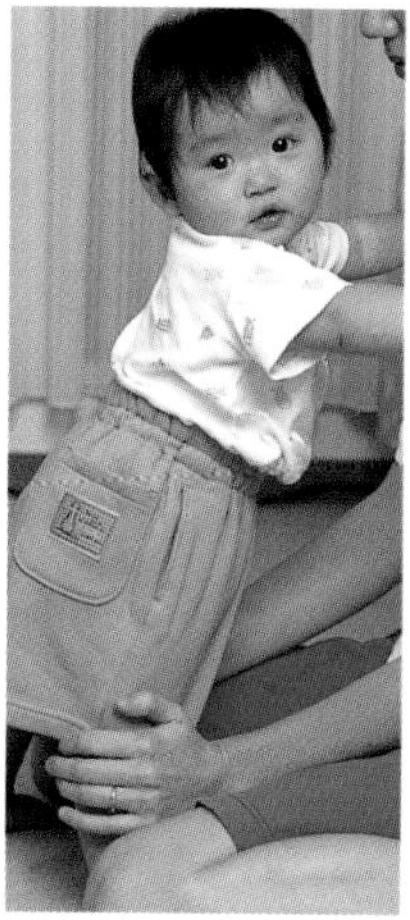

支えがあればつかまり立ちも。

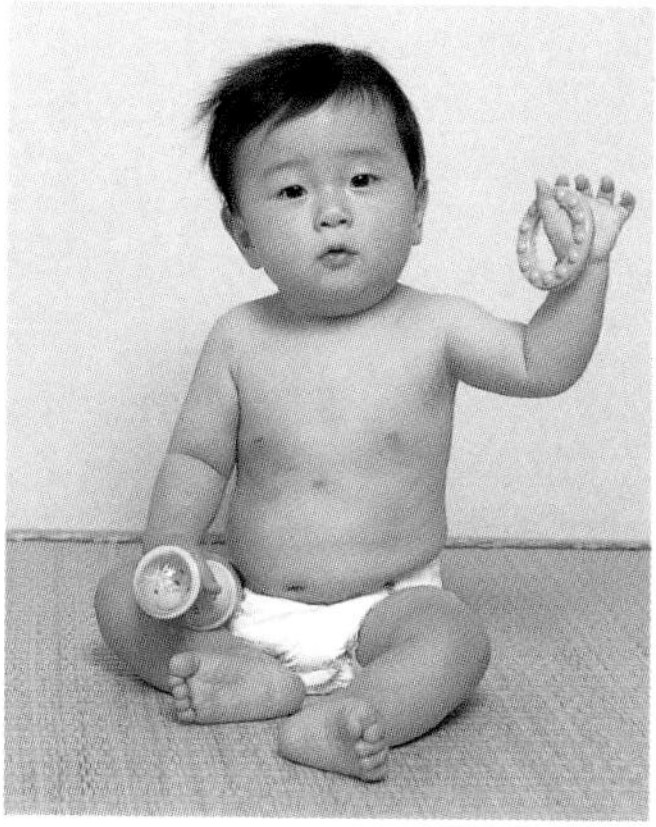

おすわりができると両手におもちゃを持って遊びます。

コップでじょうずに飲むことができるようになります。

おすわりもだいぶしっかりできるようになり、ハイハイを始める赤ちゃんが多くなります。この時期の赤ちゃんは好奇心旺盛。何にでも興味を示し、行動範囲も広がってきますから、家のなかをしっかり片づけておかないと、危険なものを口の中に入れてしまったり、機械類を壊してしまったりすることも。

赤ちゃんの意志もはっきりしてきて、やっていることを中断させると、怒って泣いたり、甘え泣きをしたりすることもあります。扱いづらいと感じることもあるでしょうが、これも発達の大切な一過程。なるべくつきあってあげるようにしましょう。

もうすぐお誕生日
10〜12か月の赤ちゃん

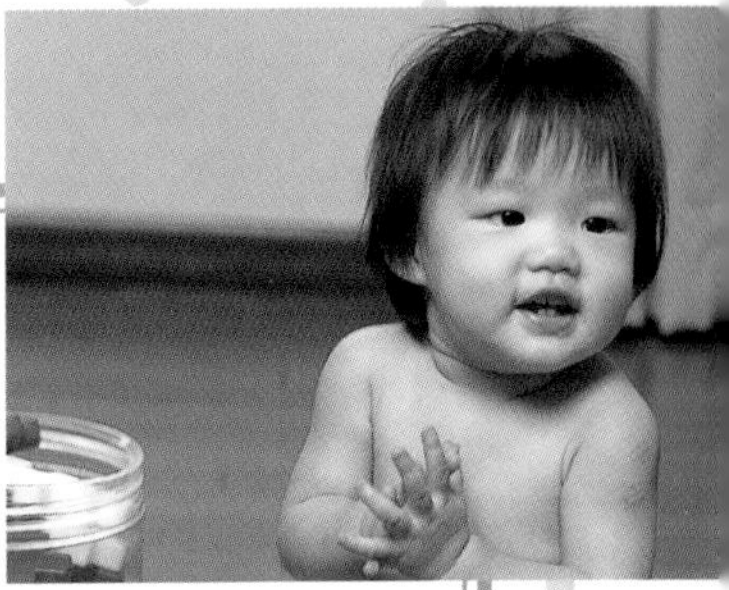
おとなのまねがじょうず。「パチパチは」と聞くとパチパチできます。

車を押しながら歩くことがだいすき。

離乳食も自分で食べたがります。

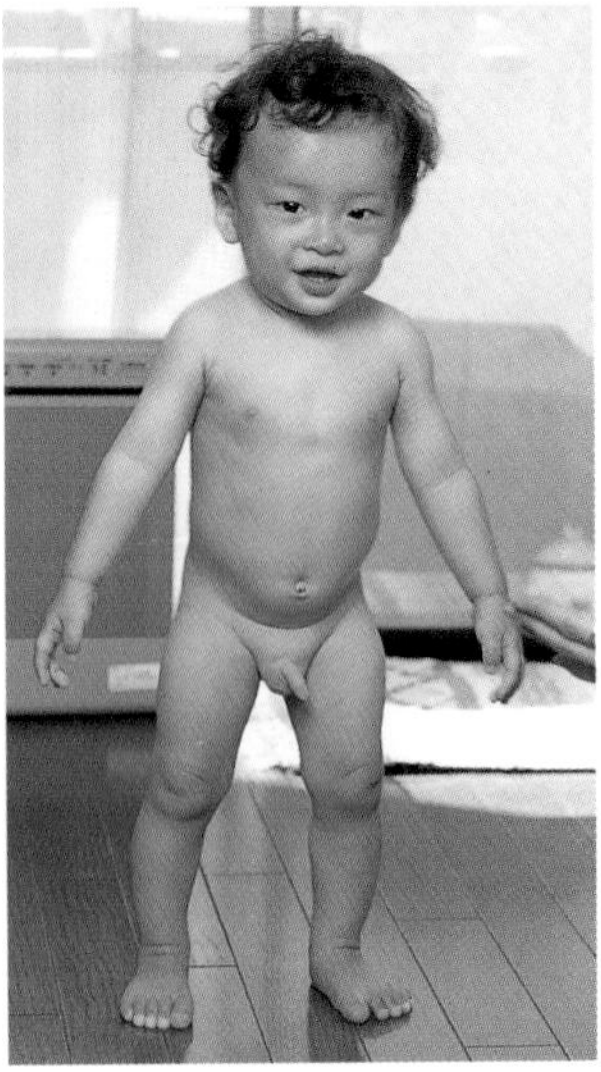
12か月にもなるとしっかり一人で立っていられます。

お母さんと楽しく絵本を見ます。

ハイハイが上手になり、やがてつかまり立ちや伝い歩き、一人立ちとぐんと発達する時期です。言葉の理解も進み、バイバイやパチパチなど大人のまねも上手になります。

　離乳食も大人の食事に近づき、スプーンを自分で持って食べたがります。まだうまく食べられないとしても、自分でやりたがる気持ちを大切にしてあげたいものです。

　また、そろそろお母さんのおっぱいとさよならする時期。ついこの間までは、おっぱいを飲んで寝るだけだった赤ちゃんが、お誕生日を迎えるころにはすっかり幼児に近づいてくることでしょう。

はじめに

はじめてママになった喜びと、でもこれからうまく育てていけるだろうかという不安もちょっぴり捨てきれないでいる新米お母さん。そんなかたたちへの熱い応援の思いをこめて書かれたのがこの本です。

生まれたばかりの赤ちゃんが一歳のお誕生日をむかえるまでの一年、赤ちゃんの心と体はどのように発達していくのか、それに対応していくためにママにはどんな知識と気がまえが必要なのかということを、月齢を追って順にくわしくお話ししていきましょう。

お読みいただく前に、なによりも申し上げたいのは、たとえまだ言葉はわからなくても、赤ちゃんにはいつもやさしい語りかけを忘れないでいただきたいということ。お勤めを持つお母さんの場合、赤ちゃんと接する時間も短くなりがちですが、そのぶん、一緒にいるときには十分なスキンシップを忘れないでください。

そこから生まれるあたたかな愛情の交流が、赤ちゃんの情緒をよりゆたかなものに育てあげていくことでしょう。

（小滝周曹）

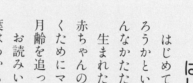

もくじ

第1章 こんにちは赤ちゃん ―0か月児の育てかた―

第2章 すこやかに赤ちゃん ―一か月～十二か月児の育てかた― 49

第3章 赤ちゃんの病気とけがの応急法

口絵撮影　板橋利男　本文イラスト橋本美貴子／㈲ビスケット　撮影協力コンビ／タカラ／東邦化工／バンダイ／ピープル

第 1 章

こんにちは赤ちゃん

―0か月児の育てかた―

0か月児

新生児は泣くことで呼吸の訓練もしているのです

赤ちゃんの新生児期は泣いてばかりいます。でも、赤ちゃんは泣くことによってお母さんになにかを訴えようとしているのです。そして、それと同時に呼吸の練習をするという意味もあります。

新生児期とは

生まれたばかりの赤ちゃんを「新生児」と呼びます。新生児期というのは、赤ちゃんがはじめて外界に出て、自分で呼吸をし、お乳を飲みはじめ、外界で生活する準備をととのえるとても大切な期間なのです。

いつまでを新生児期とするかについては、いろいろな意見があります。行政や統計の面では、生後四週間としていますが、一般に私たち小児科医の間では、生後二週間を基準にしています。

新生児は、手を軽く握り、ひじ、ひざ、股関節を曲げています。これを屈曲位といいますが、月がたつにつれ、この姿勢がだんだんにとれてきます。

この時期は、まだまだ外界ですごす準備の段階です。特に、新生児は体温の調節が苦手です。まわりの大人が赤ちゃんの保温や環境に十分注意してあげてください。

赤ちゃんはどうして泣くの

新生児は、一日の大半は寝てすごしますが、二～三時間ごとに目をさまして母乳をほしがります。新米ママにとって、赤ちゃんの泣き声というのは、つらいものかもしれません。しかし、言葉を持たない赤ちゃんは、泣くことでママになにかを伝えようとしているのです。慣れてくると赤ちゃんの要求していることがわかってきます。おなかがすいた、暑い、おむつが汚れた、体のどこかが不快だ、それぞれ泣きかたが少しずつ違います。

また、新生児期の赤ちゃんは泣くことで呼吸の練習をしています。肺を広げ、呼吸をする筋肉を強化し、手足を動かすことで、自分で体温調節をはかっているのです。

赤ちゃんが泣いているとき、たいていは要求を満たしてあげれば泣きやみます

大泉門と小泉門

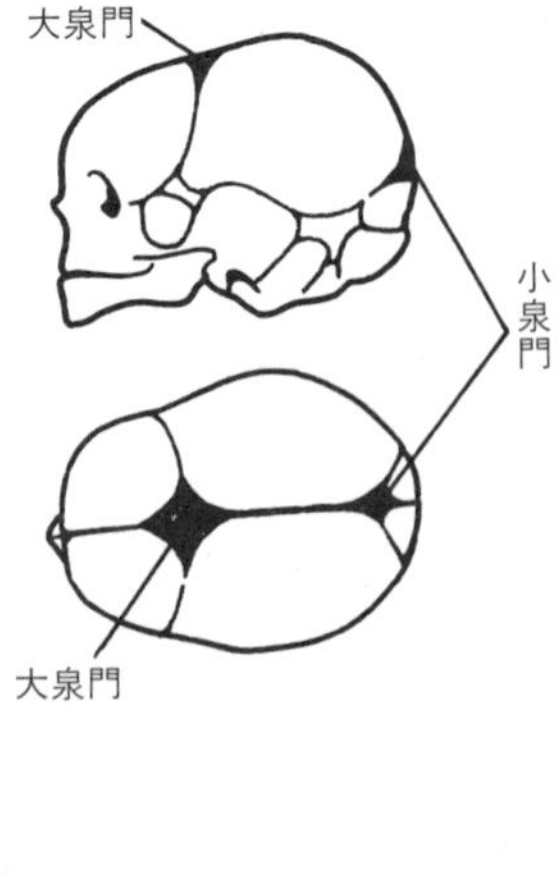

赤ちゃんのひたいの上方と後頭部にある大泉門と小泉門は頭蓋骨の交差部分。大泉門は一歳半くらいまでは開いたままの状態で、熱があるとふくらんだり、脱水状態になるとへこんだりする。圧迫しないように注意。

赤ちゃんは泣き声で訴えます

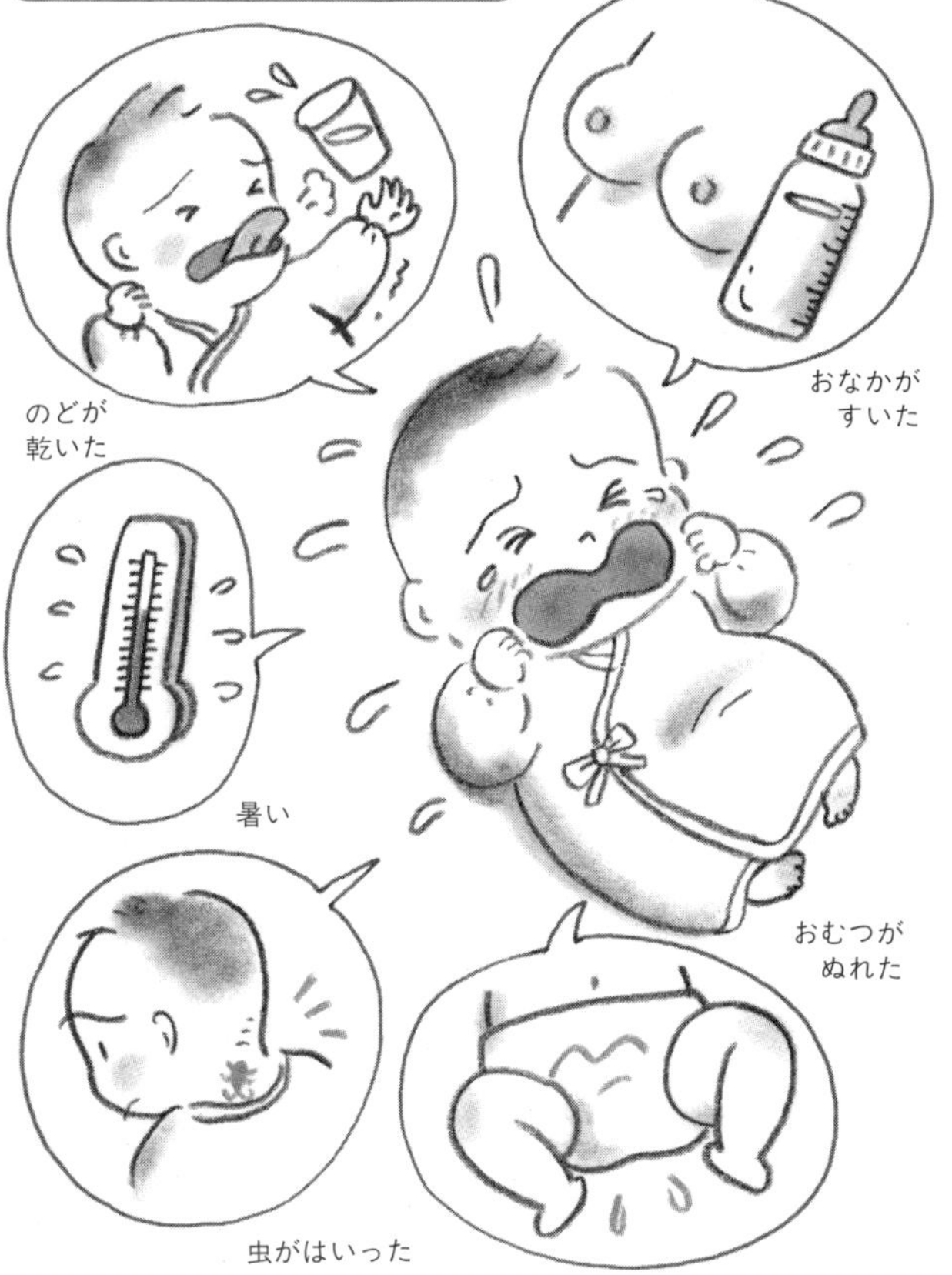
のどが乾いた
おなかがすいた
暑い
おむつがぬれた
虫がはいった

が、場合によってはいつまでも泣き続けていることもあるでしょう。そんなとき新米ママとしては、逆に泣きたくなってしまうこともあるかもしれません。要求を満たし、おむつや衣服に異常はないか調べた上で、ときには「泣くのもひとつの訓練だ」くらいに割り切って、しばらくほうっておくのもひとつの方法です。

ホームドクターを持とう

赤ちゃんの病気というのは、症状が急変することがあります。また、ふだん育児をしていてなんとなくおかしいな、と思うこともあるかもしれません。そんなとき、ふだんから赤ちゃんの体質や性格、家庭環境などをわかってくれているホームドクターは強い味方です。

ホームドクターがいれば、症状によってはさらに専門の病院にもスムーズに紹介してもらえます。産院から退院したら早めに赤ちゃんのホームドクターをさがすことです。

原則として、ホームドクターは自宅から三〇分以内でいける小児科専門の開業医が理想です。遠い病院だと赤ちゃんの体力を消耗してしまうし、大病院では毎回同じ先生が見てくれるとは限りません。

また、どんなことでも気軽に相談できる医師であるかどうかも大切なポイントです。先輩ママやお産をした病院に相談してさがすといいでしょう。

ホームドクターがきまったら、定期健診などふだんから定期的に見てもらうようにします。赤ちゃん自身の状態を知ってもらい、お互い信頼関係を築くために大切なことです。

0か月児

生まれて三〜五日間は体重が減っていきます

赤ちゃんは、生まれてから三〜五日間は少しずつ体重が減っていきます。しかし、これは生理的なものですから、心配はいりません。ふつうは、一週間から十日もたてばもとにもどります。

新生児の体重と身長

生まれたばかりの赤ちゃんの平均体重(出生体重)は、男子三二〇〇g、女子三一〇〇g、身長は男子五〇cm、女子四九・七cmです。しかし、これはあくまで平均です。お母さんのおなかにどれくらい長くいたか、両親の体型などさまざまな因子によって、赤ちゃんの身長・体重も違ってきます。平均より小さいからといって、心配する必要はありません。

ただし、出生体重が二五〇〇g未満の赤ちゃんは、未熟児もしくは低体重出生児といわれ、生活力が弱いことが多く、二五〇〇g前後になるまで、病院で育てることになります。しかし、退院後は定期健診をきちんと受けていれば、ふつうに育てることができます。

生理的体重減少とその後

新生児は、生まれて三〜五日まで、徐々に体重が減っていきます。これは、生まれてしばらくはお乳を飲む量が少ないのに、尿や便を排泄したり、呼吸や汗など体から出ていくほうが多いために起こる現象です。これを生理的体重減少といい、一週間から一〇日でもとにもどるのがふつうです。しかし、母乳の出が悪いときは、もとにもどるのにもう少しかかる場合もあります。そんな場合でも、すぐにミルクを足したりしないで、しばらく様子を見ていきましょう。母乳の出がよくなれば、すぐに体重は増えていくはずです。

体重がもとにもどってからの赤ちゃんは、一日平均三〇〜四〇gの割合で増えていきます。しかし、毎日体重が同じ割合で増えていくわけではなく、一日に四〇g増えた日もあれば、一五gしか増えない日もあります。毎日体重計とにらめっこする必要はありません。一週間に一度くらい体重を計り、二〇〇〜三〇〇gくらい増えていれば十分です。生後二週間たっても出生時の体重にもどらない、その後の増えかたも一週間に一〇〇g以下の場合は、医師に相談してみましょう。

新生児の体の大きさ

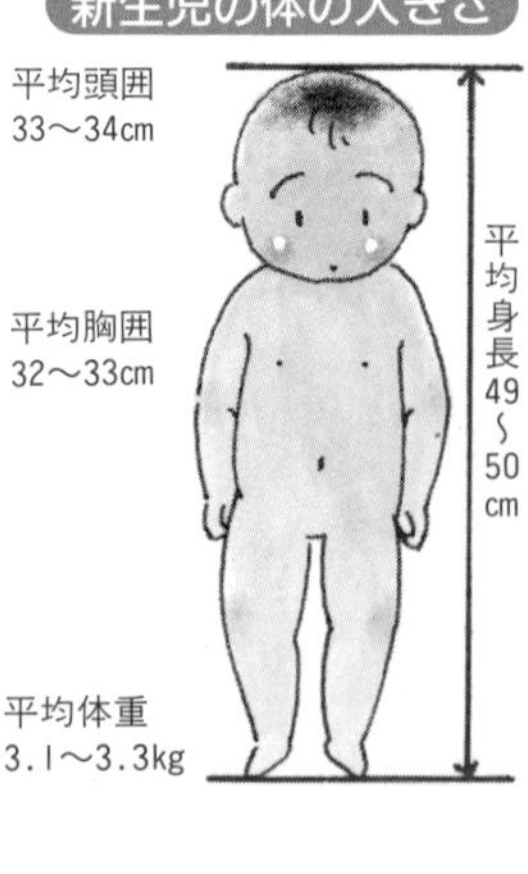
平均頭囲
33〜34cm
平均胸囲
32〜33cm
平均体重
3.1〜3.3kg
平均身長49〜50cm

うつぶせ寝にしても大丈夫?

赤ちゃんの寝かせ方には「あおむけ寝」と「うつぶせ寝」があります。それぞれに長所はありますが、「うつぶせ寝」に関しては、以前は長所と言われていた「頭の形がよくなる」「発達がよくなる」「呼吸器の発達がよくなる」などは、それほど根拠があるわけではないと今では言われています。あおむけに寝かせていて少々、頭の形がいびつになったところで、おすわりするころには目立たなくなるものです。

一方で、「うつぶせ寝」はここ数年、SIDS（突然死）との関係が疑われています。うつぶせ寝だけが原因で突然死するとは考えにくいのですが、今のところ、その可能性も否定できません。

そのため、産院でも最近は「うつぶせ寝」をやめるところが増えてきたりもしています。家庭でも、突然死の心配をしながら、あえてうつぶせ寝にする必要はないと思います。

ただ、子どもによっては、うつぶせのほうが寝つきがよかったり、深くよく眠る子もいます。そういう子の場合は、無理にあおむけにすることもないと思います。ただし、固めの敷き布団に、シーツはピンと張り、顔のまわりにぬいぐるみやガーゼなどを置かないように、十分注意を払うようにする必要があります。

「うつぶせ寝」に関しては時代によって評価が変わってきたので、どう判断するか迷うところでしょうが、大切な赤ちゃんの命を危険にさらさない、ということをいちばんに考えたいものです。

赤ちゃんの寝かせ方

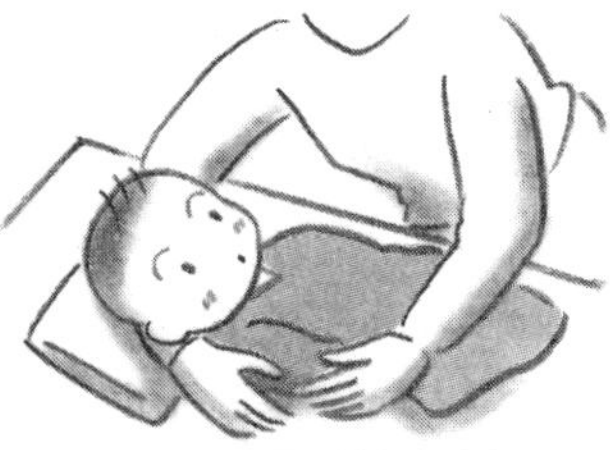

1　赤ちゃんの頭と首をささえ、体を水平に保ちながらママは姿勢を低くする。

2　片腕に頭と肩を乗せ、おしりをベッドの上に置き、体のほうの手を抜く。

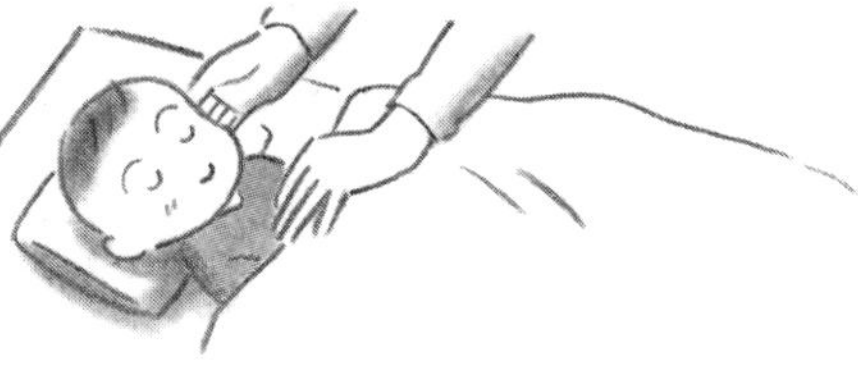

3　頭と肩をささえていた腕をそっと抜き、寝かせる。

うつぶせ寝はできるだけ避けましょう。

布団やベッドの頭の近くにおもちゃやタオルなど、顔をふさぐようなものを置かないようにしましょう。

0か月児

皮膚が黄色くなったりむけたり…でも心配いりません

生まれたばかりの赤ちゃんは、お母さんの体から出て、ひとり立ちする準備をすすめています。黄疸が出たり、皮がむけたりといろいろ変わったことも起こりますが、心配する必要はありません。

皮膚が黄色い（新生児黄疸）

新生児は生後二〜三日たったころから、皮膚や白目が黄色くなってきます。ふつう、四〜五日目をピークに、生後一〇〜一四日で消えていきます。これは、新生児黄疸とか生理的黄疸と呼ばれ、八〇〜九〇%の赤ちゃんに見られるものです。新生児黄疸は赤ちゃんの肝臓の働きがまだ未熟だったり、赤血球が多いことなどの理由から起こるもので、心配のないものです。

また、母乳をずっと与えている場合はさらに黄疸が長びくことがあり、四〜六週くらいまで続くことがあります。これも母乳性黄疸といい、特に害はありません。ただし、黄疸だけでなく、便が白またはクリーム色だったりする場合には、先天性胆道閉鎖症や肝臓病の疑いがありますから、医師に相談しましょう。

鼻がつまる

新生児は、鼻呼吸が中心ですから、鼻がつまるとうまくお乳が飲めないことがあります。綿棒に消毒用アルコールをつけて、鼻のまわりを清潔にしてあげましょう。スポイトを利用する手もありますが、あまり強く吸いすぎると危険です。ひどい場合は、医師に相談しましょう。

新生児のおしっことうんち

生まれるとまもなく、赤ちゃんはおしっこをします。生まれると同時におしっこをする場合もあるし、なかなか出ない場合もあります。二四時間たっても排尿がない場合は、医師に相談しましょう。

はじめはあまり出ないおしっこも、お乳を飲む量とともに、回数も量も増えてきます。新生児のうちに、おむつがおしっこでレンガ色になることがあります。これは、腎臓の働きが未熟なために起こるもので、やがて正常にもどりますから、心配いりません。

また、生まれてからはじめて排泄する便を胎便といいます。黒っぽいねばねばの便ですが、においはありません。生後

新生児の正常な姿勢

ひじ、ひざ、股関節を曲げた屈曲位

二～三日はこの便が続きます。

その後、お乳を飲みはじめると、においのついた便をするようになります。一般に母乳の赤ちゃんのほうがミルクの赤ちゃんよりも便がゆるめです。便にブツブツがまじったり、緑がかったりする場合もありますが、赤ちゃんが元気で体重の増えも順調なら、ほとんど心配ありません。

片方ばかり向いてしまう

赤ちゃんによっては、どちらか好きなほうばかり向いて寝ている赤ちゃんがいます。これは、ほとんど向きぐせによるものですが、そのままにしておくと、頭の片側がへこんでいびつになってしまうことがあるので、気がついたら反対側に向けるようにしてあげましょう。光の当たる方向を逆にするなどの工夫をするのもいいでしょう。

なお、中には生後一〇日から二週間くらいたって首の横にぐりぐりするしこりが目立ってくる場合があります。これは斜頸と呼ばれるものですが、肩の下にタオルを入れるなどして、体ぜんたいで反対に向いて寝かせるように注意していれば、ほとんど自然になおります。

おへその手当て

①おへそがジクジクしていたら、綿棒に消毒用アルコールをつけ、おへそのくぼみを消毒する。

②少し乾いたら、消毒剤をつけてそのままで大丈夫。またはパウダーをはたく程度にする。

③そのあと、市販の滅菌ガーゼを当てておく。

へそのお（臍帯）の手あて

生後五～七日で、へそのおは自然に落ちるのがふつうです。へそのおが落ちるまでは、ガーゼや臍包帯でくるんでおきます。尿などでぬれた場合は、必ず乾かしておきましょう。

へそのおが落ちたあとは、黴菌がつかないように衛生に気をつけます。消毒液で消毒したあと、パウダーをふって脱脂綿を当てておきます。いつまでもジクジクしたり、出血が長びくようなら、医師に相談します。

0か月児

赤ちゃんはできるだけ母乳で育てましょう

赤ちゃんにとっての最高の栄養はなんといっても、母乳です。栄養だけでなく大切な免疫物質もふくまれていますし、いつでもどこでもあげられる手軽さもあります。

赤ちゃんにとって最高の栄養

赤ちゃんを育てるのに、なんといってもママのおっぱいにかなうものはありません。最近は、ミルクも質のいいものが出ていますが、やはり母乳にははるかにおよびません。母乳には、次のような利点があります。

①病気に対する免疫がふくまれている

母乳の中には、はしかやポリオなどの免疫がたくさんふくまれています。特にはじめのうちに出る濃くて黄色い初乳にたくさんふくまれているので、初乳は大切です。

②病気にかかりにくく、死亡率も低い

世界的にみても、母乳栄養児は病気にかかる率が低く、死亡率も低い傾向があります。

③栄養のバランスもよく、消化がいい

赤ちゃんの発育に必要な栄養がバランスよくふくまれており、しかも消化がいいので、内臓に負担をかけません。

④アレルギーを起こしにくい

粉ミルクは、牛乳を原料にしていますから、人間にとっては異種たんぱくです。この異種たんぱくは、アレルギー体質の素地を作ることがあります。しかし、母乳は人間の作ったものですから、その心配はありません。

⑤咀しゃく力が強くなる

母乳を吸うことで、さまざまな筋肉が発達し、咀しゃく力の強い子になります。あごの発達は脳にもよい影響を与えます。

⑥スキンシップで精神安定

授乳を通して、母性本能が刺激され、肌と肌を触れ合わすことで母子ともに精神が安定します。

⑦子宮の収縮が早まる

母乳を吸われることによって、子宮の収縮が早まります。

このように、母乳には母子にとってたくさんよいところがあります。はじめはたいへんかもしれませんが、赤ちゃんはぜひ母乳で育てる努力をしてください。

はじめはあせらずに

生まれた直後の赤ちゃんでも、口のまわりをつつくと、吸いつこうとします。本能的に吸う力がそなわっているのです。

しかし、だからといってすぐにうまく吸えるようになるわけではありません。もちろん、お母さん自身もはじめはうまくいかないかもしれません。お母さんも新米、赤ちゃんも新米なのです。あせらずに、じっくりつきあいましょう。退院をするころには、お互いだいぶ慣れているはずです。

最初のうちは、授乳時間にこだわらずほしがるときに、与えましょう。お産がすんだからといって、すぐに母乳が出はじめるわけではありません。赤ちゃんに母乳を吸わせることによって、乳腺に刺激を与え、母乳の分泌をうながしていくのです。四～五日目ころから出はじめ、一か月もすれば、量も安定し、授乳のリズムもしっかりついてくるはずです。

	授乳のすすめかた	アドバイス	
誕生～二週目	１日の大半は眠っていて、目をさましては飲み、飲んでは眠るをくり返します。赤ちゃんの飲みたがるときに、飲みたがるだけ与えます。	はじめのうちは、なかなか母乳が出ないかもしれませんが、努力して吸わせているうちに出るようになります。がんばりましょう。	
三週目～一か月	母乳の出も安定し、１日に飲む量も増えてきます。授乳リズムも３時間おきに安定してきます。	３時間おきでなくとも、体重が順調に増えていれば大丈夫。体重の増えかたが悪いときは医師に相談しましょう。	
一か月～三か月	授乳間隔が３～４時間おきに。夜中にぐっすり寝る赤ちゃんもいます。果汁や野菜スープを与えはじめましょう。	母乳が不足気味のときは、夜寝る前に、ミルクをおぎなう方法もあります。夜間の授乳が必要なくなります。	
三か月～五か月	４時間おきのリズムができてきます。果汁や野菜スープなど、ミルク以外の味にも慣らしてあげましょう。	昼間は、戸外に連れ出したり十分相手をしたりして疲れさせ、夜・昼の区別をしっかりつけるようにします。	
五か月～七か月	授乳回数は、１日５回になります。離乳食は１日１回から２回に。離乳食のあとも、ほしがるだけ飲ませます。	これから、徐々に離乳食が栄養の主流になっていきます。離乳食がうまくいかなくても、あせらずに続けましょう。	
七か月～九か月	離乳食は、１日２回。食事の量が増えてお乳の量はだいぶ減ってきます。	お乳だけでは、栄養が不足します。しかし、だからといってあせってはいけません。離乳食のあとも、お乳を飲みたいだけあげてください。	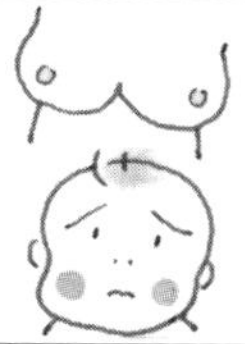
九か月～十二か月	離乳食は１日３回。離乳食のあとはミルクか牛乳などに切り替え、徐々に断乳の準備を。	断乳は無理なくすすめます。１年２か月までにはママのおっぱいとさよならできるのを目標に。	

0か月児

お母さんのおっぱいの上手な飲ませかたは?

いよいよ授乳の開始です。始めはお母さんも赤ちゃんも慣れないので、とまどうかもしれません。でも、大丈夫。赤ちゃんのほうが、すぐにしっかり吸いはじめてくれますよ。

清潔が第一

授乳前に、赤ちゃんのおむつをとりかえて、さっぱりしたところでおっぱいを与えます。

生後三か月ころまでは、ママの手を石鹸できれいに洗います。次にきれいなお湯にひたした脱脂綿かガーゼで乳首とその周辺を消毒します。

最近、ほう酸綿の毒性が問題になっています。アルコール綿やほう酸綿を用いるのはやめて、お湯や水道水を用いるようにしましょう。

授乳のときの姿勢

ママは、赤ちゃんをしっかり抱いて、椅子に腰かけてもいいし、座ぶとんに座ってもいいでしょう。うしろになにかよりかかるものがあってもいいかもしれません。ともかく楽な姿勢をとります。

右の乳房を飲ませるときは、右手のひじが曲がったところに赤ちゃんの頭がおさまるように乗せ、そのてのひらで赤ちゃんのおしりをしっかりとささえます。

このとき、赤ちゃんとママのひざとの間にすきまがあると、抱きかたが不安定になりますし、ママの腕も疲れてしまいます。小さめのクッションや座ぶとんなどをたたんで当てると楽に飲ませることができます。

乳首のふくませかた

赤ちゃんをしっかり抱いたら、あいている手の中指と人さし指で乳房をはさみ、乳首を深くふくませます。新米ママは、つい乳首だけを赤ちゃんにふくませてしまいがちですが、それでは赤ちゃんはたっぷりお乳を吸うことができません。乳輪のところまで深くふくませ、乳首を赤ちゃんの舌に乗せてあげます。

このとき、赤ちゃんを抱いている腕を自分のほうへ引き寄せて、赤ちゃんの頭を乳房に近づけてあげれば、赤ちゃんは深くふくむことができます。

乳房が赤ちゃんの鼻に当たると、息ができなくなりますから、指で乳房を押さ

ママも赤ちゃんもはじめての体験

えて呼吸しやすいように補助してあげます。

おっぱいをあげるときに、乳房があまりかたく張りすぎているときは、熱い蒸しタオルを当てて、軽くマッサージをしたり、あるいは少ししぼって吸いつきやすいようにしておいてあげましょう。

母乳の飲ませかた

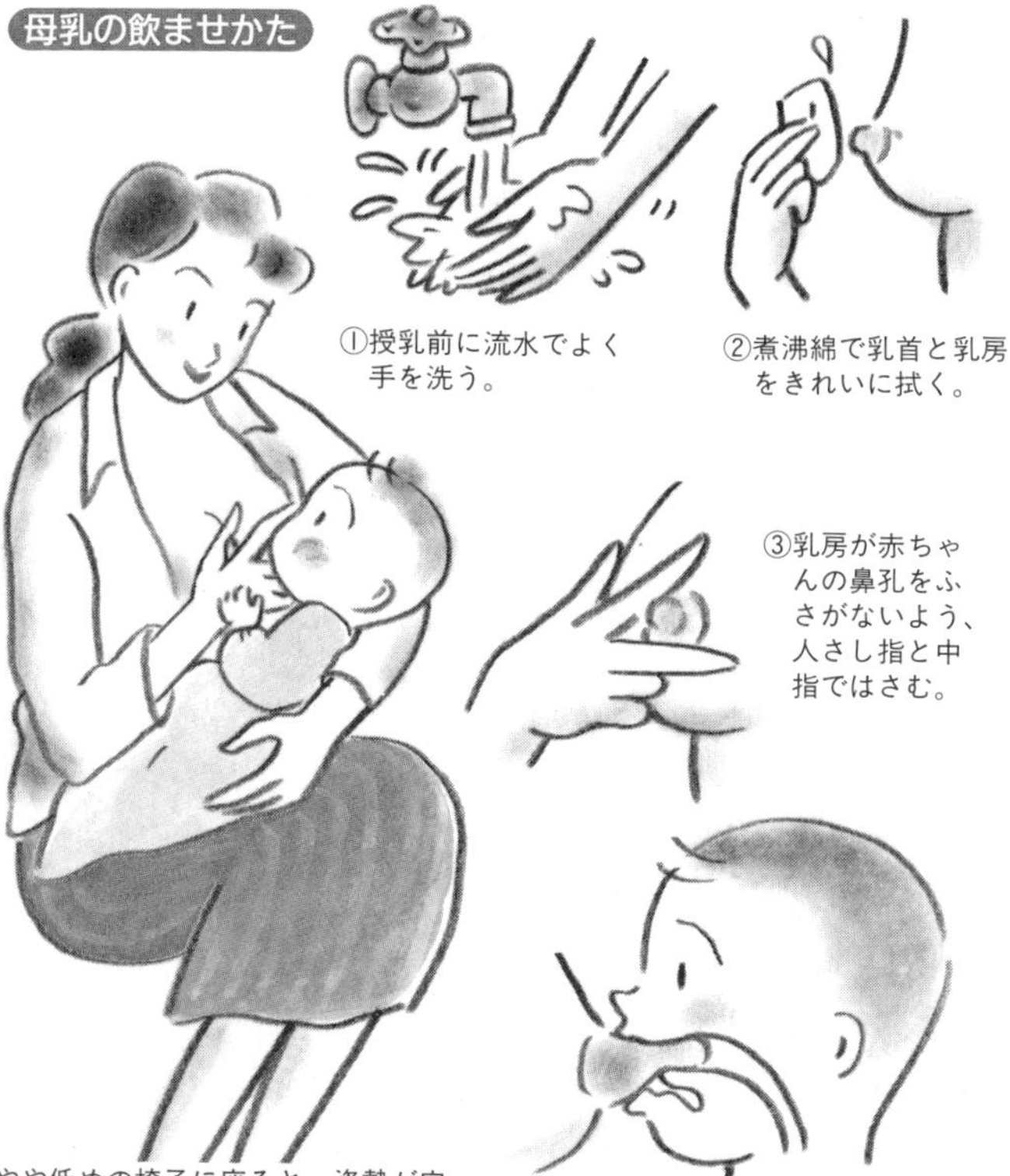

①授乳前に流水でよく手を洗う。

②煮沸綿で乳首と乳房をきれいに拭く。

③乳房が赤ちゃんの鼻孔をふさがないよう、人さし指と中指ではさむ。

やや低めの椅子に座ると、姿勢が安定する。畳なら座椅子を利用してもいい。ひざの上に座ぶとんなどを置くと楽。赤ちゃんの上体はなるべく立てて抱く。

④乳汁は内側にたまっているので、乳輪までしっかり口にふくませる。

どれくらい飲ませたらいいか

はじめのうちは、お乳の出も悪いし、赤ちゃんの飲む量もごくわずかですから、お乳をたくさん出すための練習だ、くらいに思っておいてもいいでしょう。

母乳の分泌も安定し、赤ちゃんもある程度飲むようになってくると、最初の五分間で乳房にたまっているお乳の八〇%くらいは飲んでしまいます。強く張っているほうの乳房からはじめ、片方の乳房をおよそ一〇分くらい吸わせたら、反対側の乳房を与えます。

両方の乳房で一回の授乳時間は一五分から二〇分くらいが適当で、長くても三〇分くらいで打ち切るようにします。

何時間おきに与えるか

はじめのうちは、母乳の出も安定しないし、赤ちゃんも飲みかたが下手なので、すぐにおなかをへらして泣きます。最初はママ自身たいへんでしょうが、乳首を吸わせることで母乳の出も安定してくるのですから、飲みたいときに飲ませるようにします。この方法を自律授乳といいますが、続けていけば、やがて授乳間隔やほしがる量も一定してきます。大変でしょうが、いまはまだ、赤ちゃんの要求どおりに飲ませてあげましょう。

0か月児

授乳のあとは必ずゲップを。乳房の手入れも忘れずに

赤ちゃんは、お乳と一緒に空気も飲みこんでいますから、飲み終わったあとにはゲップをさせてあげましょう。また、お母さんの乳房も、しっかりお乳をしぼっておかないとあとが大変です。

ゲップをうまく出すには

赤ちゃんはお乳を飲むとき、空気を一緒に飲みこんでいます。お乳を飲み終わったあとそのまま寝かせてしまうと、空気を出すときにお乳まで吐いてしまいます。これを防ぐために、お乳を飲み終わったら、必ずゲップをさせましょう。

ゲップのさせかた

授乳後、赤ちゃんを立てて抱いて、胸にもたせかけ、背中を上下にさする。トントンとたたいてもいい。

ゲップをさせるときは、赤ちゃんの顔を肩に乗せ、体をなるべく垂直に立てるように抱き、背中を上下にさすったり、軽くたたいてあげると自然にゲップが出てきます。そのあとは静かに寝かせます。このとき、頭を少し高めにし、顔を横向きに寝かせておくと、お乳を吐いても安心です。

一〇分くらい背中をさすってもゲップが出ない場合は、必ず顔を横にして寝かせておけば大丈夫です。

吐きやすい赤ちゃんの場合、休みながら飲ませたり、途中でゲップを出させたりするとお乳を吐くのを防ぐことができます。

飲み終わったあとの乳房の手入れ

赤ちゃんが飲み残したお乳は、必ず搾乳器や指でしぼって、からにしておきます。もったいない気がするかもしれませんが、毎回からにしておくほうがお乳の分泌もよくなりますし、新しいほうがお乳の味もおいしいのです。

また、お乳をそのままにしておくと、乳房が張ってしこりができたり、乳腺炎などの原因になります。

そのあとは、乾いたガーゼで乳首とその周辺を拭いて、乾燥させておくようにしましょう。

ふだんの母乳パットなどの当てものも、乳首がむれないよう、いつも乾いたパットを当てるようにしておきます。ぬれたパットをそのままにしておくと乳首が荒れやすくなったり、細菌が繁殖して、乳腺炎になったりします。タオルを当てている場合も数枚用意しておくことです。

乳房・乳首のトラブル

●偏平乳頭・陥没乳頭

偏平乳頭や陥没乳頭を防ぐためには、妊娠中から乳首の手入れをしておくことです。入浴後、乳房をマッサージしたり、乳首をつまみ出したりします。

それでもだめな場合、乳頭キャップをつける方法があります。これで、だいぶ吸いやすくなるはずですが、それでも無理な場合は、搾乳して哺乳びんにうつしてから飲ませることになります。

偏平乳頭や陥没乳頭でも、何度も直接吸わせているうちに、よくなりますから、あきらめないことです。

●乳首が切れた

どんなに気をつけていても、乳首に傷がつくことはよくあります。乳首の傷はかなり痛いので、授乳をためらいがちですが、なるべく授乳をあきらめないように。傷のあるうちは、そちらの乳首で吸わせる時間を短めにしたり、最初と最後にわずかずつ吸わせるなどの方法をとります。

また風通しをよくしておいて、よく乾燥させます。それでも痛い場合は、乳頭キャップをしたり、産婦人科に相談して薬を出してもらいましょう。

●乳房が痛い

乳房がしこる程度なら、しぼり出すだけでよくなりますが、乳房や腕のつけ根が赤くはれて痛み、発熱したら、早急に医師の治療を受けましょう。

生後一か月まではあきらめないで

母乳だと、赤ちゃんの飲んだ量がわからないので、どうしても不安になってしまいます。でも、生後一か月くらいまでの体重が将来に影響することはありません。少々出が悪くても、一か月健診までは母乳だけでがんばりましょう。がんばっているうちに、出もよくなってきます。

飲み残した母乳のしぼりかた

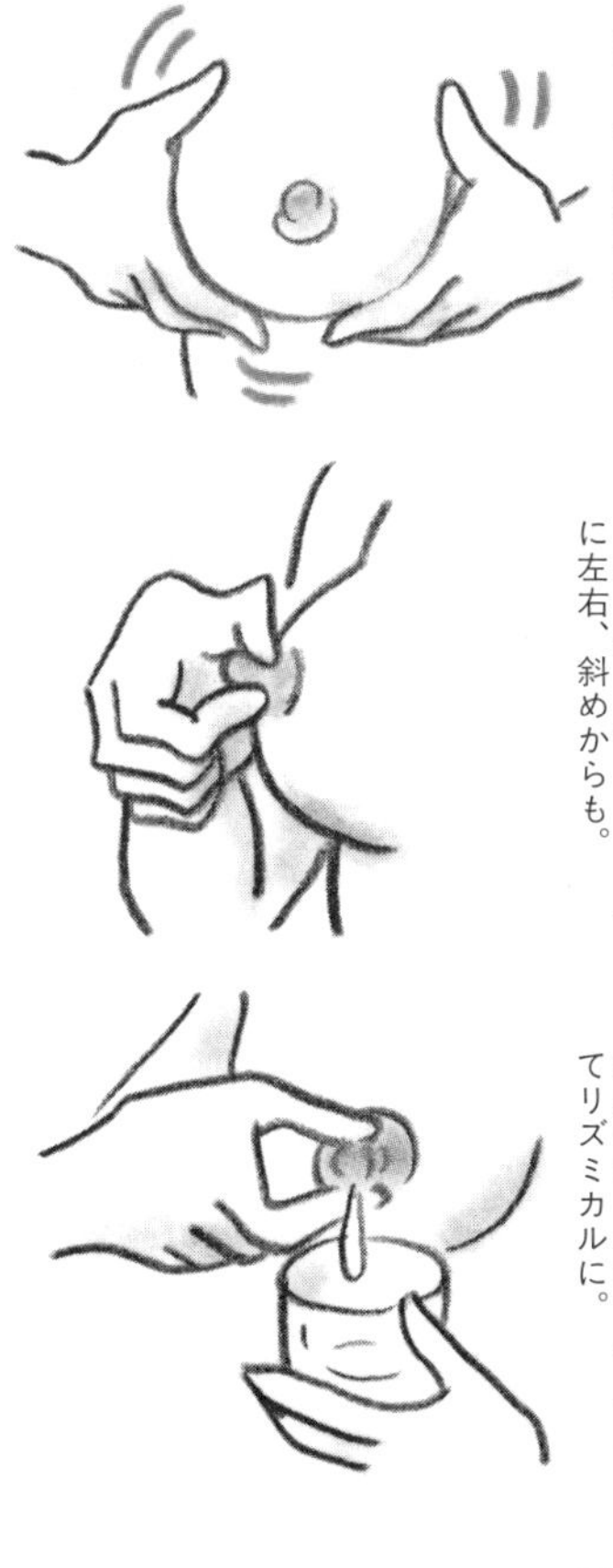

①おっぱいをしぼる前に、乳房のつけ根を軽く持ち上げ、上下にゆする。

②親指と人さし指で乳首を上下にはさみ、胸の奥のほうから押し出すように。次に左右、斜めからも。

③指は乳頭でうちあわせ、上下左右に押します。乳房の奥のほうへはずみをつけてリズミカルに。

0か月児

母乳の出をよくするにはマッサージが効果的です

乳腺が張っているのに、乳頭からうまくお乳が出ないときやお乳そのものの分泌も少ないときには、マッサージが効果的です。助産婦さんや看護婦さんの指示に従ってさっそくはじめましょう。

乳首のマッサージ

母乳をたくさん出すためには、乳首と乳房のマッサージが欠かせません。助産婦さんの指導を受けながら、出産の翌日からはじめましょう。

最初は、乳管開通のための乳首マッサージを。一日に二～三回行ないます。

①乳房と同じ側の手で乳房をささえ、もう一方の手の人さし指と親指で乳輪をつまみます。

②そのまま、乳房の中へ向けて力強く押します。

③次に、乳輪を乳頭のほうへ向かってしぼるような感じでひっぱり出します。

④乳頭をつまみ、上下、左右にこよりをよるような感じでもみほぐします。

この動作を四回くらいくり返し、乳首から水滴がたれるようになれば、乳管開通は成功です。

乳房のマッサージ

乳房の基底部をマッサージし、乳腺から乳汁の分泌をよくし、血液循環をうながす方法です。最初から、お乳がたっぷり出る人には、必要ありません。一日一回か二回、片方一五分ずつ行ないます。

①蒸しタオルで、乳房をあたためます。

②乳房と反対側の手を乳房の横に当て、もう一方の手をその上にかさね、両手で乳房を内側に向かって押します。

③下になっているほうの手を乳房の斜め下に当て、両手で乳房の基底部から斜め上に押し上げます。

④乳房を下からささえるようにし、両手で上に押し上げます。

このマッサージは、乳房の基底部からゆり動かすつもりで、乳房全体を大きく

乳首と乳輪マッサージ

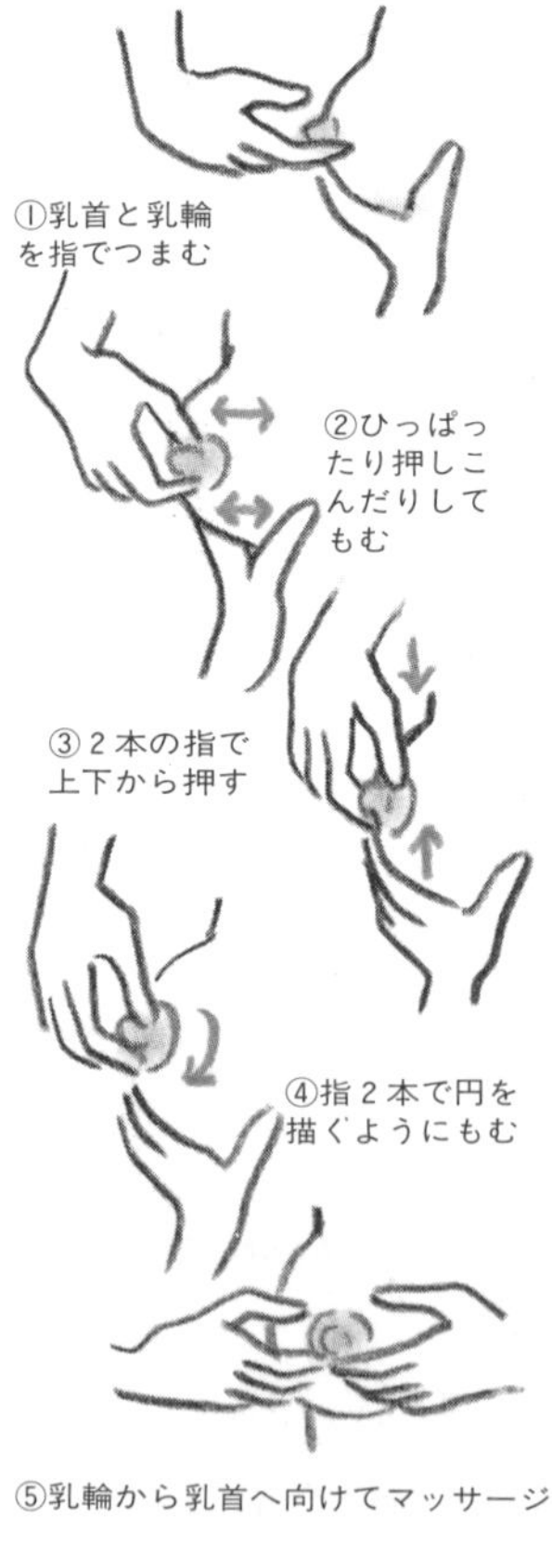
①乳首と乳輪を指でつまむ
②ひっぱったり押したりしてこねてもむ
③２本の指で上下から押す
④指２本で円を描くようにもむ
⑤乳輪から乳首へ向けてマッサージ

動かすのがポイントです。ひじを大きく横に張り、そのひじを動かす感じにするとうまくできます。

これらのマッサージは、母乳の出が十分でない場合に行ないます。ただし乳管の出口が十分に開いていないときに行なうと乳汁がたまってしこりとなるので、マッサージではなく搾乳してください。

乳房マッサージ

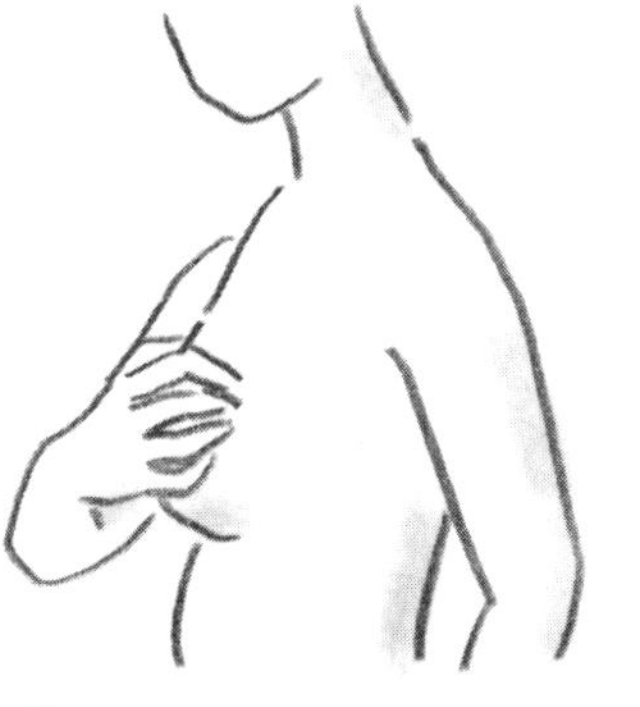

①乳房と反対の手を、つかむような感じで乳房の横に当てる。

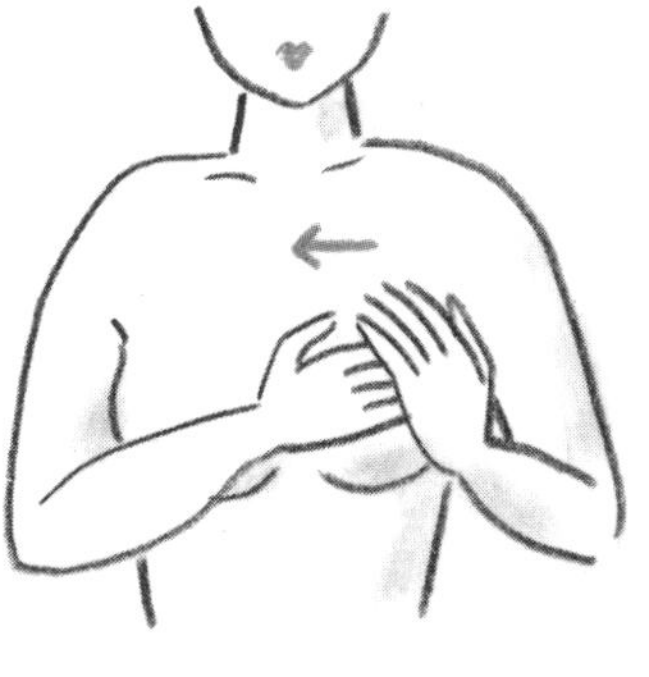

②もう一方の手をかさね、胸の中央に向けて押す。

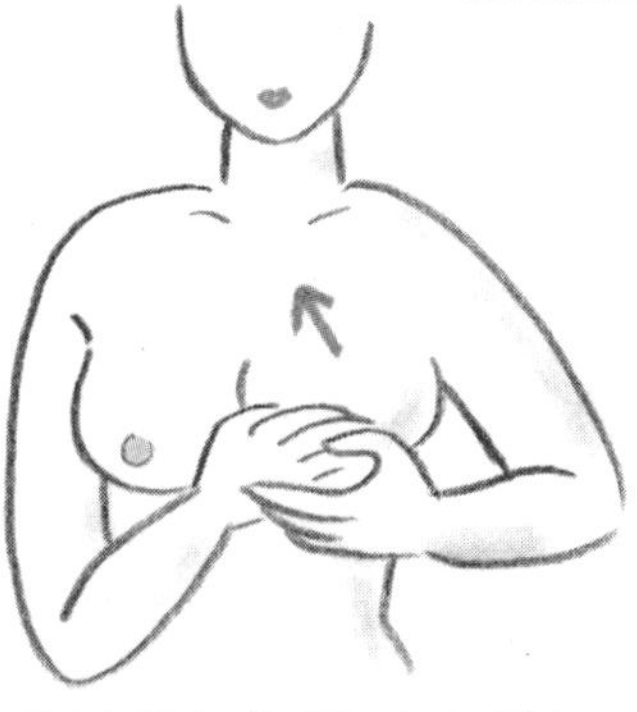

③手を乳房の斜め下に当て、両手で斜め上に向けて押す。

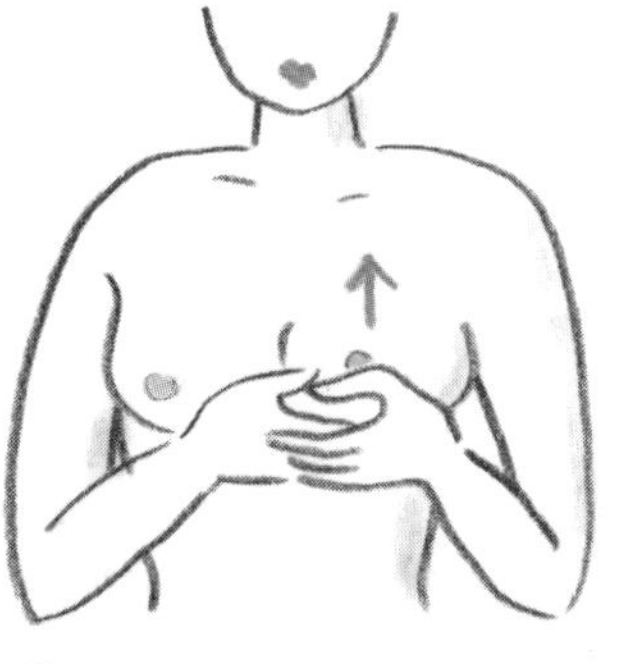

④乳房を下からささえるようにして、両手で上に向けて押し上げる。

母乳の出をよくするために

マッサージ以外で、母乳の出をよくするためのポイントをまとめてみました。

●赤ちゃんにどんどん吸ってもらう

はじめはたいへんですが、ほしがれば与える、をくり返します。

●出なくてもゆったりと

四、五日間くらい出なくても、湯ざましや砂糖湯を与えておけば大丈夫。お母さんのあせりが、かえって母乳の出に影響します。赤ちゃんが寝ているときはママも休んで、のんびりかまえましょう。

●授乳後は乳房をからにする

乳房を張ったままにしないことです。

●食事にも気をくばる

授乳中は、ふだんの二～三割り増しのエネルギーが必要です。しかし食べすぎは肥満につながります。授乳中の食事は

①栄養のバランスのとれた食事

②水分を十分にとる

③ビタミンやミネラルを十分にとる

がポイント。牛乳や具の多い汁物、野菜、小魚、海藻などを十分取りましょう。

0か月児

どうしても母乳不足の場合はミルクでおぎないます

母乳がどうしても出ない人もいるでしょう。また、病気などで母乳があげられない場合もあります。そんなときは、ミルクで育てることになりますが、最近のミルクは改良され、大変よくなっています。

母乳不足の見分けかた

お母さんにとって、母乳が本当に足りているのかどうかというのは、一番気がかりなことでしょう。一般的に赤ちゃんがよく眠り、発育も順調できげんもよければ、母乳は足りています。しかし、次のような場合は、母乳不足を考え、小児科医に相談してみましょう。

●体重の増えかたが少ない

生理的体重減少で、新生児は一時的に体重が減るという時期がありますが、二週間以上たってももどらない場合は、医師に相談します。

また、二〜三か月までの赤ちゃんは、一日平均二〇〜三〇gの割合で体重が増えていきます。一週間に一度くらいの割合で体重を計ってみて、体重の増えかたがそれよりも極端に少ない場合も、注意しましょう。

●授乳の間隔が短い、乳首を離さない

授乳間隔が一か月以上たっても、二時間以上あかない。一回の授乳時間が三〇分以上と長く、乳首から離すと泣く。このような状態が続くときは、母乳不足が考えられます。

ただし、これらはあくまで一般的な目安です。それぞれ個人差がありますので、わからなければ、小児科医に相談しましょう。

粉ミルクと母乳

母乳不足があきらかになった場合、ミルクを足すことになります。母乳が大切なことを十分お話ししましたが、ミルクを足さなければならない、と聞くと心配になったり、ひけめを感じるかもしれません。でも、大丈夫。心配にはおよびません。最近の粉ミルクはできるだけ母乳に近い成分に、と研究され、栄養や消化の面でも大変いいものになっています。

唯一、母乳にどうしてもかなわないのは、母乳にふくまれる免疫物質ですが、

混合栄養の与えかたいろいろ

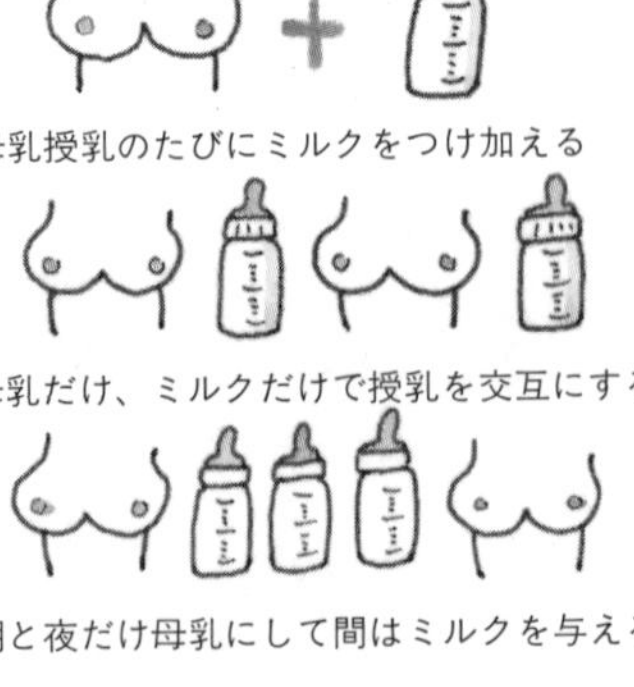

母乳授乳のたびにミルクをつけ加える

母乳だけ、ミルクだけで授乳を交互にする

朝と夜だけ母乳にして間はミルクを与える

赤ちゃんは生まれるときに、お母さんから免疫物質をもらっています。また、まもなく自分で免疫を作るようになりますから、心配しすぎないことです。

ミルクの与えかた

母親がなんらかの理由で母乳を与えられないときや、ほとんど母乳が出ない場合、ミルクだけで赤ちゃんを育てることを「人工栄養」といい、母乳の足りない分を人工栄養でおぎなうことを「混合栄養」といいます。

混合栄養の場合、あくまで母乳をベースにします。ただし、その方法は二つあります。つまり、毎回最初に母乳を与え、そのあとにミルクを足す方法と、一回一回、ミルクと母乳を別々に与える方法です。

毎回母乳を与える方法は、乳腺をからにすることで母乳の分泌をうながしますから、左右のお乳がからになるまで飲ませます。そのあとにミルクを与えますが、赤ちゃんが飲みたがらなかったり、飲み残しても無理に飲ませないことです。

この方法ですと、乳汁の分泌がうながされますから、できるだけ長く母乳を飲ませるためにも、なるべくこの方法をとるようにしましょう。

母乳とミルクを別々に与えるのは、ママが仕事を持っているときや、母乳の分泌が少ないので、間隔をあけてたまるのを待つようなときです。

しかし、お乳を飲ませる回数を減らすと、次第に母乳が出なくなります。ですから、仕事を持っているママでも、三〜四時間おきに母乳をしぼって、冷凍庫に保存しておくようにすれば、母乳がとまらずにすみます。

一般に母乳は午前中が出がよくて、夕方になると出が悪くなるということが多いようです。このようなときは、夕方のみミルクを足してもいいのです。また、母乳の出が悪くなっても、それが一時的なこともあります。少なくとも生後三か月ころまでは、できるだけ母乳を飲ませる努力をしていきたいものです。

母乳と粉ミルクの栄養比較

栄養素		母乳	粉ミルク
エネルギー	(kcal)	65	67
水分	(g)	88.0	87.3
たんぱく質	(g)	1.1	1.8
脂質	(g)	3.5	3.4
糖質	(g)	7.2	7.2
繊維	(g)	0	0
灰分	(g)	0.2	0.3
カルシウム	(mg)	27	49
リン	(mg)	14	33
鉄	(mg)	0.1	0.8
ナトリウム	(mg)	15	21
カリウム	(mg)	48	68
ビタミンA	(IU)	170	247
ビタミンB_1	(mg)	0.01	0.05
ビタミンB_2	(mg)	0.03	0.08
ナイアシン	(mg)	0.2	0.7
ビタミンC	(mg)	5	6

(この表は母乳100gとお湯に溶いた粉ミルク100gを比較したものです)

0か月児

人工栄養(粉ミルク)の上手な与えかたは?

ミルクをあげるときは、まず、衛生面に気を使いましょう。哺乳びんや乳首は煮沸したり、消毒液などにつけ、きちんと消毒します。少々手間がかかりますが、すぐに慣れてしまいます。

哺乳びんの選びかた

哺乳びんの大きさは、いろいろありますが、ミルクを飲ませるものは赤ちゃんの発育を考えて、二〇〇～二四〇cc程度のものが適当です。一〇〇～一二〇ccのものは、果汁やさ湯を与えるときに使用します。

本数としては、授乳後に毎回洗うのであれば、二本あれば十分。まとめて消毒をするなら、五～六本用意する必要があります。また、果汁用の小さなびんも、別に一本用意しておくと便利でしょう。

哺乳びんは、硬質ガラス製のものとプラスチックのものがあります。ガラス製のものは、しっかりしていて洗いやすく、煮沸消毒にも強いのが特徴です。しかし反面、重いのが難点でしょう。逆に、プラスチック製のものは、軽くて持ち運びには便利なのですが、洗う際に傷がつきやすく、かすがたまって不衛生になりがちです。ですから、ふだんはガラス製のものを使用し、外出のときなどにプラスチック製のものを使用したりと使い分けるといいでしょう。

乳首の選びかた

哺乳びんにつける乳首の素材には、天然ゴムやシリコン・ゴム、イソプレン・ゴム（合成ゴム）などがあります。また、乳首そのものの形や穴の形もくふうされています。いずれにしても、赤ちゃんの好みがありますので、いくつか試して、赤ちゃんの口に合うものを選んであげてください。

穴の大きさは、月齢別にS・M・Lの三種類がありますが、月齢はあくまで目安で、飲み終える時間をみて、穴の大きさをきめます。一回分のミルクを飲み終えるのに、一五分から二〇分くらいが適

調乳器具と消毒器具

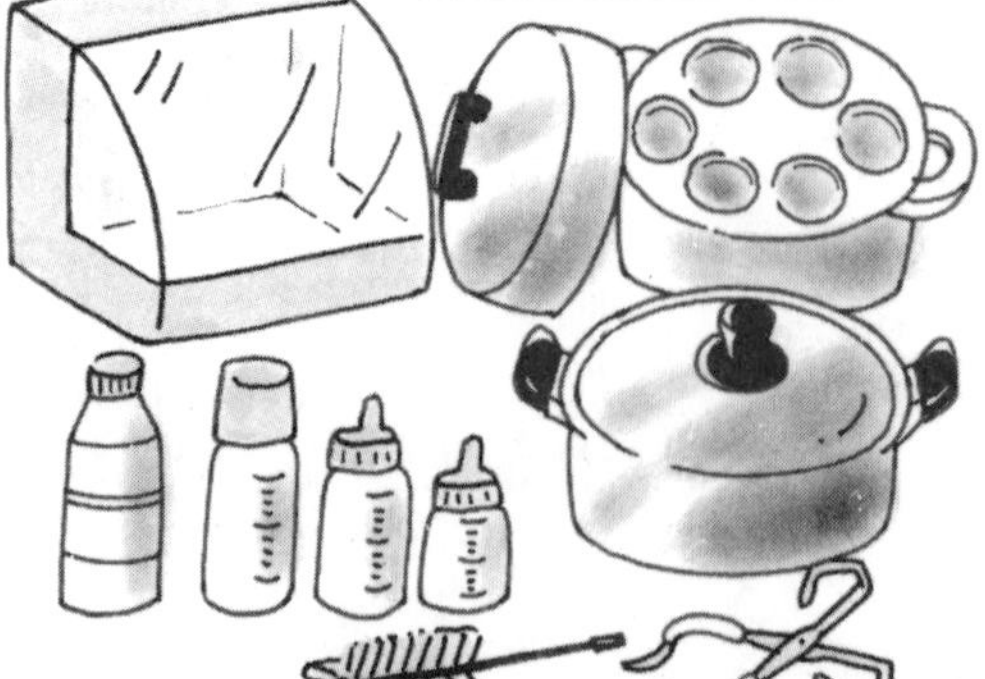

当な時間で、それ以上かかる場合は、穴が小さすぎ、五～六分で飲み終えてしまうのは、穴が大きすぎます。

乳首は、使っているうちに弾力がなくなり、のびてきます。新品よりひとまわり大きくなったら、取り替えましょう。乳首は消耗が激しいので、哺乳びんより、少し多めに用意しておくと便利です。

哺乳器具の消毒

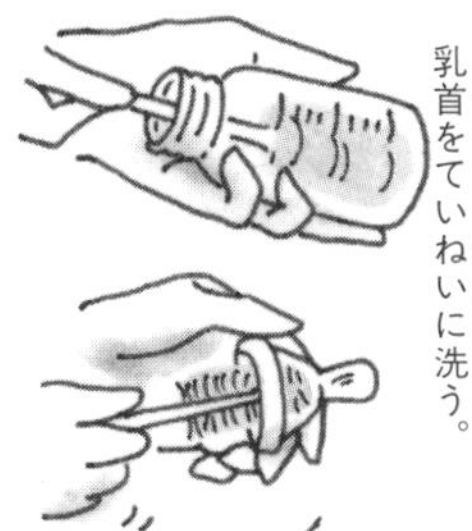

①授乳後すぐに、びんブラシを使って、流水で哺乳びんと乳首をていねいに洗う。

②煮沸消毒の場合は、哺乳びん、びんはさみと水を入れて沸騰させます。乳首はあとに。

③びんはさみを使って取り出し、清潔なガーゼを敷いたお盆などにのせ、乾かす。

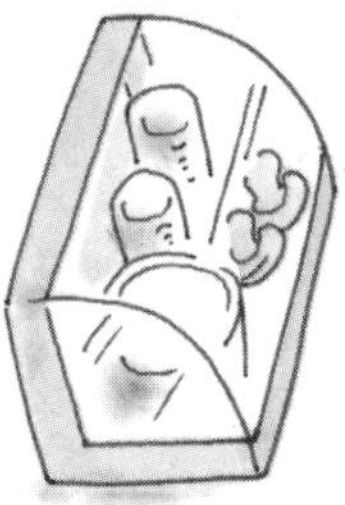

④一日分をまとめて消毒するときは、ふたのできる容器に収納。乳首は密閉容器に。

薬品消毒の場合は、専用の薬品に一時間以上ひたして、殺菌消毒する。

蒸気消毒の場合は、哺乳びん専用の蒸し器にお湯をわかし、10分くらい消毒する。

消毒のしかた

赤ちゃんは、細菌に対する抵抗力が弱いので、哺乳びんや乳首はいつも清潔に保っておくことが大切です。家庭で簡単にできるのは、煮沸消毒と薬品消毒でしょう。

ミルクを飲み終わったら、すぐに哺乳びんと乳首を流水で洗い流します。専用のブラシを使って洗うと、よくよごれが落ちます。落ちない場合は、台所用洗剤を使用してもいいですが、ベビー用台所洗剤などもあります。

哺乳びん専用の鍋に（蒸し器でもよい）水をはり、哺乳びんとびんはさみを入れて煮沸します。蒸気消毒の場合は、哺乳びんをさかさまにして並べます。煮沸消毒の時間は、沸騰してから一〇分くらいが適当ですが、乳首とキャップは熱に弱いので、消毒の終わる三分ほど前に鍋にいれます。

消毒が終わったら、びんはさみで哺乳びんをつかみ、清潔な場所に置き、自然乾燥させます。そのあと、ふたつきのケースに入れて保管しておきます。

薬品による消毒は、市販の哺乳びん消毒用薬品を購入し、流水で哺乳びんと乳首を洗ったあと、その薬品を水で溶いた容器につけておきます。一時間以上ひたしたあと、水気をきって、保管します。

0か月児

ミルクを飲ませるときも愛情こめてしっかり抱いて

ミルクをあげる場合でも、母乳をあげるときと同じように、しっかり赤ちゃんをだっこして飲ませるようにしてください。目と目を合わせて、愛情をこめてあげれば、きっと気持ちが伝わります。

ミルクの量は正確に

授乳の前には手を洗い、清潔な手で調乳をしましょう。一度、沸騰させたお湯を五〇～六〇度くらいにさましてから使うのが理想です。熱湯を使うと、ミルクのビタミンCがこわれてしまうからです。沸騰したお湯をポットに入れ、しばらくたってから使うようにします。

はじめに、作ろうとしている量の半分から三分の二くらいのお湯を哺乳びんに注ぎます。次に粉ミルクを正確に計り、静かに哺乳びんに入れます。このとき、溶かす粉ミルクの量は正確に計ってください。すりきりというのを、いい加減に計ると、ミルクが濃すぎたり、薄すぎたりします。びんを軽く振ってミルクを溶かし、お湯を加えてちょうどいい量にします。乳首とキャップをつけてから、もう一度、びんを振って完全にミルクを溶かします。

水でびんをひやしてから適温にします。腕の内側にミルクをたらし、ややあたたかいくらいが適温（三八～四〇度）です。ママが飲んで温度をみるのは、不衛生になりますから、避けたいものです。

調乳のしかた

①調乳をする際は、よく石鹸で手を洗い、清潔にする。

ミルクの飲ませかた

ミルクを飲ませるときは、必ずママがしっかりだっこしてあげるようにしましょう。人工栄養で育つ赤ちゃんの場合でも、このときが母と子のつながりを深める大切なスキンシップの時間なのです。目と目を合わせ、ゆったりとした気分で赤ちゃんに接するようにしてください。

赤ちゃんをひざの上に抱き上げ、斜め抱きにします。赤ちゃんのあごに清潔な

ミルクの飲ませかた

乳首の内部がいつもミルクで満たされているように十分に哺乳びんを傾ける。空気を飲ませないために。

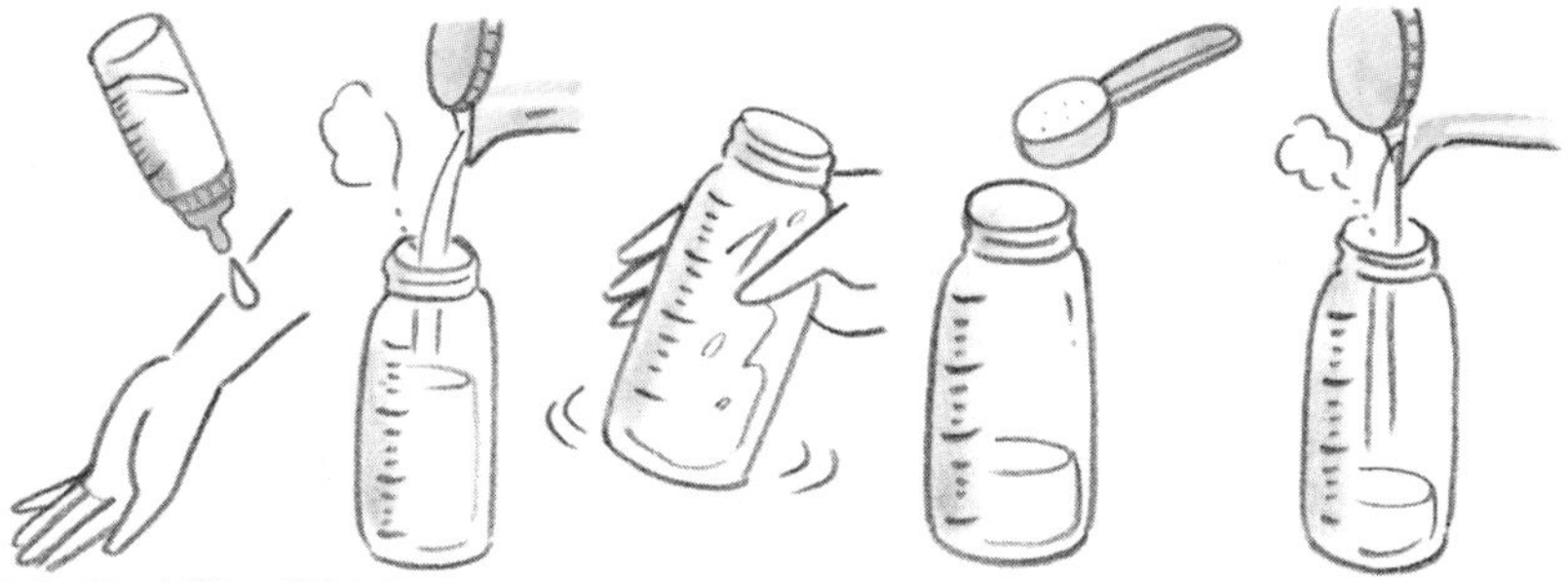

②さましたお湯を出来上がり量の２分の１から３分の２くらい、哺乳びんに入れる。

③ミルクの缶にはいっているスプーンで規定量を計り、びんの中に入れる。

④びんを持って軽く振り、ミルクを完全に溶かす。

⑤規定量までお湯を足し、キャップをしっかりしめて、もう一度振る。

⑥自分の腕の内側に、ミルクを数滴たらし、少しあたたかい程度が適温。

ガーゼを当てます。もう一方の手で哺乳びんを持ち、傾き加減にして乳首をミルクで満たします。傾けかたが足りないと、乳首に空気がはいってしまうので、注意してください。

一回の授乳時間は、一五分から二〇分くらい。それよりも極端に早すぎたり遅すぎたりする場合は、乳首の穴の大きさが不適当なのかもしれません。また、ミルクを飲みきらないからと無理じいすることはいけません。あくまでも赤ちゃんのペースに合わせてあげましょう。

授乳が終わったら、母乳のときのように赤ちゃんをたて抱きにして、背中をさすり、ゲップをさせます。

飲ませる量と回数

生まれてから最初の二週間くらいは、飲む量も時間も一定しません。基本的には、母乳と同じで飲みたがるときに飲みたいだけ飲ませてあげることです。それでも一か月くらいたつと、だいたい量がきまってきて、三時間おきくらい、一日七～八回ときまってくるでしょう。

しかし、ミルクの缶についている月齢別の目盛りはあくまで目安です。飲まないからといって、無理じいは禁物です。

逆にいくらでも飲むからと、どんどん量を増やすのも考えものです。将来、肥満になる心配もあります。ある程度の量を飲んでもまだほしがる場合、さ湯を与えたり、哺乳びんの穴を小さくする、散歩などで気分転換をはかるなどの工夫をしてみましょう。

ミルクぎらいの赤ちゃんは

混合栄養や人工栄養で、一番困るのは、赤ちゃんがミルクをきらって飲んでくれないときです。生後二か月ころまでは、それほど拒絶反応がないようですが、三か月をすぎると、ミルクをきらう子が出てくるようです。

お母さんが緊張すると、かえってひどくなります。哺乳びんに慣らすくらいの気持で、根気よく続けましょう。無理じいは禁物です。また、野菜スープや果汁などで栄養をおぎない、早めに離乳食をすすめるのもひとつの方法です。

0か月児

赤ちゃんの部屋は家の中で最良の環境を選びましょう

生まれたばかりの赤ちゃんは、まだまだ環境に順応することが苦手です。ですから、できれば赤ちゃんを迎える場所はできるだけ環境のよい部屋を。ただし、赤ちゃんに直射日光は禁物です。

赤ちゃんのスペースを確保する

新しい家族が増え、日当たりの一番いい ひと部屋を赤ちゃんに与えてあげられれば最高なのですが、日本の住宅事情ではそうもいかないのが現実でしょう。しかし、生まれたばかりの赤ちゃんは、体温の調節もまだまだうまくいかないし、抵抗力も大変弱いので寝るスペースを、その家の一番環境のいい場所に確保。

明るくて風通しがよく、直射日光が当たらない場所へ赤ちゃんのベッドを置いてあげます。

また、いくら風通しがよくても、交通量の多い道路に面している家庭では、外の振動や騒音、排気ガスから赤ちゃんを守ってあげなければなりません。

赤ちゃんのいる部屋はいつも清潔を心がけることも大切です。赤ちゃんのいる部屋での喫煙は、絶対に避けてください。

事故防止のために

赤ちゃんが寝てばかりいるころは、それほど事故は起こらないものですが、一番こわいのは窒息です。寝具はかためのものを選び、ふだんから吐きやすい赤ちゃんや、授乳のあとにゲップがうまく出なかった場合、顔を横に向けて寝かせたり、上体を高くしたりしておきましょう。

また、赤ちゃんのまわりには危険なものを置いたりしないこと。地震が起きたときに、上からなにか落ちてくるような場所に寝かせないようにすることです。

ペットを飼っている場合や上に兄弟がいる場合は、特に注意が必要です。

冷房と暖房

新生児期は特に体温調節が上手にできないので、部屋の温度で暑さ寒さを調節してあげることが理想ですが、外気温とあまり差をつけないようにしましょう。

●夏の育児

クーラーをつける場合、外の温度との差が五度以内を保つようにします。また、

赤ちゃんが快適にすごせる部屋
温湿度計があれば
いろいろ便利。
毎日の必要品はひ
とつにまとめて。
明るくて風通しがよく、
直射日光の当たらない
部屋。できればベッド
で寝かせてあげたい。

クーラーや扇風機の風が直接当たらないように気をつけてください。

クーラーがない場合でも、風通しのいい比較的涼しい場所に赤ちゃんの寝る場所を確保しておいてあげれば大丈夫です。夏の育児の場合、水分補給とこまめに行水をさせてあげることを忘れずにいれば、案外赤ちゃんは平気なものです。

●冬の育児

暖房をつける場合、新生児期は室温二〇～二二度くらいが理想ですが、それをすぎれば一八～二〇度と、少し肌寒いくらいでも大丈夫でしょう。

暖房は石油ストーブやガスストーブよりも電気ストーブやパネルヒーター、もしくはガス・石油などの温風暖房器などは空気をよごさずにすみます。ただし、乾燥ぎみのときは加湿器を利用したりして、湿度の調節も忘れずに。

なお、暖房中は換気をこまめに。

夏でも冬でも一日中一定温度にしておく必要はなく、たまには戸外の空気を入れたり、冷・暖房を切って自然の温度に慣らすことも体の鍛練になります。

0か月児

赤ちゃんの寝具にはこんなものを用意してください

赤ちゃんの寝具は、できればベビーベッドが理想的です。また、ベッドでも、ふとんに直接寝かせる場合でも、マットレスやふとんはややかためのものを選ぶことが大切です。

ベビーベッド

赤ちゃんのよい環境づくりに欠かせないのが、ベビーベッドです。直接ほこりが立つ足もとから離れているので、衛生的だし、保温の意味や湿気を避ける意味でもベビーベッドはすぐれています。また、安全ということもありますし、世話をする人にとっても体を縮めなくてすむぶん、楽に赤ちゃんの世話ができます。

ベビーベッド

安全かつ衛生的なスペースを確保するためにベビーベッドが理想的。

最近は、ベビーベッドもずいぶんいろいろなものが出まわってきましたが、それぞれの家庭の事情に合わせるのが一番でしょう。長さ一・五m、幅七〇㎝くらいの大型のものを購入すると、比較的長く使えて便利です。

床板は成長に合わせて下へ下げられるものがよく、柵の高さは、最低でも六〇㎝以上あると、つかまり立ちをするようになっても安全です。また、頭をはさんだりしないように、柵と柵の間隔は八〜六㎝以下のものを選ぶ必要があります。

左右のとめ金もしっかりしていて、安全かつスムーズに開閉できるものを選びましょう。

どうしても、ベビーベッドを置くスペースがない場合、寝ている間だけでもベビーキャリーやゆりかごなどで代用するという手もあります。

また、ベビーベッドは何年も使うものではないので、レンタルを利用したり、先輩ママからゆずり受けたりするほうが経済的です。

ベビーベッドの寝具

①マットレス

どのベッドにもマットレスがついています。赤ちゃんの背骨を正しく発達させるためと、窒息を防ぐためにもかためのものを選ぶ必要があります。

両手で押してみて指が沈みこまない、弾力があるなどが選ぶポイントです。

②防水用シーツ

これがあると、マットレスまでよごさずにすみます。防水用シーツはゴムに布がまいてあるものですが、ビニールシーツなどでも代用できます。

③キルティングパッド

防水用シーツの上に敷きます。赤ちゃんは想像以上に汗っかきですから、最低でも二枚は用意して、毎日干すようにしましょう。

④シーツ

赤ちゃんが動いても、しわになったり乱れたりしないように、マットレス全体をくるめるような大きめのものを用意します。材質は木綿がベスト。三枚は用意しましょう。

⑤タオルケット

軽くてあたたかいので、一年中使えます。大きめのバスタオルでも代用できます。赤ちゃんに直接かけるものなので二枚くらいあるとこまめに洗えて便利です。

⑥毛布

一枚用意しましょう。ほこりを吸いやすいし、毛も抜けたりするので、必ずカバーをかけて使用します。

⑦掛けぶとん

肌掛けぶとんと掛けぶとん、各一枚ずつ用意して、温度によって調節します。軽くて、あたたかいことが大切で、綿は薄めのほうが体になじみます。木綿のカバーをつけ、こまめに洗いましょう。

⑧まくら

赤ちゃんに枕は、必要ありません。タオルを四つ折りくらいにして、よごれたらこまめに取り替えてあげましょう。

ベッドを使わないとき

敷きぶとんは、薄くてかたいものを選びます。マットレスでも同じです。やわらかすぎると、赤ちゃんの背骨の発達にも悪いし、動きにくく、窒息のおそれも出てきます。

この上に防水シーツ、キルティングパッドを敷いて、シーツでくるみます。掛けものはベッドと同じです。

ベッドのととのえかた

①一番下にマットレスを敷く。

②次に防水用シーツを。

③さらにキルティング・パッドを。

④シーツでマットレスをくるむ。

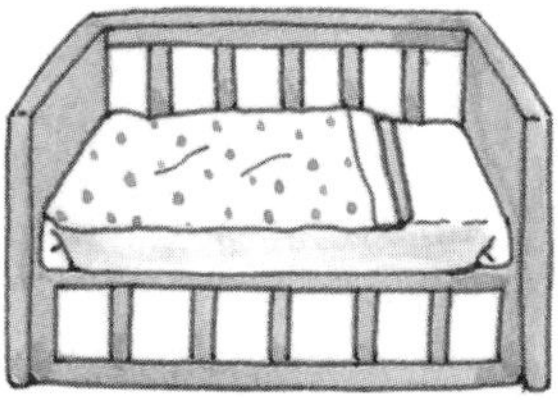

⑤毛布、掛けぶとんをかけて完了。

0か月児

三か月までの赤ちゃんにはこんな衣服が必要です

赤ちゃんの衣服を選ぶポイントは、洗濯がきくこと、吸湿性にとんでいること、伸縮性があることなどです。この時期は、ほとんど肌着が衣服の中心ですからほかのものは、まだそれほどいりません。

赤ちゃんの衣服の選びかた

赤ちゃんは、あっというまに大きくなります。赤ちゃんの衣服は、三か月ころまでのものを妊娠中に用意しておき、赤ちゃんの成長に合わせて買い足していきましょう。

衣服の選びかたのポイントは、①洗濯ができる、②伸縮性がある、③吸湿性にとんでいるの三つですが、そういう意味では綿素材が一番のおすすめです。

また、赤ちゃんの肌を刺激しないように、余分な飾りが多くついていないもの、肌着などは縫い目が表に出ていて、縁が外からおさえてあるようなものを選ぶようにします。

もちろん、毎日洗濯しても、耐えられるような丈夫な縫製がよいでしょう。

〇～三か月

ほとんど一日中、部屋のベッドですごします。しかも、あまり動きの激しくない時期ですから、肌着と長下着の組み合わせになります。夏場は、肌着だけで十分です。新生児期は、脱がせたり着せたりしやすい前あきのひもで結ぶタイプの肌着が便利です。

また、ベビードレスを長下着の代わりにしてもいいし、寒いときは肌着＋長下着の上にベビードレスを着せてもいいでしょう。外出のときは、胴着やおくるみなどで調節します。

①肌着

直接、赤ちゃんの肌に触れるものですから、よく汗を吸いとる綿素材のメリヤスやガーゼなどがいいでしょう。また、長そでと半そでとあり、ウール素材もありますから、これも季節に合わせて選びますが、前あきでひもで結ぶものを五枚くらい用意します。

②長下着

秋から冬生まれの赤ちゃんの必需品です。あたたかいときは、ベビードレスの代わりにしても。素材は綿とウールがあります。三枚程度。

③ベビードレス

前あき、えりなし、飾りのないものがいいでしょう。一枚あれば十分。すそがホック式のカバーオールと兼用のものが少し大きくなってからも便利です。

④おくるみ

一枚布のものが、肌掛けとしても使用でき、便利です。そでのついたキルティングのおくるみも寒いときには重宝です。

ベビーウェア（0～3か月）

ベビードレス／１枚で十分

胴着／外出時
の温度調節用
などに１枚

長下着／３枚程度

肌着／５枚くらい必要

兼用ドレス／股下ボタンの調
節でカバーオールにもなる

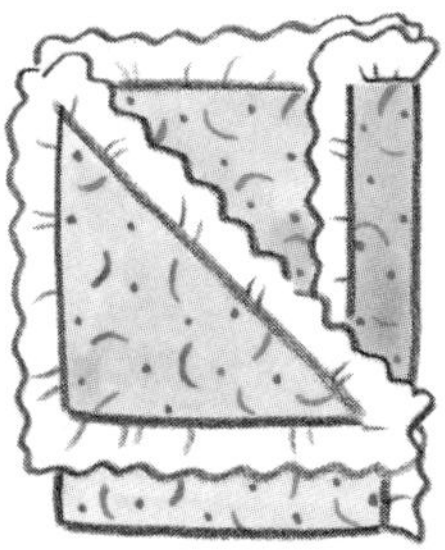
おくるみ／
１枚布のものを

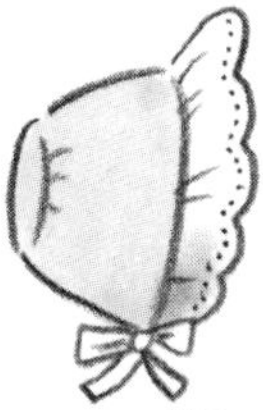
帽子

ガーゼと
ベビー用バスタオル

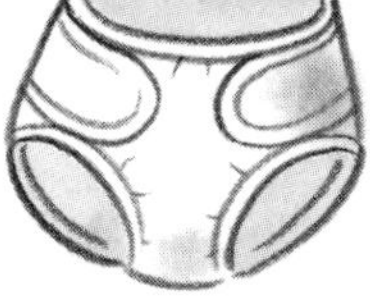
おむつカバー／３枚くらい

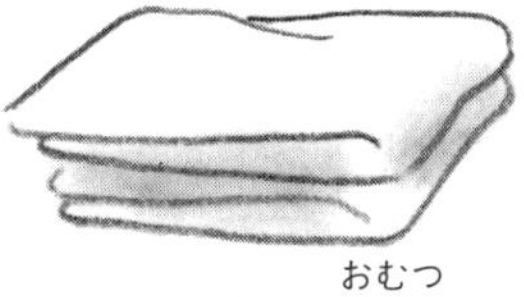
おむつ

0か月児

三か月をすぎたらこんな衣服を着せてあげたい

三か月をすぎたころから、しだいに赤ちゃんの動きも活発になってきます。これまでの肌着は卒業して、下着も前あきのものを。その上にロンパースやオーバーオールなど動きやすい衣服を着せます。

三〜六か月

これまで着ていた肌着は、おしまいです。これからは、前あきの半そで肌着にし、その上からカバーオールやロンパース、オーバーオールなど、上下がつながっておなかが出ない服を着せます。寒い季節には、胴着やボレロ、カーディガンなどで調節しましょう。

夜は、パジャマやそれに代わるものに着替えさせ、昼と夜の区別をつけてもいいでしょう。おなかが出ないものなら大丈夫です。

よだれが出るようになれば、よだれかけも必要になります。また、離乳食用に少し厚手のエプロンも必要になってきます。よだれかけや、エプロンは少し多めに用意しましょう。

六〜十二か月

おすわりができるようになったら、下着も頭からかぶるもので大丈夫。はいはいやつかまり立ちがはじまりますので、自分の服にひっかかったり、ふんづけたりするようなものでは困ります。自分のサイズに合った、動きやすい服装を選びましょう。必要以上にボタンや装飾の多いものだと、ひきちぎったり、とれたときなどに、口に入れてしまうこともあります。あまりゴテゴテしていないもの、ボタンなどがしっかりついているものを選びましょう。

カバーオールやロンパースだけでなく、オーバーオールやパンツ、ジャンパースカート、トレーナー、Tシャツなどいろいろなコーディネートを楽しめるようになります。

衣服はこまめに取り替える

体温調節が下手であまり汗をかかない新生児のときはお母さんより一枚多めが目安ですが、生後一か月すぎころから赤ちゃんは、たいへん汗をかきやすくなります。背中に手を入れて、汗をかいているようなら着ているものを一枚少なくする必要があります。健康な赤ちゃんなら、お母さんより一枚少なめにが基本です。

また、あたたかい季節になって、汗をよくかくようになったら、あせもを防ぐためにも肌着をこまめに取り替えるようにしましょう。

足は、つめたくても室内ならば靴下なしでも大丈夫。ただし、外出時や風邪をひいているときには、はかせます。

ベビーウェア（３か月以降）

ジャンプスーツ
オーバーオール
グレコロンパース
カバーオール
コンビ型肌着
スモック
ボレロスーツ
ジャケット
カーディガン
ベスト
Tシャツ
ワンピース
タンクトップ
ダッフルコート
ブラウスと
ジャンパースカート
トレーナースーツ

0か月児

おむつとおむつカバー その上手な当てかたは？

赤ちゃんは小さいころには特に、おしっこやうんちの回数が多いものです。おむつがよごれたら、すぐに取り替えるようにして、いつも清潔を保つように心がけてあげましょう。

おむつの選びかた

最近では、おむつにもいろいろな種類が出てきました。昔ながらの布おむつに加えて、紙おむつ、そして布のおむつを業者が洗って届けてくれる貸しおむつ。昔ながらの布おむつでも、自分で縫うのではなくて、すでに出来上がっている既製品もあります。各おむつには、それぞれ長所・短所がありますから、自分の都合に合わせて使い分けてもいいでしょう。

布おむつ

おむつは、よごれたらすぐ取り替えてあげなければなりません。そのため、毎回捨てる紙おむつよりも経済的に使えるのが布おむつです。

素材は、吸水性があり、通気性がある綿が一番。昔ながらのさらしもよく使われていますし、最近はドビー織りも人気があります。さらしは、よごれが落ちやすいうえ、乾きが早いという長所があります。ドビー織りのほうは、吸水性がよく、肌ざわりがソフトです。そのほか、ガーゼやソフトニットなどもあります。

形は、輪になった長方形のものと、正方形のものが主流になっています。すぐに当てられる「コンパクトおむつ」などもありますが、乾きにくいのが難点です。

輪型おむつは、縫い目のない既製品もありますが、さらしで手縫いをしてもいいでしょう。新生児期は、一回一枚、おしっこの量の多くなる一～二か月すぎは、二枚一組にして使います。正方形おむつは、一枚ずつ使用します。枚数は、輪型なら四〇～五〇枚、正方形なら三〇～四

おむつの当てかた（3か月まで）

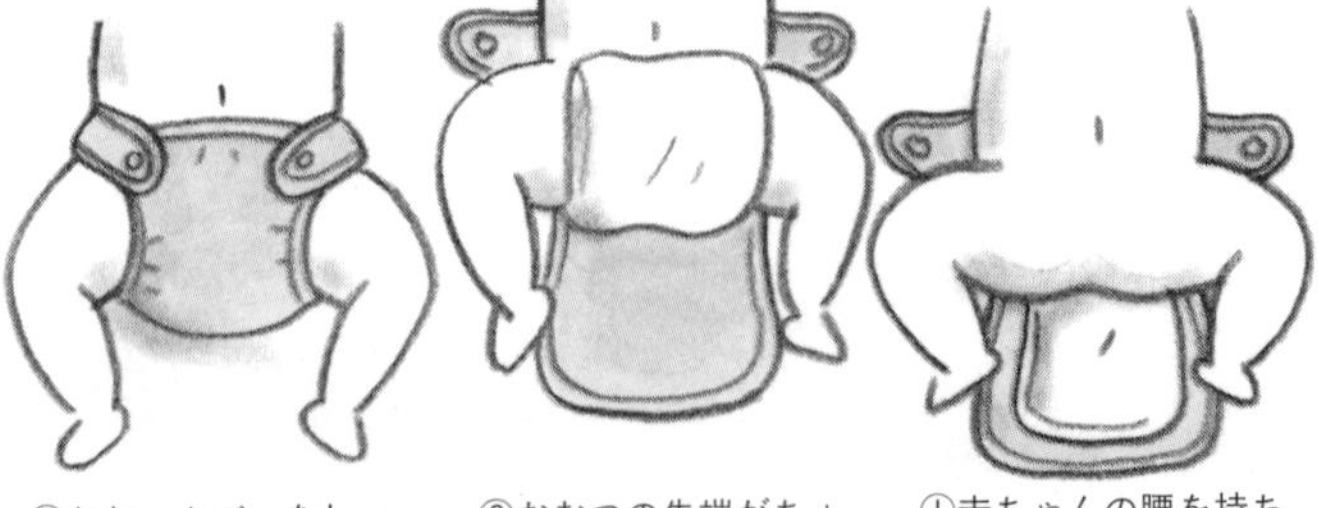

①赤ちゃんの腰を持ち上げて、おむつのまん中におしりを乗せる。

②おむつの先端がちょうどおへその下にくるように、折り返す。

③おむつカバーをしっかりする。（カバーはT字型タイプのもの）

○枚用意する必要があります。

おむつカバー

最近、市販されているおむつカバーはどれも、大変質がよくなりました。そのため、どれを選んでも材質には、そう差はありません。むしろおむつカバーを選ぶ際は、赤ちゃんのサイズに合わせたものを選ぶことが大切です。新生児期のものは、すぐに使えなくなってしまいますから、せいぜい三～四枚あれば十分でしょう。それ以降も、体の大きさに合わせて数枚ずつ買い足していきます。

おむつのたたみかた

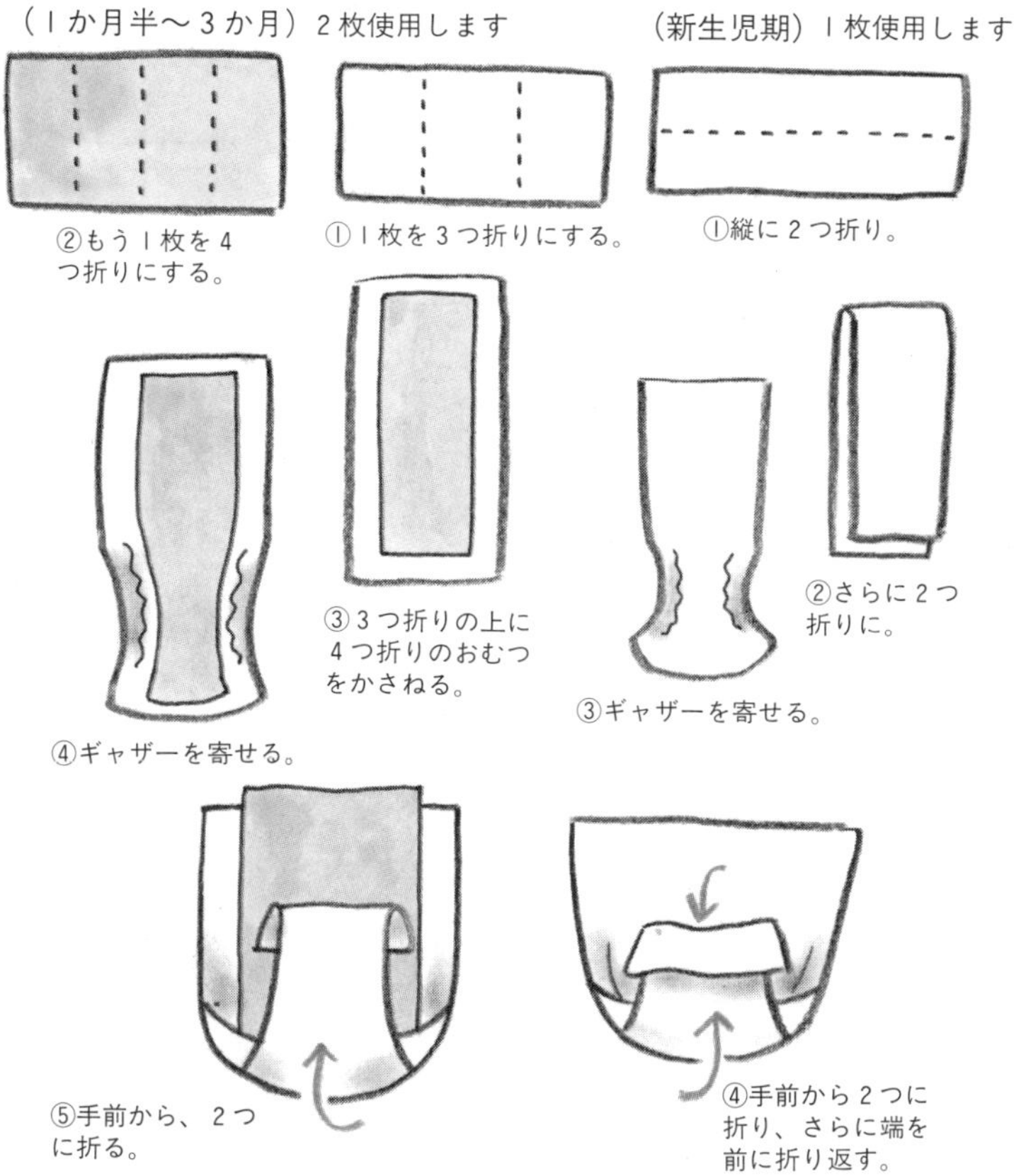
（1か月半～3か月）2枚使用します
②もう1枚を4つ折りにする。
①1枚を3つ折りにする。
③3つ折りの上に4つ折りのおむつをかさねる。
④ギャザーを寄せる。
⑤手前から、2つに折る。
（新生児期）1枚使用します
①縦に2つ折り。
②さらに2つ折りに。
③ギャザーを寄せる。
④手前から2つに折り、さらに端を前に折り返す。

おむつの当てかた

生後三か月までは、股のところに当てる股おむつ、それ以降はお尻をくるむ当てかたにします。ポイントは、おむつの端がへそにかからないように折り返して、へそをおむつとカバーから出しておくことです。

また、ギャザーをよせると横もれが防げますし、足が自由に動くので、股関節脱臼の予防にもなります。

先天性股関節脱臼は、先天的なものが原因になることも多いのですが、おむつの当てかたが悪くても、起こります。できるだけ自然な形で、足の動きをさまたげないようにします。また、おむつ交換の際も足首を持つのではなく、必ずおしりの下にママの手を入れて持ち上げましょう。たたみかたは上図のとおりです。

0か月児

オール紙おむつで育てるとなにか問題あるの？

毎日、おむつの洗濯に追われていた時代に比べると、紙おむつは本当に育児を楽にしてくれました。でも、たまにおばあちゃんから「紙おむつなんて」と言われることも。紙おむつで育てるとなにかいけないことでもあるのでしょうか。

紙おむつのデメリットって？

今では、赤ちゃんが生まれたときから紙おむつを使っているママがほとんどのようですが、なかにはおばあちゃんや先輩ママなどから「おむつは布よ」と言われて迷っている人もいるかもしれません。

おそらく布おむつを使ったほうがいいと主張される方は、紙おむつだと「おむつ離れが遅くなる」「愛情不足になる」「かぶれる」などと言われるかと思いますが、そんなことはありません。

紙おむつと布おむつの子との間に、おむつはずれの時期の差はないことはすでに研究結果が報告されていますし、今の紙おむつは吸収性、通気性などがどんどん改良されていますから、むしろかぶれにくいくらいです。布おむつの洗濯に時間と労力をとられるくらいなら、紙おむつを使って赤ちゃんと触れ合う余裕ができればそのほうがずっと愛情豊かな子育てもできるというものです。

紙おむつにデメリットがあるとしたら、くり返し使える布おむつに比べると、コストがかさむことですが、安売りの機会を上手に利用すればかなり安くあげられます。とくにうんちの回数が頻繁な赤ちゃんが小さいうちは、おむつカバーを使うタイプのものを使えば、価格をぐっと押さえることもできます。紙おむつを使うことにはなんの問題もありません。

気をつけたいこんなこと

ただ、紙おむつを捨てるときのマナーには気をつけたいものです。うんちの場合はきちんとうんちをトイレに振り落として流してから、おむつだけを丸めてテープで止め、臭わないようにビニール袋などに入れて口をしっかりしばっておきましょう。ゴミに出すときは、地域によって「燃えるゴミ扱い」のところと、「燃えないゴミ扱い」のところがあるので、確認してから出すようにしましょう。また外出先ではゴミ箱に捨てず、家に持ち帰るようにしましょう。

あと、ごくまれに紙おむつが赤ちゃんの肌に合わないことや、メーカーによってかぶれてしまうこともあります。とくに普段とは違う紙おむつを使う場合は、赤ちゃんの肌の様子をよく観察してかぶれなどが起きた場合は、すぐに使用をやめて、違う種類の紙おむつや布おむつを試してみて、赤ちゃんの肌に合ったものを使うようにしてください。

紙おむつはじょうずに使いましょう

¥2500
おむつ
安売りを賢く
利用しましょう
長時間使える
外出のときに便利
?
まだかなー
おしっこが
わかりにくい
長時間替えず
にいてしまう
Zzz…
夜間の取り
替え必要なし
洗濯の手間がはぶける
うんちを
トイレに
捨てる
もえるゴミ?
もえない
ゴミ?
ごみに捨てるとき
のマナーを守りま
しょう
取り替えが楽
もれない
ヒリ
ヒリ
肌に合わないもの
を使わないこと
サラッとしていて
ただれ、かぶれができにくい

0か月児

生後二か月まではベビーバスで入浴させましょう

入浴は赤ちゃんの生活の大切な日課です。お湯の中でのびのびリラックスした赤ちゃんは、本当に気持ちよさそう。慣れるまではおばあちゃんやパパに手伝ってもらってもいいでしょう。

赤ちゃんはお風呂好き

入浴は赤ちゃんの体を清潔にするだけでなく、皮膚や粘膜を鍛える効果もあります。気候や便の回数にもよりますが、最低一日一回は入浴させましょう。

夏場は、午前中行水程度に一回、夕方涼しい時間にもう一度ゆっくり入れてあげるといいでしょう。冬は、風邪をひかせないように、室温を二二～二三度くらいに保ち、なるべく昼間あたたかい時間に入浴させます。また、授乳の直後は避けましょう。

まだ抵抗力のない赤ちゃんですから、生後二か月くらいまではベビーバスで入れたほうが安心です。ベビーバスにもさまざまなタイプのものが出まわっています。お部屋のサイズや安全性を目安に使いやすいものをさがしましょう。また、リースで借りるとあとで収納に困ることもありません。

入浴時の注意

●準備するもの

ベビーバス、洗面器、ガーゼ（洗い用）、薄手のタオル（くるみ用）、バスタオル、ベビー石鹸、パウダー、湯温計など。

バスタオルは拭きやすいように広げておき、着替えの衣類とおむつはすぐに着せられるようにかさねて、タオルの横にならべます。清浄綿や綿棒、つめ切りなどそのつど必要なものはそろえておきましょう。直接体に触れるものですから、入浴用品は清潔に保っておくことが大切です。

また、のどの乾くような暑い季節であれば、入浴後に飲ませる湯ざましを作っておくのもいいでしょう。

●注意すること

入浴の準備

ベビーオイル
シャンプー
パウダー

赤ちゃんのお風呂の適温は、夏は三八～三九度、冬は四〇～四一度くらいです。大人にちょうどよい温度よりややぬるめと思ってください。

あまり長くお湯につけると、赤ちゃんは疲れます。入浴時間は一〇分程度で手早くすませましょう。薄手のタオルなどでくるんで入れると、お湯への抵抗がやわらぎます。

首のすわらない赤ちゃんを扱うのが不安なときは、初めのうちおばあちゃんに手伝ってもらうのもいいでしょう。手順とコツをおぼえてしまえば、徐々に慣れていくはずです。

入浴できないとき

赤ちゃんの様子によっては、入浴を避けたほうがいい場合もあります。風邪ぎみのときや熱の高いときはもちろんですが、母乳やミルクの飲みかたがいつもより少なかったり、きげんが悪くぐずってばかりいるときにはお風呂は中止しましょう。

逆に、多少鼻水が出ていても、熱が三七度三分以下で、きげんがよく食欲もあるようであれば、医師に相談の上、入浴させてもかまわないでしょう。

入浴ができない場合には、よごれやすい部分だけでも清潔にし、ただれやかぶれを予防します。

ガーゼとお湯、石鹸、乾いたタオルなどを用意し、赤ちゃんの体を上から順に拭いていきます。

①ガーゼはお湯でしぼり、指に巻きつけるようにして石鹸をつけます。まずえりもとを広げてあごの下と首を拭きます。ガーゼはそのたびごとによく洗い、今度はきれいなお湯で石鹸が残らないように拭きます。そのあと乾いたタオルで水分をとります。

②同じようにわきの下を拭きます。このとき両手を一度に出さないで、片方拭いたらそでを通し、次にもう片方を拭くようにします。

③股とおしりは特にかぶれやすい部分ですから、ていねいに拭きとりましょう。暑い時期は各部の仕上げにパウダーをつけてもいいでしょう。

①あごの下と首を清潔に。しぼったガーゼに石鹸をつけて拭き、お湯で拭きとる。

②わきの下は片そでずつ脱がせ、手早く拭く。石鹸や、水分が残らないように。

③おしりと股はふだんからまめにお湯で拭くと、おむつかぶれなどの予防になる。

0か月児

赤ちゃんはお風呂が大好き 上手に洗ってあげましょう

新陳代謝が激しい赤ちゃんの体は、いつも清潔に保ってあげたいもの。毎日の入浴は、安眠をうながし、気になる湿疹やおむつかぶれの予防にもなるなど、効用がたくさんあります。

沐浴の準備と手順

入浴に必要なものをならべ（40ページ参照）、ベビーバスにお湯を入れます。かけ湯や洗顔用のお湯として洗面器にも入れてください。室温は二〇度以上に保ちましょう。お湯は必ずよくかきまぜて、熱くないことを確かめます。

沐浴のさせかた

①赤ちゃんをくるみ布で包み、左手首の上に頭を乗せます。このとき、親指で赤ちゃんの左耳を押さえ、人さし指と中指で赤ちゃんの手首をそっとはさみます。あいている手でおしりをささえながらそろそろとお湯に入れて体をあたためます。

②次に顔を拭きます。洗面器のお湯でぬらしたガーゼを使いましょう。

③洗髪します。手に石鹸を軽くつけて泡立て、頭を前からうしろになでつけるように洗い、ガーゼで石鹸を落とします。

④首、わきの下、腕、てのひらなど、くびれたところもていねいに洗います。

⑤胸からおなか、股、足の順に洗います。くるみ布は、洗うところだけはずしていきます。洗ったらガーゼできれいに石鹸を流しましょう。

⑥上向きのまま、背中に手をまわして洗います。裏返してもいいでしょう。その場合、右手でしっかり首をささえ、左手で赤ちゃんの両手首を握ります。左手に赤ちゃんのあごを乗せるような気持ちで裏返します。洗いながらふだんは見えない背中を観察しておくといいでしょう。

⑦洗い終わったら、一分ほど体をあたためます。お湯がぬるいときは、足もとにお湯をさします。あがり湯を全身にかけてお湯からあげます。

①両耳を押さえるように、てのひらで首をささえる方法もある。

⑤くるみ布は部分的にのけながら、おなかと下半身を洗っていく。

②目や耳に湯がはいらないように注意して、ていねいに顔を拭く。

③刺激のない石鹸を使う。シャンプーを使うならベビー用を。

④くびれた部分はよごれやすい。こすりすぎないようていねいに。

⑥裏返すのがむずかしければ、背中に手をまわして上向きで洗う。

⑦あがり湯は、あまり熱くないものをかける。ここまでで約10分。

⑧広げたバスタオルの上にあげてていねいに拭き、着替えさせる。

⑧バスタオルでくるみ、軽く押さえてていねいに水気をとります。おへその手入れをし、パウダーをつけてから、用意したおむつと衣類を着せましょう。

お湯に入れてから、あげるまでの時間は、約一〇分くらいが適当です。

目、耳、鼻の手入れ

●目やにや涙のあと

ガーゼか脱脂綿をぬるま湯でしぼり、目のまわりをそっと拭きます。

●耳あか

顔が動かないようにしっかり押さえます。ベビーオイルをつけた綿棒で耳の穴の入り口や溝を掃除します。穴の奥に入れすぎないように注意しましょう。

●鼻くそ

やはり頭を押さえ、入り口で綿棒をまわすようにして鼻くそをとります。ベビーオイルをつけてもよいでしょう。

●爪切り

手の甲を上向きにして、それぞれの指はしっかり持って切ります。赤ちゃん専用の爪切りを使えば安心です。

0か月児

そろそろ仕事に復帰したいお母さんの育児対策は？

出産後のどたばたもなんとか落ち着き、そろそろ仕事を始めたいと考えたり、育児休暇をとっていた人も育休明けを迎えたりするころ。子どもと離れる時間ができることへの不安は少しでも解消しておきましょう。

預け先さがしは妊娠中から

最近では、産後も働き続ける女性が増えてきました。働くママにとって大きな問題は、子どもの預け先のこと。預け先の選択肢も今では多様になっていて、認可保育園、無認可保育園、民間のベビールーム、保育ママ、おばあちゃんなど様々です。

もっとも、いつでも空きがあって入れるとは限らないので、預け先は妊娠中からじっくりと時間をかけて探しておきたいものです。

また、赤ちゃんが病気になったときの対策も忘れずに。万一のときのために、病児保育をやっている病院や、緊急でも対応してくれるベビーシッター会社などを調べておきましょう。

事情に合った働き方を

産前に働いていた会社へ復帰する場合は別ですが、産後改めて仕事を始めようという場合は、まず今の自分の状況に合った働き方ができる仕事を、と考えてみるといいと思います。なにもいきなり外に出て、フルタイムやパートで働き始めなくても、無理のない範囲でできる内職や、今はパソコンなどを使っての在宅ワークも盛んです。

毎日、出社する必要はない働き方をするなら、子どもの預け先の選択の幅もぐっと広がります。時間単位や、毎週何曜日だけなどの週ぎめで子どもを預かってくれるベビールームも増えています。なかには、ただ子どもを預けるだけではなく、ちょっとしたおけいこごと感覚で通えるところもあります。

まだ、赤ちゃんも小さいのですから、いきなり無理な働き方をし始めると、赤ちゃんにもお母さんにも負担がかかってしまう場合もあります。万全の対策をとりつつも、いざというときはペースダウンすることや、違う働き方を考えることも視野に入れながら、少しずつ働くペースを作っていくとよいと思います。

母乳を続けるために

仕事を始め、子どもと長い時間離れることができるようになると、母乳の問題が出てきます。預け先ではミルクにするというのも手ですが、できれば母乳で、というお母さんにおすすめなのが冷凍母乳です。子どもを預ける前に、たっぷりと母乳を飲ませ、離れている間には3

～4時間ごとに母乳をしぼって、専用の冷凍バッグに入れ、冷凍しておきます。

解凍するときは、熱いお湯やレンジではなく、水道水やぬるま湯で解凍して哺乳びんで飲ませます。冷凍母乳は1週間ほど保存できますが、なるべく早めに飲み切るようにしましょう。

働きながら、家事も育児もこなすとなると、やはり相当の負担になります。すべてを完璧にというのは不可能なことなので、どこかで上手に手抜きをし、そのことに罪悪感をもたないことです。

一番負担を減らしやすいのは家事ですから、先輩ママのアドバイスなどを参考に大いに合理化をはかってください。もちろん、夫の協力も欠かせません。二人でよく話し合い、育児も家事も協力し合って、大切な時期を乗り切るように努力しましょう。

赤ちゃんの預け先

保育ママ
自治体で人選した人（有資格者）の家庭で預かってもらう。申し込みは福祉課。産休明けから可能。

保育園
公立と私立があり、私立の中でも認可と無認可がある。公立と認可保育園は自治体の福祉課へ申し込む。

親戚・知人
自分の親や知人などに頼む。気がねはないが、育児方針や謝礼などについては、事前によく話し合っておくことが必要。

民間ベビールーム
月ぎめ、スポット利用などいろいろな預け方に対応。おけいこごとも同時にできるところ、夜間も対応しているところなど様々なので、よく調べてから利用して。

限られた時間でスキンシップを

一日中、赤ちゃんとゆったりと過ごしていたころに比べると、仕事を始めてしまったら、赤ちゃんと触れ合う時間はぐっと減ってしまったように感じるかもしれません。お母さんもさびしいのだから、赤ちゃんはもっとさびしい思いをしているのでは、と心配になってしまいますよね。でも、大丈夫。一日のうちのわずかな時間だけでもいいのです。赤ちゃんとじっくりつき合い、やさしく抱っこして話しかけてあげる時間があればいいのです。

乳幼児のうちに、愛情たっぷりに育てられた子は、心豊かに育ちます。自分は親から愛されているんだ、という気持ちをもって育っていけるように、たとえ短い時間でも、しっかり愛情を注ぎ、スキンシップしてください。

〇か月の赤ちゃん
ママの気がかり
Q&A

赤ちゃんの様子は一日ごとに変化します。一番身近にいるお母さんはいつもその第一発見者。赤ちゃんとの暮らしの中で、気になること悩んでいることに答えるQ&Aのページです。

Q 物音に敏感で、突然体をビクッとさせたり、寝ているときに両手をバンザイするようにピーンとします。特別神経質な子どもなのでしょうか。

A 大きな音や声に反応して、バンザイのようなかっこうをするのは、モロー反射といって、赤ちゃん特有の反応です。四か月をすぎるころから徐々になくなっていくので心配いりません。ある程度持って生まれた性質で過敏な赤ちゃんもいますが、とかくはじめての赤ちゃんの場合、親のほうから静かな環境をととのえてしまいがちです。自然とそれになじんでしまうことはあるかもしれません。

Q お風呂に入れるとき、どうしても耳のあたりにお湯がかかります。耳の中にはいらないかと気になります。また、水がはいった場合は、耳鼻科で見てもらったほうがいいでしょうか。

A 耳の中には空気があるので、入浴のとき多少水がかかっても、簡単に中まで侵入することはありません。直接シャワーなどを向ければ別ですが、少しくらいはいってもおおむねは蒸発してしまいます。気になるようでしたら、入浴後綿棒で拭きとっておきましょう。通常は耳に水が侵入しても、それは外耳の中までです。鼓膜が健全な状態であれば、中耳炎になることはありません。

Q 口の中に白くブツブツしたものが見えますが、なにかの病気でしょうか。

A それは、鵞口瘡《がこうそう》といって、ほおの粘膜や舌にできるかびの一種です。白いかすがこびりついているようにも見えます。たまたまかびがついただけで、不潔にしていたからできるというわけではありません。少量であれば、自然になおることが多く、赤ちゃんが元気でいつもと変わりなくおっぱいを飲んでいれば、問題はありません。

Q 寝ているとき、ものすごい声でウンウンうなっています。よその話を聞くとうならない赤ちゃんもいるようですが、ほうっておいてもいいでしょうか。

A うなったり、いきんだりは、赤ちゃんなら当然のことです。これも個人差があるので、あまりうならない子もいれば、顔を真っ赤にして苦しそうな声を出していきむ子もいるのです。抱き上げるとおさまる場合もありますが、そのたびに抱いていたらママも疲れます。うなり出したら「あら、また運動しているわ」くらいに考えて、あまり気にしないことです。

Q 母乳を飲んでいますが、授乳のあとでよくお乳を吐きます。ゲップをさせるとき同時に吐いたり、寝ているときにダラダラ出ていることがあります。飲ませすぎでしょうか。また、たくさん吐いたら、もう一度飲ませたほうがいいのでしょうか。

A 大人と違って赤ちゃんの胃袋はとっくりのような形をしています。ですから、お乳を飲んだあとすぐに横になったりちょっと体が動いたくらいでも、すぐにダラダラ口から出てしまうのは自然なことです。母乳の場合、飲みすぎを心配することはありませんが、ミルクで、しかも飲みきる時間が早いときは、乳首の穴が大きすぎないか調べてください。また、たくさん吐いたようでも、その中には唾液や胃液もふくまれています。あらためて飲ませなおす必要はないでしょう。もし生後二〜三週間ころから、急に激しく噴水のように吐いたり、数回続けて吐くようであれば、幽門狭窄症《ゆうもんきょうさくしょう》を考えます。ぐったりして体重も増えなくなりますから、早めに医師に相談しましょう。

Q いつも片方ばかり向いて寝ています。頭の形もいびつで気になります。

A 向きぐせは、生まれてから二か月くらいまではよくあることで、反対向きにしてもすぐもとにもどります。寝返りをしたり首がすわるころになれば、頭の形も自然になおっていきます。また、首に触れてしこりがあれば斜頸の可能性もありますので、診察を受けてみてください。

Q 乳首が切れて痛みます。赤ちゃんに吸われるのが苦痛でたまりません。なにかよい方法はありますか。

A お母さんの乳首が痛くても、赤ちゃんはおっぱいをほしがります。長いこと乳首をくわえていたり、すぐにおなかがすいて泣くこともある時期なので、ある程度授乳間隔が一定になるまではつらいところです。痛みが強く、ただれなどの症状があるときは、搾乳器でしぼって飲ませながら、産科の医師に軟膏などの薬を処方してもらいましょう。

また、乳首をくわえさせるときは、先のほうだけでなく乳輪部までしっかりとふくませます。授乳のあとは、乳首に残ったお乳をきれいに拭いて、清潔なタオルやガーゼを当て、授乳用ブラジャーでゆったりと保護しておきましょう。

Q 生まれたばかりなのに、もう歯が生えています。早すぎるのではないかと心配なのですが。

A 最初に歯が生えはじめる時期は個人差がありますが、普通生後6か月〜8か月くらいです。ただ、ごくまれに生まれたとき歯が生えていたり、2〜3か月までに生えることがあり（これを早期萌出といいます）、胚や歯の早期形成と位置異常、遺伝性などによるもので、多くは心配ありません。しかし、なかには頭蓋形成不全、成長ホルモンなどの分泌異常からのこともあるので、一度よく診てもらったほうがよいでしょう。

また、歯茎に小さい白いぶつぶつができることがありますが、これは真珠腫といい、歯茎の上皮細胞が集まり、皮膚の中のタンパク質がたまってできたもので歯とは違います。自然に消えるものなので治療の必要はありません。

Q よくしゃっくりをします。それも長い間続くのですが、なにかの病気でしょうか。

A 赤ちゃんの体は未熟なため、おっぱいを飲んだあとなど、胃がふくれて横隔膜が刺激され、しゃっくりが誘発されます。そのため、生まれたばかりの子でしゃっくりをよくするというのはそうめずらしいことではありません。そのうち、あまりしゃっくりをしなくなりますので、ほおっておいても心配ありません。

Q へその緒がとれたので、おふろのあと消毒してガーゼをあてておいたのですが、ガーゼを取りかえるとき、おへそのまわりやガーゼに血がついていて、ジクジクしています。消毒を続けていればいつか乾くのでしょうか。

A へその緒は生後1週間くらいで自然にとれ、そのあと数日はジクジクが見られしだいに乾きますが、とれる時期には個人差があり、長びく場合もありますが、遅くても10日めにはとれます。

普通は産院から退院するときに消毒セットをもらえるので、それで1日に数回消毒しておくとよいでしょう。傷口と同じなので、なければ市販されている消毒用アルコールを綿棒につけ軽くふいて乾燥させ、ガーゼをあてておけばとれるのが早いです。出血も少量であってすぐ止まるようなら心配ありません。長いことジクジクしていて乾かないときや、分泌物がでているときは医師に診てもらいましょう。

第 2 章

すこやかに赤ちゃん

――1か月～12か月児の育てかた――

1か月児

一か月にはいったら心と体はこんなふうに育ちます

眠っている時間の多かった新生児期を脱し、赤ちゃんはさまざまな反応を見せるようになります。この時期からの赤ちゃんの発育は一日ごとにめざましいものがあるといえるでしょう。

表情ゆたかに目や耳が発達します

誕生から一か月すると、赤ちゃんの表情がだいぶはっきりしてきます。二か月近くになると、お母さんの目を見てにっこりと笑うようになり、授乳に疲れているときにも心のやすらぎを感じさせてくれるでしょう。だっこのときはぜひ赤ちゃんの目を見て、やさしく話しかけをしてあげてください。

目でものを追うような様子も見られます。生まれてすぐは明暗の区別くらいしかなかったのですが、このころから目がよく見えるようになってきています。

一か月半をすぎるころから、瞬目反射《しゅんもくはんしゃ》といって赤ちゃんの目の前にてのひらを近づけると、まばたきをして反応するようになります。

また、オルゴールやガラガラの音がするとそのほうを向くなど、音に対する感覚も発達してきます。大きな物音で目をさまして泣くこともあるでしょうが、抜き足さし足で育てるばかりでなく、生活の音に慣れることも必要です。

赤ちゃんらしい丸みが出てきます

体重の伸びは、生後一〜二か月ころが最も大きく、生まれたときに比べて一kg前後増加します。皮下脂肪がついてふっくらとした体つきになり、赤ちゃんらしいかわいらしい雰囲気が出てきます。

一日の体重増加は三〇gくらいですが、個人差もあります。もともと小さく生まれた赤ちゃんもいます。体重の測定はあとで説明しますが、毎日体重を計って数字を気にするのではなく、一週間単位くらいで順調に増えていれば問題はありません。

なによりも、赤ちゃんの健康状態をチェックできるのは、お母さんです。大切なのは、赤ちゃんがきげんよくしているときの様子をおぼえることです。少しくらい体重増加が少なくてもきげんのいい顔でいるかどうかをいつもお母さんの目で判断してあげてください。

やさしい語りかけや目と目の対話を大切に

生活のリズムができてきます

新生児の赤ちゃんはお乳を飲むとき以外は、眠っていることが多いものでした。その時期に比べると、授乳のあともすぐに眠らずしばらく起きている時間が増えてきます。授乳のリズムは二～四時間おき、一日に六～八回に安定してくるでしょう。ぐっすり眠るタイプの赤ちゃんであれば夜中の授乳も一回ですむ場合も出てきます。

中には昼間よく寝て、夜なかなか眠らないという昼夜逆転の生活をする赤ちゃんもいます。でも永久にそれが続くことはありません。お母さんまでイライラと睡眠不足になっては、母乳にもよい影響を与えません。赤ちゃんと一緒にのんびり昼寝でもして体力をととのえましょう。

生後1か月のころの赤ちゃん

姿勢は生まれたころとほぼ同じでも手足をよく動かすようになる。

指をしゃぶるのは、自分の意思でそれを動かせるようになった証拠。身体機能の発達のひとつのあらわれ。

ママの指を握ったり離したりは、手の機能の発達。

指しゃぶりもはじまります

手足の動きが活発になってきます。足をバタバタさせたり、握った手を口に持っていってなめることがあります。お母さんの指などを強く握れるようになります。

指しゃぶりをする赤ちゃんもいますが、これはお腹がすいているからではなく、自分の力で手を動かせるようになった証拠です。無理にはずす必要はありません。

また、体に触れる感覚が発達してきて、お母さんが抱くと泣きやむけれど、ほかの人だと駄目などということもあるでしょう。

味覚の発達もめざましく、いつもと違うものが口にはいるといやな顔をしたり、刺激の強い味には反応を示します。

1か月児

体重や身長はいつも同じ時間に計りましょう

赤ちゃんの発育をみるために一番わかりやすい数字が体重です。七〜一〇日に一度の測定が適当ですが、数字はあくまで目安です。平均値にあまりこだわらなくても大丈夫。

大きさより順調な増加が目安です

生まれつき大きな赤ちゃんもいれば、小さな赤ちゃんもいます。発育の基準は、身長や体重の増えかたが順調かどうかにあります。小さければ小さいなりに増えていれば、基本的に問題ありません。

赤ちゃんの身長や体重増加が左ページの表にある平均値とだいたい平行した曲線を描けばいいわけです。増えかたが少ない場合は、母乳不足も考えられますが、赤ちゃんにはそれぞれの個性があります。極端に減ったりする場合を除けば、身長や体重だけが健康をチェックする方法ではないということです。

体重測定のしかた

赤ちゃんの体重は、授乳後には増えますし、おしっこやうんちをしたあとには減ります。体重を計る場合は、時間と条件を同じにきめておきましょう。例えば、授乳の一時間後お風呂にはいる前だとか、朝起きておむつを替えたあと、などです。

裸にして計ると一番わかりやすいのですが、寒い時期にはお風呂に入れる直前に服のまま体重を計ります。入浴後、脱いだ服とおむつの目方を計って、その分を引算します。

体重計は、目盛りのこまかい赤ちゃん用のものがあればそれに越したことはありません。必要ならリースもできますし、体重計がなくても、健診のときには正確に計ってもらえます。また、大人と一緒に計り、抱いた人の体重を差し引くことでもおおまかな測定はできます。

身長測定は月に一回で十分

発育を知るもうひとつの方法が、身長です。これは体のバランスを見る意味で、身長に見合った体重であるかどうかを判断する材料になります。

家庭で計る場合は、メジャーを使います。赤ちゃんをあおむけに寝かせて壁ぎわに頭をつけるなどして固定し、ひざをのばしてすばやく測定します。しかし、赤ちゃんの下半身はちょうどアルファベットのMの形をしているので、まっすぐ身長を計ることは意外にむずかしいものです。無理やり押さえつけるのも感心しません。およそのところがわかればいいと考えます。

保健所の健診で計るときも、ある程度の誤差は大目にみましょう。

これが日本の赤ちゃんの標準的な発育曲線です

この表の中の３パーセンタイルというのは、それぞれの月齢ごとに調査した赤ちゃん全体の小さいほうから数えて３パーセント目、97パーセンタイルは97パーセント目（つまり大きいほうから数えれば３パーセント目）を意味します。この帯の外に身長や体重がある赤ちゃんは標準をはずれているということになります。身長は寝かせて計ったものです。

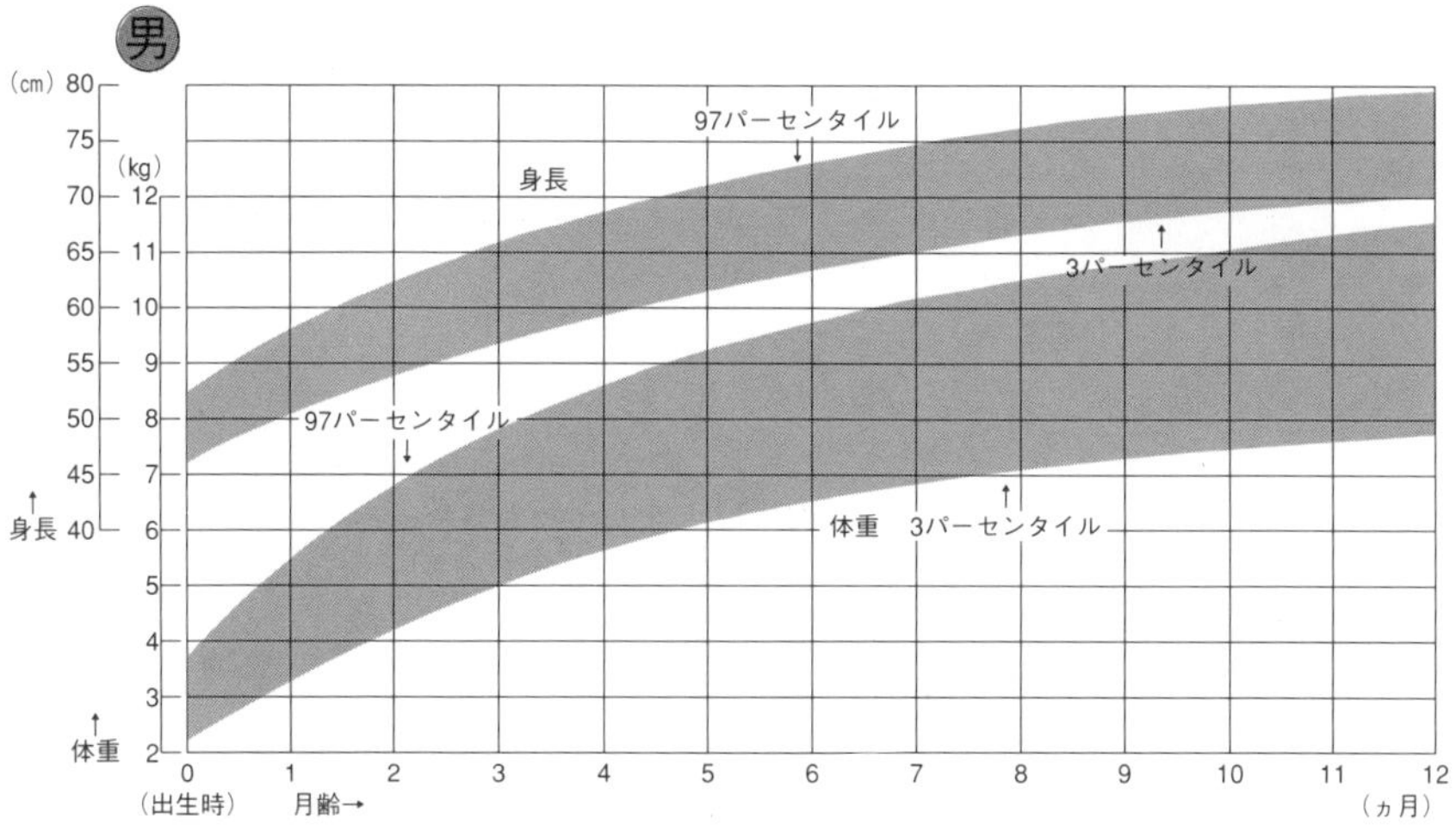

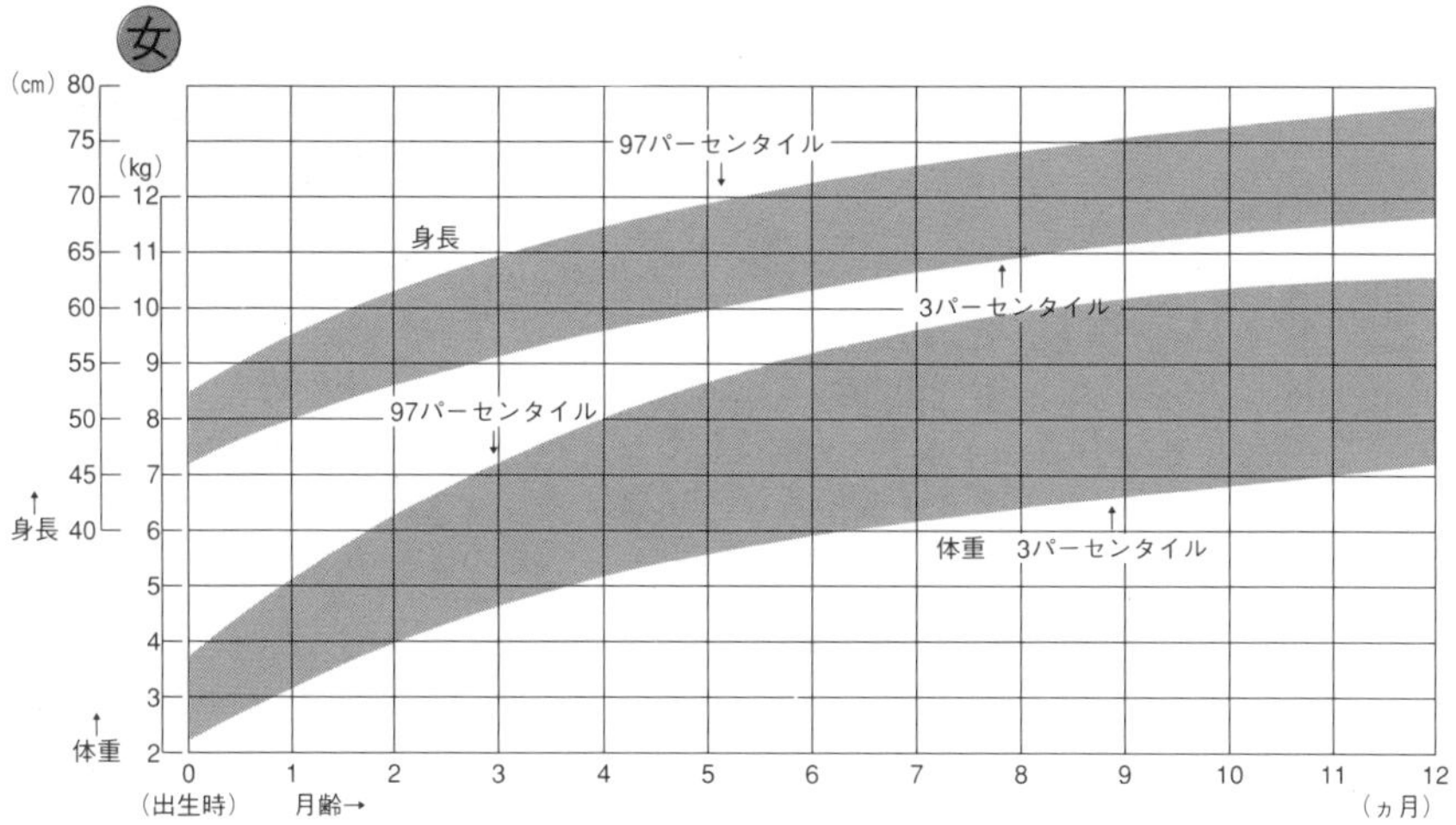

1か月児

外気浴、日光浴は赤ちゃんの体に抵抗力をつけます

このあたりで、赤ちゃんは保護されるだけの生活から卒業です。少しずつ戸外の空気を取り入れてください。外気浴や日光浴は赤ちゃんの皮膚と粘膜を鍛え、体温調節の機能を高めます。

外気浴は皮膚を鍛える

新生児期の赤ちゃんは、主に保護されることが目的の生活でした。でもこれからは徐々に外の空気にも触れさせたいものです。外の空気に触れることが、皮膚や呼吸器に刺激をあたえ、抵抗力をつけます。生後三週間から一か月になれば、赤ちゃんは暑さ寒さに耐える力をつけてきます。外気浴で積極的にその力を伸ばしましょう。

外気浴は赤ちゃんも楽しみ

赤ちゃんは外が好きです。むずがるときに、ちょっと外に出すことで気がまぎれて眠ってしまうこともあります。食欲増進や夜泣きにも効果があり、散歩としてお母さんの楽しみにも結びつけば、一石二鳥ではないでしょうか。

外気浴のすすめかた

部屋の窓をあけて、新鮮な空気を取りこむことからはじめましょう。冬場でも、風のないおだやかな日であれば、一日に数回は窓をあけ、空気を入れ替えます。外気は室内よりも多少温度が低く、その温度差が赤ちゃんののど、気管、肺などの粘膜を刺激します。

これに慣れたら、赤ちゃんを戸外に連れ出しましょう。ベランダや家の前にちょっと出てみるくらいでいいのです。はじめは五分程度。時間を徐々に長くして、この時期でしたら一五～二〇分、二か月の終わりには三〇分以上かけて、近所の公園などを散歩することができるようになります。

多少寒い日でも、天気がよくて風がなければ外に連れ出してあげましょう。赤ちゃんのストレス解消にもなります。午前一〇時～午後二時くらいの時間帯が適当ですが、夏場は強い日ざしを避けて早朝か夕方を選びましょう。

外に出るときの服装は、ふつうなら室内の衣類にプラス一枚くらいで大丈夫です。お母さんに抱かれていると意外にあたたかく、あまり厚着にするのは意味がありません。また、顔や手はなるべく出しておき、赤ちゃんの体の動きをうばわないような服装を心がけましょう。

日光浴で赤ちゃんはのびのび

外気浴と同じように、日光浴は赤ちゃんの皮膚を鍛え、抵抗力をつけます。日光の中の紫外線が皮膚に触れると、ビタミンDが作られます。ビタミンDは、体内のカルシウムの吸収を効率よくし、骨を丈夫にする効果があることはよく知られています。また、体の免疫力を高めるという働きを持っています。

日光浴の目的は、日ざしの弱い時期に赤ちゃんを日光に当てることです。日のさしこむ室内で行ないますが、おだやかな気候であれば戸外の日だまりでだっこしたり、手足を出して日光に触れるのもいいでしょう。

時間はやはり午前中から午後二時くらいまでが最適です。夏はあらためて日光浴をしなくてもかまいませんが、それに代えて涼しい時間に散歩でもしましょう。

ひざ下からはじめ、二～三週間かけて徐々に裸にしていきます。①スタート日は足だけです。二～三分間日に当てることを日課に、三～四日続けます。②慣れたら太ももまで日に当てます。また三～四日間。③おむつをはずしておなかを出します。④肌着の前を開きます。⑤⑥全裸にして首から下と背中を日に当てます。

時間も徐々に長くして、二〇分くらいまでできるようにします。日光浴のあとには、湯ざましなど水分をおぎなうことを忘れないようにしましょう。

日光浴のさせかた

①足からはじめましょう。3分間くらいを3～4日間続けます。

②慣れたらひざから太ももまで、5分程度で3～4日間続けます。

③おむつをはずして、だんだん時間も長くして10分くらいに。

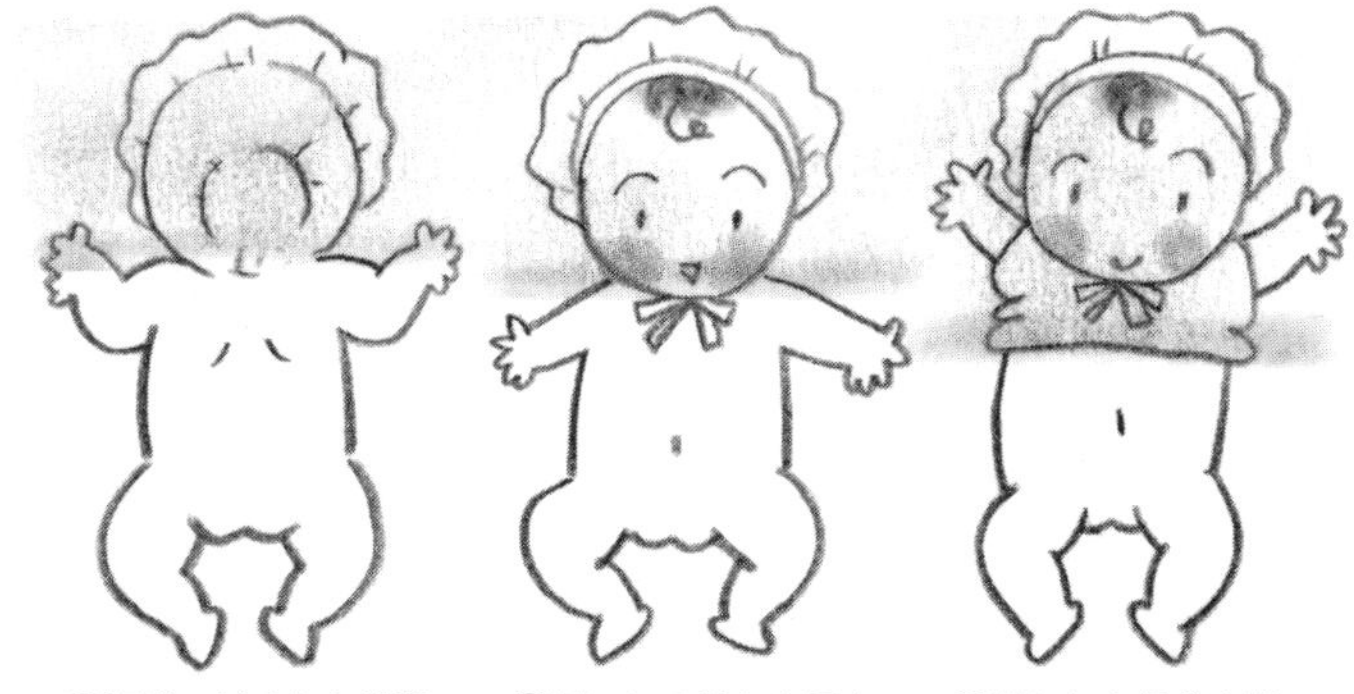

④慣れたら肌着を開いて胸まで出して、ママとスキンシップです。

⑤裸にして首から下をのびのびと。15～20分で切りあげます。

⑥腹ばいができれば背中も当て、終わったら水分を補給します。

1か月児

おっぱいはだんだん規則的にあげるようにしましょう

最初は赤ちゃんがほしがるたびにおっぱいをあげましょう。そのうちに自然に授乳の間隔がきまってきます。赤ちゃんの消化機能が安定すれば、三時間おきくらいのリズムになります。

はじめは赤ちゃんの食欲にまかせて

母乳は基本的に赤ちゃんがほしがるたびに飲ませてかまいません（自律授乳）。はじめのうちは母乳の出がよくないこともありますが、赤ちゃんにおっぱいを吸ってもらうことで、ホルモンの分泌をうながし乳汁分泌を高めます。

このやりかたで生後一か月をすぎると、しだいに母乳の量と赤ちゃんの飲む量が安定してきて、規則的な授乳が可能になってきます。授乳間隔は赤ちゃんの個性に応じて異なりますが、だいたい三時間おきくらいにおっぱいをほしがるようになります。すべての赤ちゃんがそうではありませんし、その日の体調によってもくるいますが、お母さんも少しは楽になってくるというところでしょうか。

母乳の出をよくする

母乳はお母さんの体内で作られるものです。赤ちゃんの生活リズムを作り、授乳のリズムをととのえるためには、この時期のお母さんの生活にも気を使いたいものです。

規則正しい生活で、十分な睡眠と休息を取りましょう。適度に運動することもいいことです。おなかのすく時期ですが、暴飲暴食をさけてバランスのよい食生活を心がけましょう。

また、授乳のあとは、残った母乳をしぼっておっぱいをからっぽにしておきます。それによって、また新しいお乳がたまるという、よい循環が行なわれます。

こんなとき母乳不足

次にあげるような赤ちゃんの様子から、母乳不足が判断できる場合は、生後一か月の健診で医師や助産婦に相談しましょう。

母乳分泌をよくするには

たっぷり睡眠をとることは母乳の分泌をよくする。

ひんぱんに乳房を刺激し、飲ませたあとよくしぼる。

バランスのとれた食生活はよい母乳を出すひけつ。

●おっぱいをあげたばかりなのに、眠りが浅く、またすぐ泣いて飲みたがる。授乳の間隔が短く、いつも一、二時間しかもたない。

●授乳時間が長く、おっぱいに吸いついたまま三〇分以上も乳首を離さない。

●便秘がちだったり、便の量が極端に少ない。

●体重増加が少ない（定期的に体重を計って、一日平均どれくらい体重が増加しているかを割り出してみます）。

参考までに、体重増加が一日三〇グラムあれば母乳は十分だといいますが、あくまでも目安の数字です。体重増加が少なくても、きげんよくしていれば問題はありません。

また、お乳の張りが弱いから母乳不足ではないかと思うお母さんもいるようですが、この時期にはまだ十分お乳が張ってこない人もいます。張る張らないは主観の差もあります。そのことだけで判断するのは早急です。

母乳不足のときは、混合栄養や人工栄養に切り替えます。足りないままでいると、栄養面や授乳のリズムはもちろんお母さんの体も疲れます。ミルクには限りなく母乳に近い成分がふくまれており、そこにママの愛情をプラスすれば、母乳にひけはとりません。

赤ちゃんの個性もあります

一か月の赤ちゃんは、一回の授乳で約一二〇ccのおっぱいを飲むといわれていますが、赤ちゃんによって差があります。一回にたくさん飲む赤ちゃんであれば、四～五時間ぐっすり寝てくれて、お母さんを喜ばせるかもしれません。その逆の場合もあります。またそのときの体調によっても飲む量は変わります。あまり神経質にならず、その赤ちゃんなりに順調に発育していっていれば問題はないでしょう。

こんなときには母乳不足

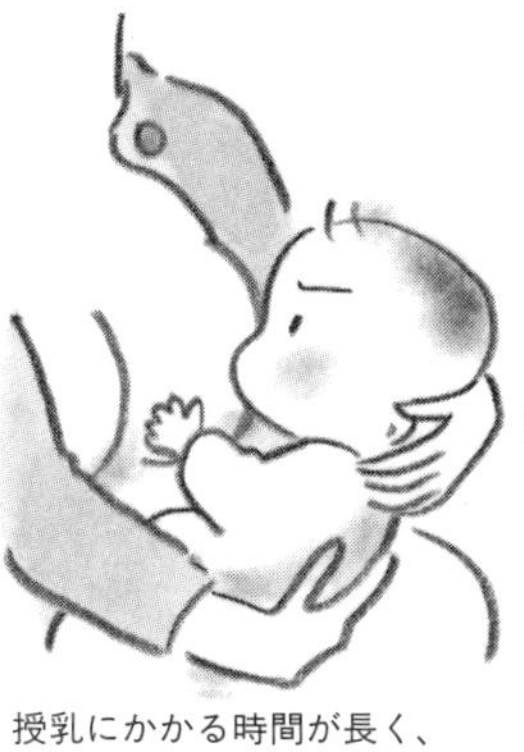

授乳にかかる時間が長く、30分以上乳首を離さない。

授乳後の眠りが浅く、ふだんきげんが悪いことが多い。

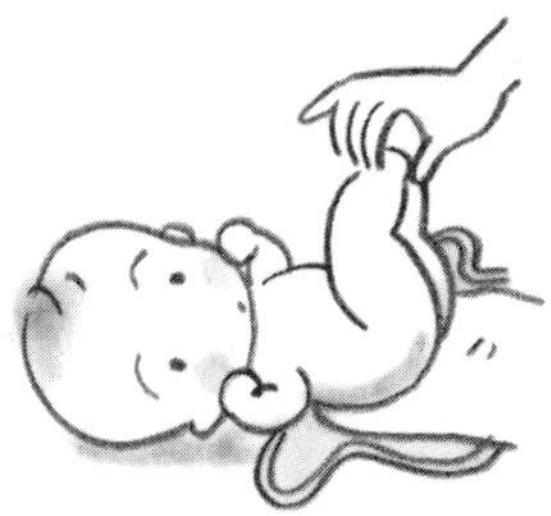

便の量と回数が減り、便秘がちでうんちのとき苦しむ。

体重増加が極端に少なく、1回に飲む量も少ない。

1か月児

母乳とミルクとでは便に違いがあります

赤ちゃんのうんちは多種多様。変わった便をしてはママを悩ませます。でもまだまだ大人のようにはいきません。多少おかしなうんちをしても、きげんよく元気でいれば問題ないことがほとんどです。

赤ちゃんのうんちは多種多様

新生児の赤ちゃんは、さまざまなうんちをします。回数もひんぱんです。母乳栄養の場合は特にそうですが、おむつを取り替えるたびに、またうんち…。それも、一回ごとに違った色や違ったかたさの便をし、どこか悪いのではないかしらと、お母さんを悩ませます。おならもよくします。消化不良かと思わせるほどの下痢便が続くこともあります。生後一か月近くになると、急に便の回数が減る場合もあるでしょう。

はじめて育児をするお母さんが、うんちに振りまわされるのは当然ですが、落ち着いて赤ちゃんを観察しましょう。体重が順調に増えていて、きげんがよく元気にしていれば問題はありません。

母乳の赤ちゃんの便

赤ちゃんの便は悪臭がなく、すっぱいようなにおいがします。回数も多くやわらかで下痢のようにもみえますが、ゆるい便は授乳期の特徴です。

色は必ずしも黄色とは限りません。緑色がかっていたり、卵黄色の中に緑色のものがまじっていることがあります。便全体が均一ではなく、白いかたまりやツブツブがはいっている場合もあります。ときには透明で糸をひくようなヌメヌメした粘液が出ていたりしますが、むしろこれらは正常な母乳栄養のうんちといえます。生後一か月をすぎて腸の働きがととのってくると、しだいに便の回数は減ってきます。三か月ころには日に一～三回程度に落ち着きます。便秘になることもありますが、これは腸の働きがととのってきたことと、母乳の消化吸収がよいためです。二～三日に一度でも、定期的に出ていて、赤ちゃんが苦しがらないようであれば心配いりません。

ミルクの赤ちゃんの便

ミルクの場合、母乳栄養の便よりもやや乾燥していて、回数も少なめです。軟膏状や粘土状で、たまに水のような便やツブツブがまじることもあります。やはり甘ずっぱいにおいがしますが、母乳に比べれば多少腐敗したようないやなにおいも加わります。

色は黄色から白っぽい灰色や、緑便も見られます。緑便は便にふくまれている胆汁色素が酸化したもので、あまり心配いらないものですが、極端に濃い緑色をしていて、強い悪臭をともなうときは注意します。また空気に触れると緑色に変色することがあります。

便の異常

赤ちゃんの様子が、いつもと違ったり、ぐったりと元気のないときには、便の状態にも注意をはらいましょう。強い悪臭がしたり、嘔吐をともなう下痢が続くときは、医師の診察を。

便に血がまじっている場合は肛門が切れていないかどうか見てみましょう。

また赤ちゃんの腸の粘膜は傷つきやすく、活発に動くと出血することもあります。原因がわからなくて心配なときや、大量に血便が出たときには、便を持って医師を訪れましょう。

赤ちゃんの便には理想的なかたちというものはありません。まだ消化の機能もととのっていませんし、生まれつき下痢をしやすい体質の赤ちゃんもいるのです。母乳とミルクの差、飲む量によっても違いがあります。

多少変わった便でもあまり神経質にならず、赤ちゃんをよく観察してください。体重が順調に増え、元気であれば問題ないことがほとんどです。

緑色の便	薄い緑色なら正常だが、人工栄養で濃い緑色のときは注意が必要
白色の便	米のとぎ汁のような便で嘔吐をともなうときは医師の診断を
水のような便	母乳栄養で悪臭がなければ大丈夫。排便回数がふだんより多く、悪臭のあるときは消化不良症を考える。
黒い便	生後二〜三日目のものは胎便だから心配ないが、それ以後は消化器からの出血が疑われる。
血のまじる便	少量なら肛門が切れた場合もあるが、大量の粘血便は腸重積の疑い

	色	状態	におい	注意
胎便	まっ黒	コールタール状	ほとんどない	生後二〜三日目に出る
母乳栄養の便	卵黄色や緑色	軟膏状や粘土状	甘ずっぱいにおい	ツブツブや粘液のまじることもある
人工栄養の便	黄色、灰色、薄い緑色	軟膏状や粘土状	甘ずっぱいにおいで少し臭い	濃い緑の場合は注意が必要
混合栄養の場合	黄色、黄緑色、灰色	泥状や粘土状	甘ずっぱいにおいで少し臭い	母乳と人工乳の比率によって違ってくる

育児中のママを一喜一憂させる赤ちゃんの便。異常正常の判断の目安にこのリストを。

一か月の赤ちゃん ママの気がかり Q&A

赤ちゃんの様子は一日ごとに変化します。一番身近にいるお母さんはいつもその第一発見者。赤ちゃんとの暮らしの中で、気になること悩んでいることに答えるQ&Aのページです。

Q うんちがとても水っぽく、下痢ではないかと心配しています。回数も多く、おむつを替えるたびにしています。

A 授乳期の赤ちゃんのうんちは、おむつにしみこんでしまうような水っぽいものが多く見られます。母乳栄養の赤ちゃんであればなおさらでしょう。また、母乳やミルクにふくまれている乳糖には、便をやわらかくする作用があります。最近のミルクの成分は母乳にたいへん近いものになっているので、ミルクの赤ちゃんでもゆるいうんちをすることがあります。

生後一か月くらいまでは、まだ便をためてから排泄するという腸のしくみがととのっていません。おっぱいを飲むと反射的に排泄してしまうので、便がひんぱんでも一回の量はさほど多くありません。

便の回数が多くてゆるいのは赤ちゃんの生理的なものです。ずっとこの状態が続くわけではありません。食欲があってきげんよくしていれば、健康だと考えましょう。

Q お風呂あがりには、湯ざましをといいますが、水道の水ではいけないのでしょうか。

A 昔と違って、今は上水道が完備されているのが当然になっています。生後一か月をすぎた赤ちゃんであれば、必ずしも沸かした水を飲ませる必要はないといえます。

ただし、水道水といえども多少の汚染はされています。高層住宅の配水も、貯水槽が清潔に管理されているかどうかを考えると、安心という意味から湯ざましを与えるお母さんもいるでしょう。また二か月くらいになると、果汁も飲めるようになります。

Q 里帰り出産をしました。一か月をすぎてそろそろ自宅に帰りたいのですが、赤ちゃん連れの旅行が心配です。

A できれば生後六か月までは、旅行は避けたいものですが、やむを得ない場合もあるでしょう。日程や乗りものなど赤ちゃんに負担のかからない配慮をして出かけたいものです。

短時間ならば、出発の前にたっぷりおっぱいを飲ませて眠っている間に移動してしまうことも可能です。生後一か月くらいからは飛行機に乗っても問題ありません。車の場合は、渋滞を避けるようなコースで、何回か休息を取りながらゆとりを持って計画をたてましょう。

おむつや、着替えの余分はもちろんですが、健康保険証と母子手帳は必ず携帯します。また、赤ちゃんやお母さんの体調がよくないときは、すみやかに予定を変更しましょう。

Q 昼夜逆転して困っています。朝からお昼近くまでぐっすり眠り、夜になるとよく泣いて、親は睡眠不足でいつもぼんやりしています。この状態がまだ続くかと思うとゆううつです。

A 今まで昼夜の区別があまりなく、おっぱいを飲んでは眠りをくり返していた赤ちゃんも、生活のリズムを切り替える時期にきたのでしょう。たまたま長く目ざめている時間帯が夜にあたり、まとめて眠るのが朝になってしまったのです。

お母さんはつらいときですが、二～三か月になると自然になおっていきます。この時期は、思いきって赤ちゃんと一緒に眠るなどしてのんびり生活しましょう。お母さんが体調をくずしたりイライラすることは赤ちゃんの生活にも影響します。

昼間目をさましたときには、散歩に連れ出したりあやしたりして、できるだけ刺激を与えてあげることもいいでしょう。すぐに効果がなくてもあせらないことです。

Q 母親が風邪をひいて熱があります。授乳中は薬を飲んではいけませんか。母乳への影響はあるのでしょうか。

A どんな薬でも多かれ少なかれ母乳には出ます。ただし、風邪薬程度であれば、お母さんの飲んだ薬がそのまま赤ちゃんに影響をおよぼす心配はないでしょう。二～三日薬を飲むくらいなら母乳をやめる必要はありません。

気をつけなくてはならないのは、薬の種類がホルモン系の場合と、長期にわたって薬を服用する場合です。

母乳を飲ませている時期は、できるだけ自分の判断で薬を飲むのはやめましょう。医師にかかるときには授乳中であることをきちんと告げ、きめられた薬の量は守ることが大切です。

Q 頭に黄色っぽいかさぶたがあって、かゆそうに見えるのですが。

A これは脂漏性湿疹とよばれるもので、一～三か月の赤ちゃんによく見られます。眉毛や、ひたいのはえぎわから頭のてっぺんにかけて、うろこのようなかさぶたができます。皮膚から分泌された脂肪と角質（あかのようなもの）がこびりついた状態です。軽いものはフケ状をしています。

入浴のときガーゼでていねいに洗うと取れる場合があります。ベビーオイルをたっぷりつけて、軽くたたくようにして拭きとってもいいでしょう。それでもひどくなるようでしたら医師に見せます。

2か月児

二か月にはいったら心と体はこんなふうに育ちます

この時期から、赤ちゃんの体に皮下脂肪がつきはじめ、かた太りになり、抱いたときにも手応えが出てきます。昼と夜の区別、生活のリズムがととのい、起きている時間が長くなってきます。

かた太りになってきます

一～二か月のはじめにかけて、赤ちゃんの体重はいちじるしく増えますが、その後二～三か月にかけては、体重の増えかたがやや落ち着いてきます。二か月の終わりでは一日の平均体重増加は二五g前後です。同時に皮下脂肪がついてきてかた太りになり、しっかりした体つきになります。生まれたてのころのフニャフニャした頼りない感じが消え、安心して抱けるようになります。

また手足の動きもしっかりしてきて、ガラガラなどのおもちゃを握らせると、長いこと持っていられるようになります。

足の力がついてきて、抱き上げてひざの上に立たせるようにすると両足をピョンピョンさせることもあります。

そろそろ赤ちゃんの運動を誘発するような楽しい遊びや体操をしてあげましょう。日光浴のときなどに、うつぶせにしたり軽く体をそらせるといった簡単な運動は、睡眠や授乳のリズムをととのえる効果もあります。

目の動きが活発になる

この時期は赤ちゃんの体の機能がめざましく発達し、一日ごとに成長していることを教えてくれます。目の動きも活発になり、左右に動かしてものを追うような様子を見せたり、はっきりまばたきしたりするようになります。赤ちゃんの視野におもちゃを持っていくと、それをじっと見つめ、両目で追いかけます。はじめは近くのものしか見られなかったのが、しだいに離れたものを見ることができるようになります。

ゆたかな表情でママに応えます

三か月に近づくと、お母さんが目を合わせてあやすと嬉しそうな笑顔を見せる赤ちゃんもいます。抱き上げた人の目をじっと見つめるので、かわいさが増してきます。

体操のときの手足のささえかた

手をささえるときはママの親指を握らせて他の４本を軽く手首に。足をささえるときは足首を人さし指と中指ではさむかたち。関節をいためるので手も足も急に強くひっぱったりしないこと。

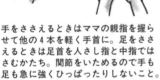

赤ちゃん体操をはじめましょう

腕の屈伸

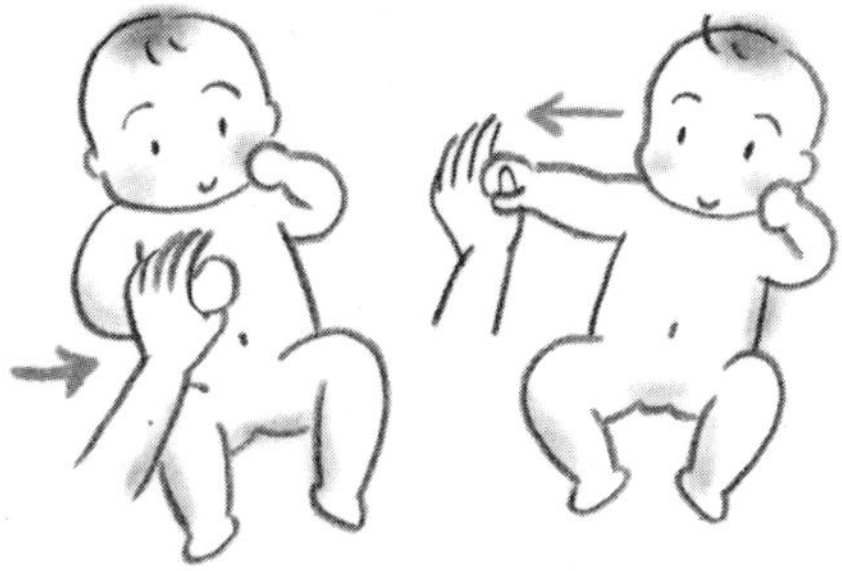

片腕ずつ軽く曲げてもどしてをくり返し、それが上手になったら、腕を横まで伸ばして曲げてを左右交互にくり返す。

両脚交互曲げ伸ばし

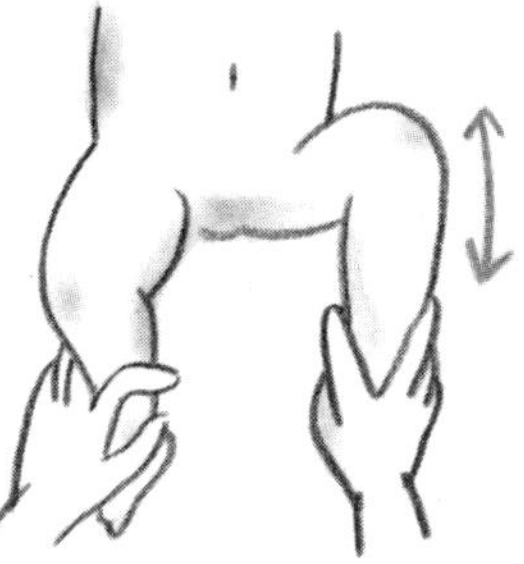

両方の足首をささえて、片脚ずつゆっくり曲げ、またもとにもどす。

あおむけかかえ上げ

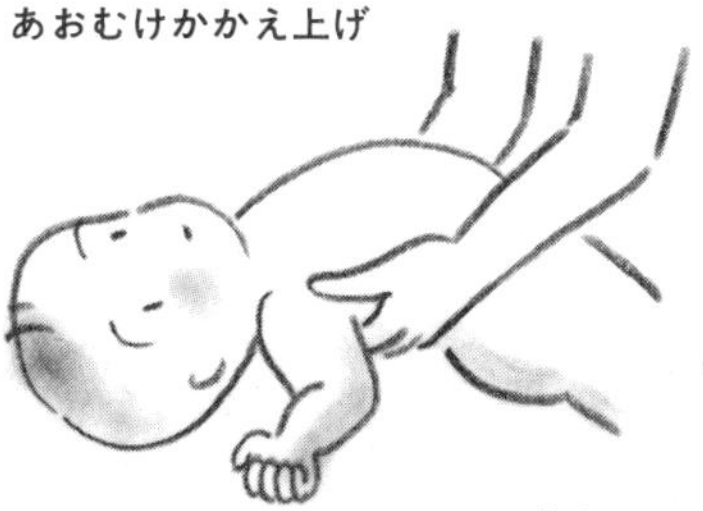

背中をかかえるようにしてそっと体をそらせます。何回かくり返し、そらせる時間をのばします。体操はあたたかい部屋で、赤ちゃんを裸にして行ないましょう。

うつむきかかえこみ

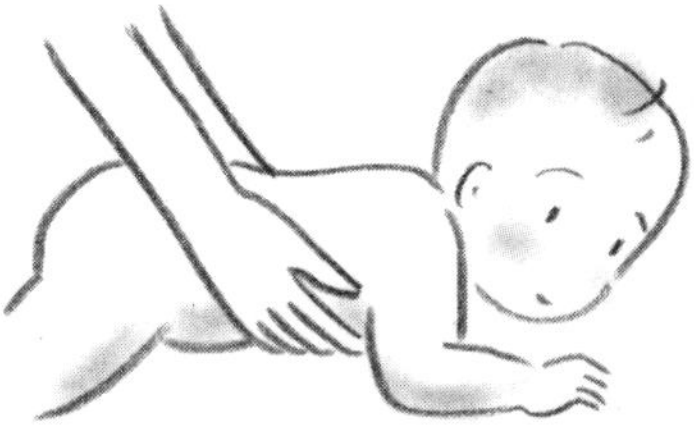

うつぶせの姿勢で腰を持ち上げると、赤ちゃんは反射的に首を上げ頭をそらせるようにします。ある程度首を持ち上げられるようになってからはじめましょう。

目をさましているときに、一人でなにか発音していることもあるでしょう。「アーアー」とか「ウックンウックン」などの赤ちゃんのおしゃべりは、喃語《なんご》といわれるもので、まだ意味はありませんが言葉のはじまりです。ぜひお母さんも赤ちゃんの言葉に応えるようなコミュニケーションをしてください。

生活のリズムがととのってきます

授乳の間隔が安定してくるので、このころから夜中の授乳の必要がなくなる赤ちゃんもいます。ぐっすり眠っているときは、無理に起こしておっぱいを飲ませることはありません。昼と夜の区別ができてきたのです。

赤ちゃんの感覚も発達し、味覚が敏感になってくるので、混合栄養の場合はミルクぎらいになってお母さんを悩ませる赤ちゃんもいるでしょう。きげんよくしているようなら一時的に母乳だけにしてみましょう。逆にミルクしか飲まなくなることもあります。母乳の出が悪く体重の増加が悪い場合は、思いきって母乳をやめてもいいでしょう。

またお乳を飲む量が以前より減ったり、むらが出てくる赤ちゃんがいます。これは、満腹感をおぼえたらやめるという抑制ができるようになったためです。無理じいせずに見守りましょう。必要な最低量は飲んでいるはずです。順調に発育していれば心配はいりません。

2か月児

お乳以外の味を教えるため果汁を与えはじめましょう

授乳回数は一日六回程度に落ち着き、夜は長く寝るようになります。また、お乳以外のいろいろな味に慣らすため、果汁を飲ませはじめましょう。スプーンの感触をおぼえさせる効果もあります。

母乳で育っている赤ちゃん

授乳の間隔が長くなってきています。個人差もありますが、一日に六回程度の授乳リズムに落ち着いてくるでしょう。飲みだめできる赤ちゃんであれば、夜寝る前にたっぷり飲んで、朝まで眠ってくれるようになります。

授乳の間隔が短く、赤ちゃんのきげんがよくない場合は、母乳の出かたが少なくなってきたことも考えられます。母乳の出にくくなる時間帯（夕方のことが多い）に、一回ミルクにしてみましょう。

ミルクで育っている赤ちゃん

赤ちゃんの食欲もさかんになってきて、一回に一五〇cc以上のミルクが飲めるようになってくるでしょう。しかし、この時期から赤ちゃんの個性もいっそうはっきりしてきます。二〇〇cc飲む赤ちゃんもいれば、一五〇cc以下しか飲めない赤ちゃんもいます。ミルクは母乳と違って飲む量がはっきりわかるだけに、飲みが悪いと心配になることもありますが、あまり気にしなくていいでしょう。

果汁を飲ませはじめます

赤ちゃんに必要な栄養はまだ十分お乳でまかなえるときですが、離乳のトレーニングとして、果汁を与えはじめましょう。

いきなり離乳食に移行しようとしても赤ちゃんはとまどってしまいます。無理なく離乳を行なうために、この時期から少しずつお乳以外の変わった味を教えてあげましょう。スプーンの感触に慣れておく必要もあります。

せっかく新しい味をおぼえるのですから、材料は季節の新鮮な果物を選びましょう。ある程度慣れたら、時間のないときは市販の赤ちゃん用のジュースを使ってもかまいません。

飲ませるタイミングは、入浴や日光浴、散歩のあとなど、授乳と授乳の間で、のどが乾いているときを見計らって与えてみましょう。

果汁の与えかた

赤ちゃんの口にスプーンを水平に入れて舌の中央に流し入れる

果汁の与えかた

果汁はできるだけ飲む直前に作るようにします。時間がたつと色や成分が変化したり、不衛生になる可能性があります。

材料は、みかん、夏みかん、グレープフルーツなどの柑橘類。りんごやなし、ぶどう、もも、メロン、すいか、いちご、トマトなど手軽に手にはいる新鮮なもので作りましょう。

果物はきれいに洗い、手と調理器具も清潔にしておきます。はじめてのときは湯ざましで二〜三倍に薄め、スプーンで一さじ飲ませ、徐々に増やしていきましょう。満三か月を迎えるころには三〇〜五〇cc飲めるようになります。たくさん飲むようになったら、哺乳びんで飲ませてもいいでしょう。

スプーンをきらったり、果汁を好まない赤ちゃんもいますが、無理せず様子を見ながら試しましょう。また果汁を飲むと便の色が変わることがありますが、果物の成分が出たもので心配いりません。

果汁の作りかた

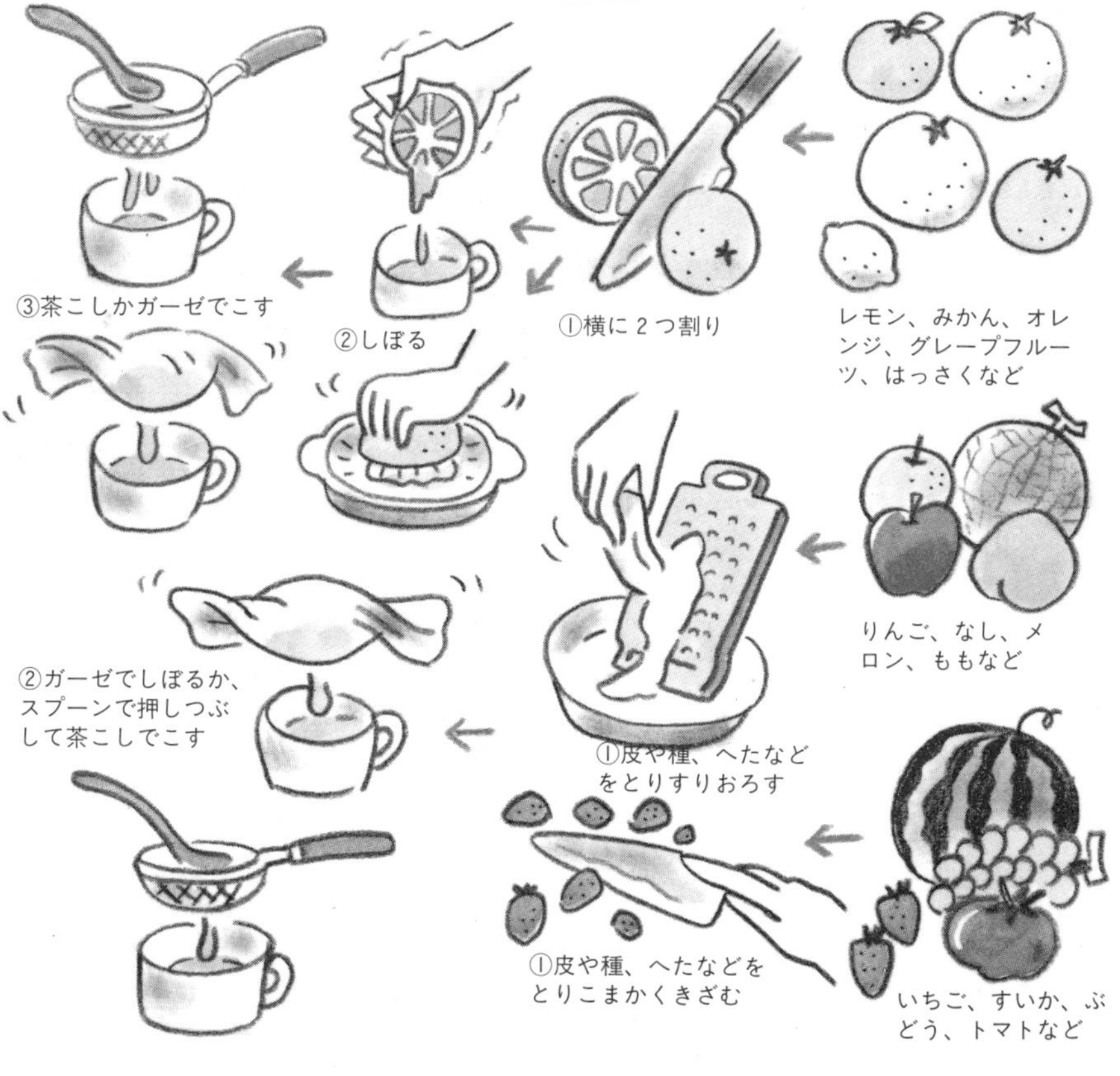
レモン、みかん、オレンジ、グレープフルーツ、はっさくなど
①横に２つ割り
②しぼる
③茶こしかガーゼでこす
りんご、なし、メロン、ももなど
①皮や種、へたなどをとりすりおろす
②ガーゼでしぼるか、スプーンで押しつぶして茶こしでこす
いちご、すいか、ぶどう、トマトなど
①皮や種、へたなどをとりこまかくきざむ

2か月児

新陳代謝が盛んになります 湿疹予防には皮膚を清潔に

新陳代謝が活発で汗っかきの赤ちゃんです。皮膚のトラブルの予防には、入浴とこまめな手入れが必要です。また二～三か月になるとうんちの回数が減る赤ちゃんがあります。

皮膚の手入れで湿疹を予防

一般に赤ちゃんの肌はすべすべしているものと思われているようですが、六か月くらいまでの赤ちゃんの皮膚には、脂っぽさとカサカサの両方が同時に存在しています。そのため肌のトラブルも起こりやすくなっているのです。湿疹などを予防するためにも、できるだけ皮膚を清潔に保ってください。

赤ちゃんは汗をかきやすく新陳代謝もさかんで、おとなの五倍といわれています。お乳が顔についたり、大小便によるおしりのよごれ、衣服が触れる刺激などが原因で、かぶれたり湿疹になることがあります。毎日入浴をさせて清潔にし、ベビー石鹸でよく洗ったら石鹸ぶんが残らないようにしましょう。頭や顔がよごれたらガーゼやおしぼりで拭き、授乳後やお乳を吐きやすい赤ちゃんには、注意してこまめに手入れをします。

おむつかぶれやあせもの対策

おむつで皮膚がこすれたりむれたり、大小便の成分から刺激を受けるなどのさまざまな原因で、赤ちゃんのおしりはかぶれます。軽いものは、清潔にしてまめにおむつを交換することでなおります。うんちのあと、お湯で洗うかお湯でしぼったガーゼで拭くようにし、しばらくおしりを空気にさらしておくといいでしょう。ひどくなってただれてくるようであれば、小児科か皮膚科に相談しましょう。

また、あせものできやすい夏には、行水やシャワーでさっぱりさせるくふうをします。汗を吸ったら肌着の着替えをし、パウダーのつけすぎは逆効果になりますからひかえめに。

いずれにしても、皮膚のトラブルがひどくなった場合、安易に塗り薬など用いずに、きちんと医者に相談しましょう。

湿疹の予防には毎日の入浴が一番です。

便秘のなおしかた

こより(綿棒)浣腸

①こよりか清潔な綿棒にベビーオイルをつけ肛門に2〜3㎝入れる。

②数回こよりを出し入れしたらティッシュで軽くマッサージする。

おなかのマッサージ

おへそのまわりを、時計の針の動く方向に手で円を描くようにマッサージ。

赤ちゃんの便秘

今まで一日に二〜三回便が出ていた赤ちゃんが、生後二〜三か月になると急に便の回数が減る場合があります。排便が二日に一回とか三日に一回になりお母さんは心配します。

でも体重が順調に増えていて、三日に一度でも便が出るようなら、あまり心配しすぎないことです。母乳や赤ちゃんのミルクは消化吸収がよいので、かすがたまりにくく、同時に赤ちゃん自身の消化能力が高まってきたことが原因で便の回数が減るのです。また腸の働きがととのってくると、便をためておくことができるようになり、便が出るのが遅れます。定期的に出ていれば問題はありません。

四〜五か月になって離乳食をはじめると、自然になおることもあります。

ただし、長い期間出なかったり、うんちのときに強くいきんで肛門が傷ついたり、苦しそうにしているときは、早めに便を出す方法を考えます。

便秘の対策

●果汁などの飲みもので

果汁の飲める赤ちゃんには、積極的に果汁を飲ませましょう。果物の種類によって効果が違うので、いろいろ試してみるといいでしょう。濃度も加減し、すっぱいときは砂糖を少量まぜて与えます。

糖分には腸の中で醗酵する作用があり、便通を助けます。果汁がきらいな赤ちゃんには、薄い砂糖湯を作って飲ませてみましょう。また薬局で売っているマルツエキスを五〜一〇%の濃度にお湯で薄めたり、果汁やミルクにまぜて与えてもいいでしょう。

●マッサージや浣腸で刺激する

一日三回ほど赤ちゃんのおなかをゆっくり右回りにマッサージします。また、肛門に傷などがなければ、こよりや綿棒で肛門の入口を刺激するやりかたも効果があります。

これらの方法で効果がなく、おなかが張っている場合は医師に相談を。

2か月児

夏の育児と冬の育児 部屋の温度に気をつけて

冬は部屋の温度に注意して、あたためすぎは逆効果。夏はあせもの対策と冷房の使いかたに気をつけましょう。快適にすごすのはいいことですが、ある程度の暑さ寒さは赤ちゃんにも必要です。

夏の育児のポイント

●入浴と行水でさっぱりさせる

赤ちゃんは新陳代謝がさかんなので、とても汗かきです。夏場の快適な日常生活のためには、入浴と行水が欠かせません。入浴は疲れないようにぬるめのお湯で、シャワーなどを利用して短時間できりあげましょう。

あせもの予防は、汗をかいたままにしておかないようにすることです。体のくびれはよごれやすいので、お湯でしぼったタオルで拭いてあげましょう。真夏でも必ず綿の肌着を一枚着せて、汗を吸い取ります。パウダーのつけすぎに注意し、あせもが悪化してしまったら化膿しないうちに医師に見せましょう。

●冷房器具を使うとき

酷暑で眠りをさまたげられるときは、クーラーを上手に使って、快適にしてあげたいものです。ただし、外の気温との差は三～五度にとどめます。一日中つけたままにせず、必要ないと思ったらこまめにスイッチを切りましょう。また冷房の風が直接当たらないような場所に寝かせましょう。

扇風機は首振り状態でかけ、二～三m離して置き、いったん壁に当ててから間接的に赤ちゃんへ風を送るようなくふうをします。

●水分の補給も大切

汗っかきの赤ちゃんは、尿の量が減ることもあります。果汁や湯ざましなどお乳以外の飲み物を十分与え、水分をおぎないます。日光に直接当たったり暑い場所に長時間いると、脱水症状や日射病、

冷房の注意

冷房のききすぎに注意。外気温より3～5度低めが適温。

扇風機は微風で、赤ちゃんから十分離して首振りにします。

暖房の注意

電気ストーブやエアコンは、乾燥してのどがカラカラになることも。

ガス・石油ストーブは空気がよごれやすいので換気に注意。

熱射病などになったりするので注意が必要です。

冬の育児のポイント

●赤ちゃんは寒さには強い

新生児期は体温調節ができないので、生後一か月までは大人よりも一枚余分に着せるのが原則でした。しかし、生後二～三か月になると皮下脂肪がついて熱が発散されにくくなり、手足の動きも活発になります。赤ちゃんの体温は大人よりもやや高めで、むしろ暑がりになっています。

●薄着は体温調節の訓練になる

大人の衣類よりも一枚少ない程度を目安に、できるだけ薄着を心がけたいものです。

本当に赤ちゃんが寒そうにしているときは、顔色も青白くなり、動きも活発でなくなります。暑すぎる場合は、顔が赤くなったり汗ばんだ様子を見せるでしょう。どうかなと思うときは、赤ちゃんの背中にお母さんの手をさしこんでみましょう。暑いときにはじっとりと汗をかいているのがわかります。

汗をかいたままにしておくと、かえって体をひやすことになってしまうので、気をつけましょう。

●暖房の注意

室温は、一八～二〇度くらい。やや肌寒く感じられる程度におさえ、温度が上がりすぎないように気をつけてあげましょう。

暖房用の器具は、電気などできるだけ部屋の空気をよごさないクリーンタイプのものが望ましいのですが、そうでない場合は、換気に注意して一時間に一回くらいは窓をあけて新鮮な空気をとり入れるようにしましょう。

空気が乾燥しすぎるようなら、加湿器を使用して赤ちゃんののどや粘膜を守りましょう。洗濯物を室内に干すことでも加湿効果があります。

赤ちゃんの手足はいつもつめたく感じられますが、余分な熱を放出するという大切な働きをしているためです。室内では靴下や手袋は必要ありません。

●外出は人ごみを避けて

デパートや、繁華街のようなにぎやかなところは、空気もよごれていて、風邪をひいているおとながたくさんいる季節です。なるべく人ごみには連れ出さないようにしたいものです。

二か月の赤ちゃん ママの気がかりQ&A

赤ちゃんの様子は一日ごとに変化します。一番身近にいるお母さんはいつもその第一発見者。赤ちゃんとの暮らしの中で、気になること悩んでいることに答えるQ&Aのページです。

Q 混合栄養でやってきましたが、二か月にはいると急にミルクを飲まなくなりました。栄養失調にならないでしょうか。

A 混合栄養の赤ちゃんが、ちょうどこの時期ミルクぎらいになるケースはよくあります。母乳とミルクの割合にもよりますが、比較的母乳の出がよい場合、赤ちゃんが満腹感をおぼえてきてミルクの必要がなくなるということがあります。あるいは、哺乳びんの乳首やミルクの味よりも母乳の味が気に入って、ミルクを受けつけなくなる敏感な赤ちゃんも出てきます。

母乳の割合が多ければ、ミルクを足さなくても問題はないでしょう。あきらかに母乳だけでは量が足りないという場合は、混合をやめて人工栄養に切り替える方法があります。赤ちゃんは、母乳を恋しがって一時的にきげんを悪くするかもしれませんが、本当におなかがすけばちゃんとミルクを飲み出すはずです。

ミルクだけで育っている赤ちゃんも、この時期には飲む量がぐっと減る場合があります。赤ちゃん自身の生理的なコントロールだと思って見守りましょう。一時的なものなら心配はいりません。とりあえずほかの飲み物で水分を補給しておきましょう。

Q 生まれたときから髪の毛が薄くてみっともない感じだったのに、さらに抜け毛が多く、いつも毛髪が枕についていて気になります。

A 生まれつき髪の薄い赤ちゃんも、二～三歳になればきちんとはえそろってくるのでまったく心配はいりません。薄くてたよりない髪に限って抜けやすかったり、枕にこすりつけてすり切れることが多いものです。

中には、頭を剃れば、濃い髪の毛がはえてくるなどという人もいますが、これは根拠のないことです。また赤ちゃんの頭の皮膚を傷つける危険のあることなので、すすめられません。

Q のどがゼロゼロして、痰がからんだような音をさせています。苦しそうですが、ぜんそくでしょうか。

A この赤ちゃんは、もともと体質的に気管支の分泌物が多いたちなのでしょう。よだれの多い子と少ない子がいてどちらも病気ではないのと同じで、のどがゼロゼロしていても、赤ちゃんはにこにこと元気なはずです。成長とともになおっていくことがほとんどです。

まれにぜんそく性の気管支炎と診断されることがありますが、食欲があって熱もなくきげんのいい顔をしていれば、こわい病気だと考えないようにしましょう。あまり過保護にせず、逆に粘膜を鍛える意味から積極的に外気浴などしたいものです。

Q いつも片方ばかり向いて寝ています。頭が少しいびつになっているように思いますが、治るのでしょうか。

A 赤ちゃんは生後二カ月くらいまでは、たいていどちらかを向いて寝ることが多いものです。たまたま頭の形が一方を向いているほうが安定しているため、いつも同じ方向になるようです。

　頭のいびつは、四、五歳くらいまでにはめだたなくなるので、心配はありません。ドーナツ枕やタオルを使って、寝かせ方に工夫をしてみるのもよいでしょう。ただ、首にかたいしこりができているときは斜頸の疑いがありますので、一度小児科を受診してみましょう。

Q 泣いてばかりいて、寝ません。抱いていると眠りはじめますが、ふとんにおろすとまた泣きます。抱きぐせがついてしまったのでしょうか。

A よく泣く赤ちゃんもいれば、寝てばかりいる赤ちゃんもいます。特に発育に問題のない赤ちゃんなら、抱かれることで気持ちがよくなるのは当然かもしれません。お母さんにとっては少しつらい時期ですが、抱けるときにはイライラせずにしっかり抱いてあげましょう。

　抱きぐせといいますが、抱かれることは赤ちゃんにとってよい刺激でもあるのです。抱かなければ泣きやまない泣き虫の赤ちゃんもいるでしょう。

　お母さんが本当に忙しいときには、「あとでちゃんとだっこしてあげますからね」と声をかけ、少しくらい泣かせておいても大丈夫という開き直りも必要です。

Q 果汁を与えはじめたら、とても喜んで飲むのですが、一〇〇cc飲んでもまだほしがります。飲みすぎはよくないでしょうか。

A 果汁には、ビタミンCなどの栄養価もふくまれていますが、この時期にはまだおっぱいやミルクを十分飲んで栄養を取る必要があります。果汁はいろいろな味に慣らすことと、水分の補給が目的です。そのことを頭において、適当な量で切り上げてください。

　果汁をたくさん飲みすぎるときは、お乳を飲む量に影響していないか気をつけましょう。果汁やスープは一日二～三回、授乳と授乳の間に飲ませます。夏場は水分を多く取る必要がありますが、一回に一〇〇ccを越えてもまだほしがるようなときは、麦茶など果汁以外の飲みもので水分をおぎないます。

3か月児

三か月にはいったら心と体はこんなふうに育ちます

体重は生まれたときの約二倍ですが、赤ちゃんの発育の個性もはっきりしてくるので、体格には差が見られます。首がすわりはじめ、喜んだりおこったりの表情もゆたかになってきます。

首がすわりはじめます

まるまるとした赤ちゃんらしい体形になり、ぐらぐらしていた首がすわってきます。腹ばいにさせると頭を上げはじめます。首がしっかりすわるのは四か月くらいといわれていますが、頭の大きい赤ちゃんややせ型の赤ちゃんは、やや遅れることもあります。気になる場合は健診のときに相談してみましょう。

体重は生まれたときの倍に

これまで一日平均の体重増加は、二〇~三〇gでした。これから先はしだいに増えかたが減ってきます。

三か月の終わりになるころの平均体重は約六kg。生まれたときの約二倍です。ただしこれは、三kg前後で生まれた赤ちゃんが、順調に発育した場合のあくまでも平均的な数字だということを忘れないようにしましょう。

三か月をすぎると、赤ちゃんの体格や食欲の個性が、ますますはっきりした違いを見せてきます。小さく生まれて大きく育つ子もいれば、大きく生まれても少ししか体重が増えない子もいます。両親から受け継いだ体質もあらわれてきます。よその赤ちゃんと比較して心配したり、数字だけにこだわるのではなく、その赤ちゃんに合った発育かどうか、なによりきげんよく元気に育っているかどうかを重視してください。

よだれが多い、少ない

離乳食が食べられる時期が近づいてくると赤ちゃんの唾液の分泌がさかんになり、よだれが増えてきます。おとなは唾液を飲みこむことができますが、赤ちゃんは外へ流れ出してしまうことになります。これにもかなり個人差があって、よだれかけの必要な子とそうでない子がいます。ほとんど出ない赤ちゃんもいれば二~三歳まで出続ける場合もあります。よだれが多いと健康だといいますが、まったく根拠のないことです。あまり深

動くものを目で追うようになる

刻に考えないでもいいでしょう。

まれに、いつもよだれの出ない赤ちゃんが、急によだれを出す場合は、口内炎や歯のはえはじめなどの原因が考えられます。また下痢や熱で体の水分が減ると、よだれも減ります。ふだんと様子が違うときには、口の中をのぞいてみましょう。

この時期の赤ちゃん体操

体ねじり運動

あおむけから、左足を右足の上に乗せるようにすると、続いて腰が浮き、肩もまわるようになる。足を強く押さえて体をねじらないように。

さか立ち準備運動

赤ちゃんのおなかの下を片手でしっかりささえ、もう一方の手で両足を持つ。ゆっくり背骨をそらせるように足を上げる。しだいに高さを上げて4〜6回。

よつばい運動

腹ばいにして、赤ちゃんの左足のひざのうしろを手でささえ、前に押してやる。左足を曲げた形になったら次に反対の手で右の腰を前に押す。赤ちゃんは前進した状態になる。

離れたものを目で追います

赤ちゃんの視野が広がり、目の前のものだけでなく、変わったものの見えるほうに顔を向けられるようになります。色の識別や音に対する感覚も発達してくるので、クルクルとまわるオルゴールをじっと見たりするでしょう。

体の動きが活発になり、自分から手足を自由に動かして横向きになろうとすることが多くなります。この時期から本格的に赤ちゃん体操をはじめてみましょう。

三か月健診と予防接種

生後三〜四か月の間に、保健所から健診の通知があるので必ず受けましょう。健診では発育状態の検査や栄養指導を行ない、股関節脱臼や斜頸、心臓の異常はないかチェックします。心配ごとには保健婦さんが相談にのってくれます。

生後三か月からは、BCG、ポリオ、三種混合の予防接種が受けられます。健診時に、ツベルクリン反応の検査をする場合が多いようです。

3か月児

だっこかおんぶか？首がすわる前は十分に注意して

赤ちゃんの首がすわるまでは横抱き、首がすわったらたて抱きもおんぶもOKです。ママの好みでおんぶでもだっこでも臨機応変に選んでください。赤ちゃんの脚は無理に伸ばさないように注意を。

だっこはスキンシップ

赤ちゃんにとって、抱かれることはお母さんとの大切な触れ合いです。泣いている赤ちゃんがだっこされると、安心と落ち着きを得たようにとても嬉しそうです。また赤ちゃんの視野も広がり、だっこの刺激は背中がしゃんとする感覚をおぼえさせ、おすわりをおぼえる訓練になります。

首がすわるまでのだっこ

首がすわるまでは、横抱きにします。不自然な抱きかたをすると赤ちゃんはいやがります。たて抱きは四か月くらいになって首がすわるまでひかえましょう。

後頭部をお母さんの片腕全体でささえ、もう一方の手を赤ちゃんの股の間に入れて、おしりをささえながら水平のまま抱き上げます。まだ体がやわらかく不安定なときは、首がぐらぐらゆれないように気をつけましょう。

無理のないだっこのコツ

赤ちゃんの脚は自然なM字型をしています。曲がった脚を伸ばすような抱きかたは避けましょう。股関節が未発達なので、脚を無理にぴんと伸ばすと股関節脱臼の原因になります。

脚の間からおしりに手を入れてささえると、抱いたとき赤ちゃんの下半身を自由にしておくことができます。

首がすわったらたて抱きに

三～四か月でほぼ首がすわり、たて抱きができるようになります。片腕でおしりをささえ、もう一方の手を赤ちゃんの背中にそえてください。やはり、脚の形は自然に保ちます。

体つきがしっかりしてくるので抱きやすくなり、ママが楽に抱けると赤ちゃんも楽な姿勢になります。

外出のとき

出かけるときはママの両手があくように、おんぶひもやだっこひもを使って上手に移動したいものです。最近の市販のものは、ほとんどおんぶと前抱き両方に使えるようになっています。

前抱き専用のだっこひもなら、首のすわらない赤ちゃんでも大丈夫です。

首がすわっていれば、おんぶでもだっこでもどちらでもかまいません。赤ちゃんとママが楽なほうを選びましょう。

おんぶ派

若いママたちにはあまり好まれなくなったおんぶですが、両手が自由に使えて前がよく見えるので安心感があります。ママの動きもあまりさまたげられることがないので、危険への対処も素早くできます。外出のときだけでなく、家事をする場合にも便利です。ロングヘアのママは髪の毛が赤ちゃんの顔にかからないようなくふうをしましょう。

おんぶをはじめるなら、首がすわったころからにします。

だっこ(前抱き)派

だっこには、おんぶよりスマートなだけでなく、赤ちゃんの顔がよく見えるという利点があります。眠ったり起きたりする様子がよくわかるので安心です。冬場に使うママコートも、おんぶと前抱きの両用のものが多いので便利になりました。また、長時間おんぶをすると腰に負担がかかり、つらいという人にも向いています。

おんぶ派もだっこ派も赤ちゃんの体がぴったりくっついて暑くなりやすく、衣類は一枚少なめが快適です。やはり赤ちゃんの脚は自由にしておきましょう。

また、外出には底の低い靴を選んでください。

抱っこホルダーのいろいろ

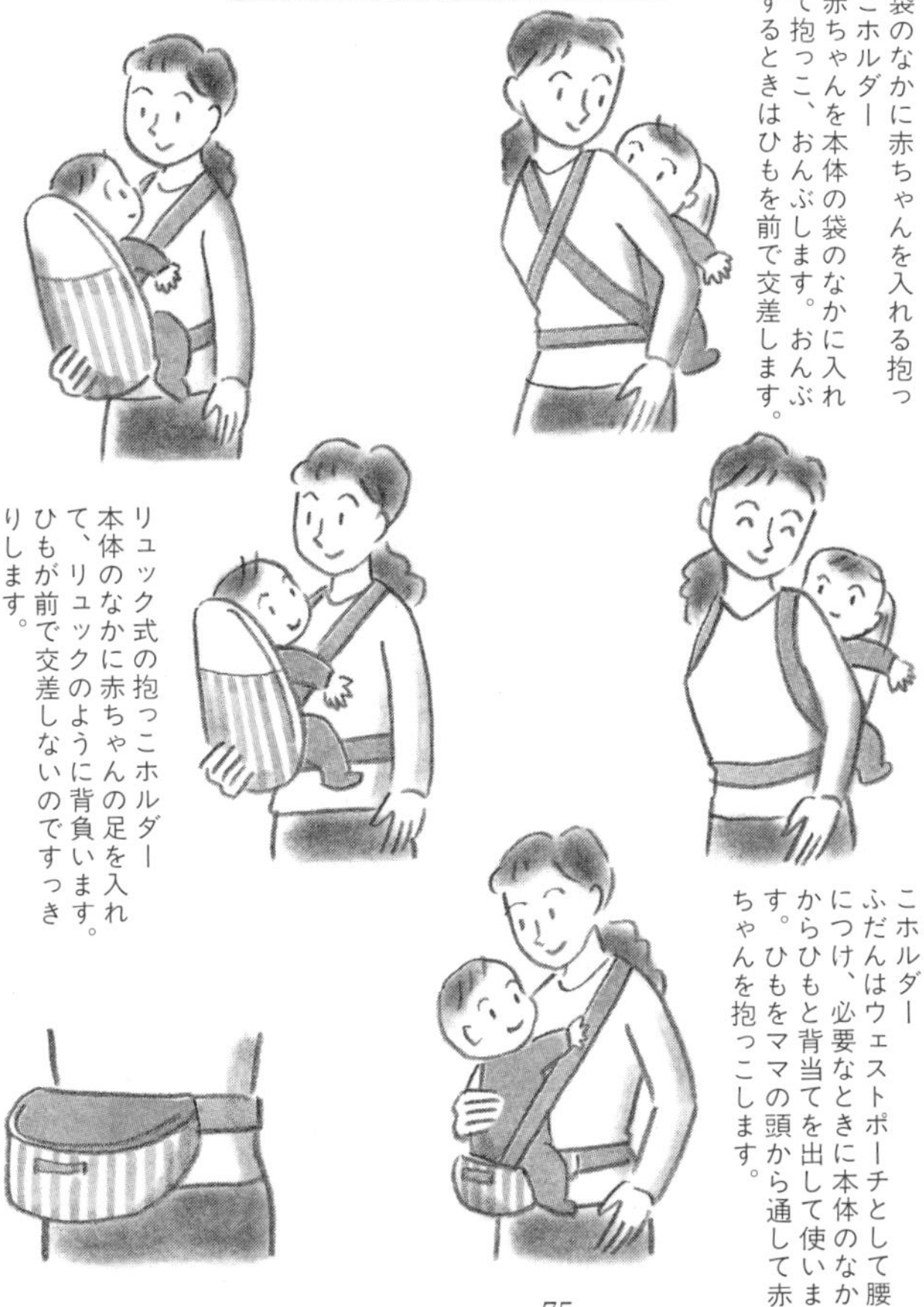

袋のなかに赤ちゃんを入れる抱っこホルダー
赤ちゃんを本体の袋のなかに入れて抱っこ、おんぶします。おんぶするときはひもを前で交差します。

リュック式の抱っこホルダー
本体のなかに赤ちゃんの足を入れて、リュックのように背負います。ひもが前で交差しないのですっきりします。

ウェストポーチになっている抱っこホルダー
ふだんはウェストポーチとして腰につけ、必要なときに本体のなかからひもと背当てを出して使います。ひもをママの頭から通して赤ちゃんを抱っこします。

3か月児

赤ちゃんが果汁に慣れたら野菜スープも与えましょう

果汁に慣れた赤ちゃんには、野菜スープを与えはじめます。酸味の強い味がきらいで果汁を好まなかった赤ちゃんも、スープは飲むことがあります。いろいろな味を体験させて離乳にそなえましょう。

夜中の授乳がなくなる

赤ちゃんが一回に飲むお乳の量も増えてきます。例えば一八〇cc前後飲むのであれば、授乳間隔は四～五時間、一日五回程度の授乳リズムになります。朝、午前中、午後、夕方、寝る前に飲ませ、夜中の授乳を卒業する赤ちゃんも多くなります。もっとたくさん飲む赤ちゃんは、一日四回の授乳で満足できるかもしれません。

夜中の授乳がやめられない場合、おっぱいを吸うことで赤ちゃんが安心して眠るのであれば、飲ませていてもかまいません。しかしお母さんが疲れたり、昼夜の生活リズムをととのえる意味では、夜中は授乳せずにぐっすり眠るようにさせたいものです。夜中は湯ざましなどを与えるようにするとほしがらなくなることもあります。

夜中によく泣いて、体重増加が思わしくなければ、ミルクを足してみましょう。

果汁に慣れたら野菜スープ

赤ちゃんが果汁の味に慣れてきたら、平行して野菜スープを試してみましょう。酸味の強い果汁を好まない赤ちゃんも、スープならいやがらずに飲むケースもあります。

果汁と同じく栄養の補給というよりは、新しい味に接して味覚の幅を広げることが目的です。

スープは野菜そのものではなく汁を飲ませるので、季節の野菜を材料にすれば種類は問いませんが、あくの強いものや刺激のあるもの、香りの強いものは避けましょう。

●スープに適した野菜

にんじん、玉ねぎ、大根、かぶ、かぼちゃ、キャベツ、白菜、小松菜、さやえんどう、ブロッコリーなど。

●スープに適さないもの。

ごぼう、三つ葉、春菊、にら、ほうれん草、さといもなど。

スープに使いたい野菜

スープは薄味に作る

スープに向く野菜を二～三種類取り合わせ、だしこぶとともに小さく切ります。野菜は、緑黄色野菜と淡色野菜を組み合わせるとバランスがよくなります。きざんだ材料は、ひたひたの水に二〇分ほどつけてから火にかけます。野菜がやわらかくなったら火からおろし、こし器やガーゼにかけて汁を取り、ひやします。味をつけるならごく薄味にし、塩やしょう油をほんの少々入れます。大人の舌には味があるかないかという程度で、赤ちゃんにはちょうどいいのです。

野菜スープの作りかた

①三～四種類の野菜を取り合わせ昆布とともにきざむ。

②水をひたひたに入れ、少し時間をおいてから煮る。

③野菜がやわらかく煮えたら、ごく薄めに味をつける。

④上澄みだけをすくう。またはこし器で汁をとる。

味噌汁の上澄み

①みそ汁の上澄みをとる。

②さ湯で二～三倍に薄める。

スープの飲ませかた

授乳にさしつかえない時間を選びます。赤ちゃんがきげんよく、お母さんの気分もゆったりしているときがいいでしょう。

スープは、十分さましてから果汁と同じように、スプーンで一さじから徐々に増やしていって、一日に三〇～五〇ccくらい飲ませるようにします。

最初は野菜スープをいやがる赤ちゃんもいますが、あきらめずに、しばらく時間をおいて試してみるといいでしょう。

時間のないとき

スープ作りには時間がかかります。多めに作って一回分ずつ冷凍保存しておくと、忙しいときに重宝します。

慣れてきたら、大人のみそ汁の上澄みをとり、湯ざましで三倍くらいに薄めて与えてもかまいません。

3か月児

赤ちゃんが手に持って遊べるおもちゃをそろそろ

この時期、赤ちゃんはさかんに自分のこぶしをなめたり眺めたりして楽しんでいます。そろそろ手に持って遊べるおもちゃを与えましょう。軽くて清潔に保てる安全性の確かなものを選びます。

目や耳で楽しむ

生まれたばかりの赤ちゃんのおもちゃといえば、天井や壁に取りつけるタイプのオルゴールやモビールなどでしょう。やがて目がよく見えはじめ音に敏感になるとこれらのおもちゃをじっと眺めたり、音のするほうに首を動かしたりするようになります。ママがガラガラを振って赤ちゃんを楽しませるのもこのころです。

また、おもちゃばかりでなく、お母さんの歌う子守歌はもちろん、やさしい語りかけは赤ちゃんのゆたかな感性を育てます。たくさん話しかけてあげましょう。

安全なおもちゃを手に持たせる

三～四か月になった赤ちゃんは、かなりしっかりものを握るようになります。おもちゃを手に持って遊ぶことをおぼえ、それを振ったり口に持っていってしゃぶったりします。きげんのよいときはアーアーとなにかおしゃべりをしながら、静かにおもちゃで遊ぶこともあるでしょう。

この時期には、赤ちゃんに持たせても危なくないようなおもちゃを与えてあげたいものです。

丈夫でこわれにくく、水洗いしたり拭いたりできる材質、飾りなどがとれる心配のないものを選びます。音の出るガラガラも喜びますが、あまり大きなものは振りまわしたとき、赤ちゃんの頭や顔にぶつかることもあります。

一般に歯がためと称して、丸や三角の形をしたおもちゃが売られています。振ると中にはいった玉の音がして、赤ちゃんの手に握りやすく軽い材質で作られているので、この時期にはぴったりではないでしょうか。

現在、おもちゃの安全性を示すものとして玩具安全基準がもうけられています。これに合格したものにつけられているのがSTマークです。おぼえておくと役立ちます。

赤ちゃんの運動を誘発する

赤ちゃんのお祝いにプレゼントされるいただきもののおもちゃには、まだ赤ちゃんが持って遊べないようなものもあるでしょう。楽しい形をしている人形や、赤ちゃんの気を引きそうな音の出るおもちゃなら、ママが手に持ってあやすときに使ってはどうでしょう。

また、腹ばいにさせたときに、ママが手に持って振ると赤ちゃんはそちらに顔

おもちゃいろいろ
おきあがりこぼし
soft
歯がため
布製ボール
オルゴールメリー
ウォーターボール
プレイボード
ガラガラ

を上げることになります。手を伸ばしたときにとどく位置におもちゃを置いて、はいはいの練習にも使えます。おもちゃを上手に使って赤ちゃんの運動を誘発してみましょう。

赤ちゃんにはなんでもおもちゃ

赤ちゃんがものを握れるようになったということは、赤ちゃんにとって手に触れるものはすべておもちゃになります。さまざまな材質の手ざわりをおぼえたり、舌でなめたりすることで、赤ちゃんの感覚が刺激され、運動能力と知能の発育を助けます。できるだけいろいろなものに触れさせてあげましょう。

ただし、気がついたら危ないものをしゃぶっていた、ということにならないように十分注意を払わなくてはなりません。

月齢がすすみ、はいはいや伝い歩きができるようになると、部屋の中にもめったなものを置けなくなります。いまはまだ寝ている時期ですが、ベッドの周囲や赤ちゃんの足元には危険なものを置かないようにしましょう。

三か月の赤ちゃん　ママの気がかりQ&A

赤ちゃんの様子は一日ごとに変化します。一番身近にいるお母さんはいつもその第一発見者。赤ちゃんとの暮らしの中で、気になること悩んでいることに答えるQ&Aのページです。

Q　ミルクで育てています。一回に二〇〇cc以上飲んでから、まだほしがって泣きます。飲みすぎではないでしょうか。ミルクは胃に負担をかけるとか、肥満になりやすいという話も聞いているので気になります。

A　ふつうミルクを作るときは、缶の表示に従いますが、規定量では足りない赤ちゃんがいても当然です。よほど極端な量でなければ、ほしがるだけ飲ませてあげてかまいません。この時期は一度にたくさん飲めることで、授乳間隔が長くあいてくるときです。一日に飲む量が一〇〇〇ccを大幅に上まわってしまい、やや飲みすぎかなと思ったら、食後に湯ざましなどを与えて満足させる方法もあります。

最近のミルクの成分は母乳に近く調整してあるので、胃腸への負担はさほど気にしなくてもいいでしょう。

また、哺乳びんの乳首の穴が大きすぎると自然に早飲みになり飲みすぎるケースも出てきます。乳首をチェックして一回の授乳にかかる時間を確かめてみましょう。

Q　指しゃぶりをするようになりました。欲求不満なのでしょうか。お乳はふつうに飲んでいます。

A　生後三か月くらいまでの指しゃぶりは、身近にある自分の手に興味を持ち口に持っていけるようになったという発達のあらわれです。決して悪いことではありません。赤ちゃんは指やげんこつをなめて存在を確かめています。やがておもちゃが握れるようになれば、しゃぶらなくなるでしょう。

〇歳児のうちに指しゃぶりをはじめる子どもはかなりいます。中には幼児期まで続く場合もあり、親はみっともないからとやめさせようとしますが、無理じいしてもあまり効果はないようです。成長とともにほかのものに興味が移り、気がつくと自然になおっていることも多いのです。

Q　寄り目のように見えます。ものを見るときなど目が内側に寄ります。斜視だとしたらいつどのように治療したらいいでしょうか。

A　生まれてまもなくから生後六か月ころまでは、赤ちゃんの目が内側に寄っているように見えるのはよくあることです。特に目を動かしたりこっちを見つめたときには軽い斜視のように見えるのです。

また赤ちゃんは鼻の根元の皮膚が厚ぼったく、白目の部分がおおいかくされています。そのためいっそう寄り目に感じられます。顔立ちがはっきりしてくると、その感じが消えてきますが、六～七か月になっても変わらないようでしたら一度眼科医に見せましょう。仮性斜視といわれる思いすごしのことがほとんどですが、もし病的な斜視であれば一～六歳で手術をすることになるでしょう。

Q 寝てばかりいて心配になります。あまり激しく泣くこともありません。体力がないのでしょうか。

A この赤ちゃんは、大声で泣かなくても自分の欲求があらわせるタイプなのかもしれません。心身の発達に問題がなく、あやしてよく笑うなどの反応が正常であれば心配はいりません。

おとなしい赤ちゃんは、かまったり抱き上げる回数も少なくなります。目をさましている時間は、お散歩や外気浴などでママが積極的に遊ぶように心がけて。

Q 昼間はわりときげんよくしているのですが、最近夕方から夜にかけて決まって激しく泣くようになりました。泣き終わるとケロリとしています。どこか悪いのでしょうか。

A これまでおとなしくていい子だったのに、二～三か月になって夕方や夜寝る前などに泣き出してとまらなくなることがあります。三か月コリックといわれるもので、原因は不明です。吐いたり、ぐったりする様子が見られない場合は、病気ではありません。その名の通り、三か月くらいするとうそのようになおってしまいます。

特別な解決方法もなく、お母さんには少々つらい時期です。ほうっておいてもかまいませんが、泣き出したら外に連れて出て気分転換をしたり、昼間の散歩を増やすと比較的よく寝るようです。

Q 三か月をすぎたのに、同じ月齢の子に比べて首のすわりがよくないようです。発達が遅れているのでしょうか。体重は平均より少し上です。

A 三か月から四か月にかけて、赤ちゃんの首がすわってきますが、発育には個人差があるので、もう少し時間がたつまで待ちましょう。

すわりがよくないといっても、以前のようなぐらぐらしたたよりない状態のままではないはず。四か月くらいになればもっとしっかりしてくるでしょう。

首のすわりを判断するためには、赤ちゃんをあおむけにして、両腕をもって引き起こしてみるとわかります。体に頭がついてくれば問題ありません。

もし、四か月をすぎても首がすわる様子がなかったり、動作がぎこちないようなら、医師に相談します。

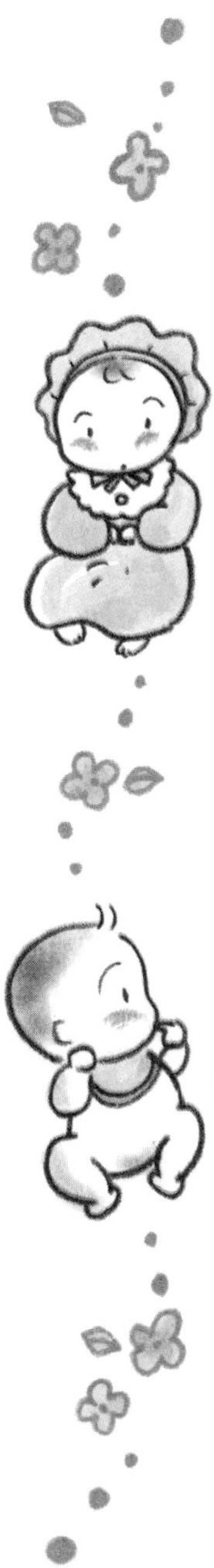

4か月児

四か月にはいったら心と体はこんなふうに育ちます

4か月にはいると、ほとんどの子が首がしっかりすわってきます。そして、目についたものに興味を示すようになったり、お母さんの顔も見分けがつくようになります。

首がしっかりすわってくる

この月の発育のポイントはしっかりと首がすわってくることです。これまではなんとなくあぶなっかしい感じでしたが、この時期になれば、うつぶせにすると頭と肩をしっかり持ち上げられるようになります。また、あおむけにして、お母さんが両手をゆっくり引いて起こしてあげると、体と一緒に首もついてきます。

この首のすわりかたは、発達の重要なポイントですから、四か月にはいっても首がまったくすわらないようなら、小児科医に相談してみましょう。

目につくものに興味を示す

視力もある程度上がってきて、遠くのものを見つめたり、赤や青などのはっきりした色の区別がつくようになります。目の前におもちゃを出すと興味を示し、手を伸ばしてつかもうとします。また、動くものを目で追うこともできます。

ママの顔もわかるようになり、ほかの人と見分けられるようにもなります。ママがのぞけば、うれしそうに笑うことでしょう。また、すでに人の表情を読みとることができます。やさしい顔でのぞいてあげれば、赤ちゃんもきげんがよくなりますが、こわい顔でのぞくと泣き出したりすることもあります。赤ちゃんと接するときは、イライラしたりせずにどうぞ、ゆったりとやさしい気持で接するようにしてあげてください。

ときには目の位置を変えてあげて

首を左右にまわすこともできるようになり、寝かせておいても首をまわしていろいろなものに関心を持つようになります。赤ちゃんは、好奇心がいっぱい。ときには、目の位置を変えて、もっといろいろなものを見せてあげるようにしましょう。ときどき、だっこをしたり、ママのひざの上に座らせてあげます。ラックに座らせてあげてもいいでしょう。ただし、座らせるとすぐに疲れるので、まだ短い時間だけにします。

だっこした赤ちゃんの頭のうしろをささえて前後左右にゆする。これも体操になる。

散歩に出かけよう

赤ちゃんの好奇心を満たすのには、散歩が一番。まだこの世に生まれてまもない赤ちゃんにとって、外界の見るもの聞くものすべてが、めずらしくてしょうがありません。

その上、外界の新鮮な空気を吸い、太陽の光の刺激を直接肌に受けることによって、体も丈夫になっていきます。首がすわれば、たて抱きも大丈夫ですし、ベビーカーにも乗せられます。お天気がよければ、一日に一回は、散歩に出てあげたいものです。

昼間に刺激を受ければ、夜もぐっすり寝るようになることでしょう。ただし、散歩に連れていく際も、あまり人ごみの多いようなところではかえって刺激が強すぎます。また、いろいろな病原菌をもらってきかねません。散歩は公園など、なるべく静かな落ち着いた場所を選ぶようにしましょう。

この時期の赤ちゃん体操

あおむけ起き上がり

赤ちゃんをあおむけに寝かせ、そのひじの上をささえて、ゆっくりと引き起こしてあげる。赤ちゃんが自分で起きるのを助ける気持で。

両肩ささえそり返り

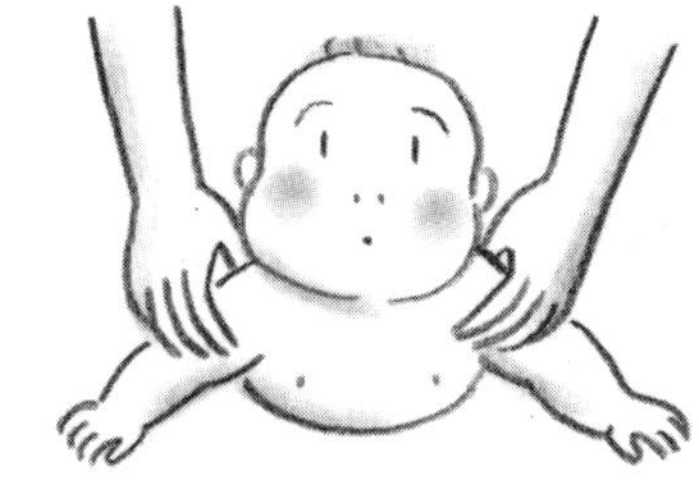

赤ちゃんを腹ばいに寝かせ、ひじの上をささえて、ゆっくりと胸をそらせてやる。

寝返り運動

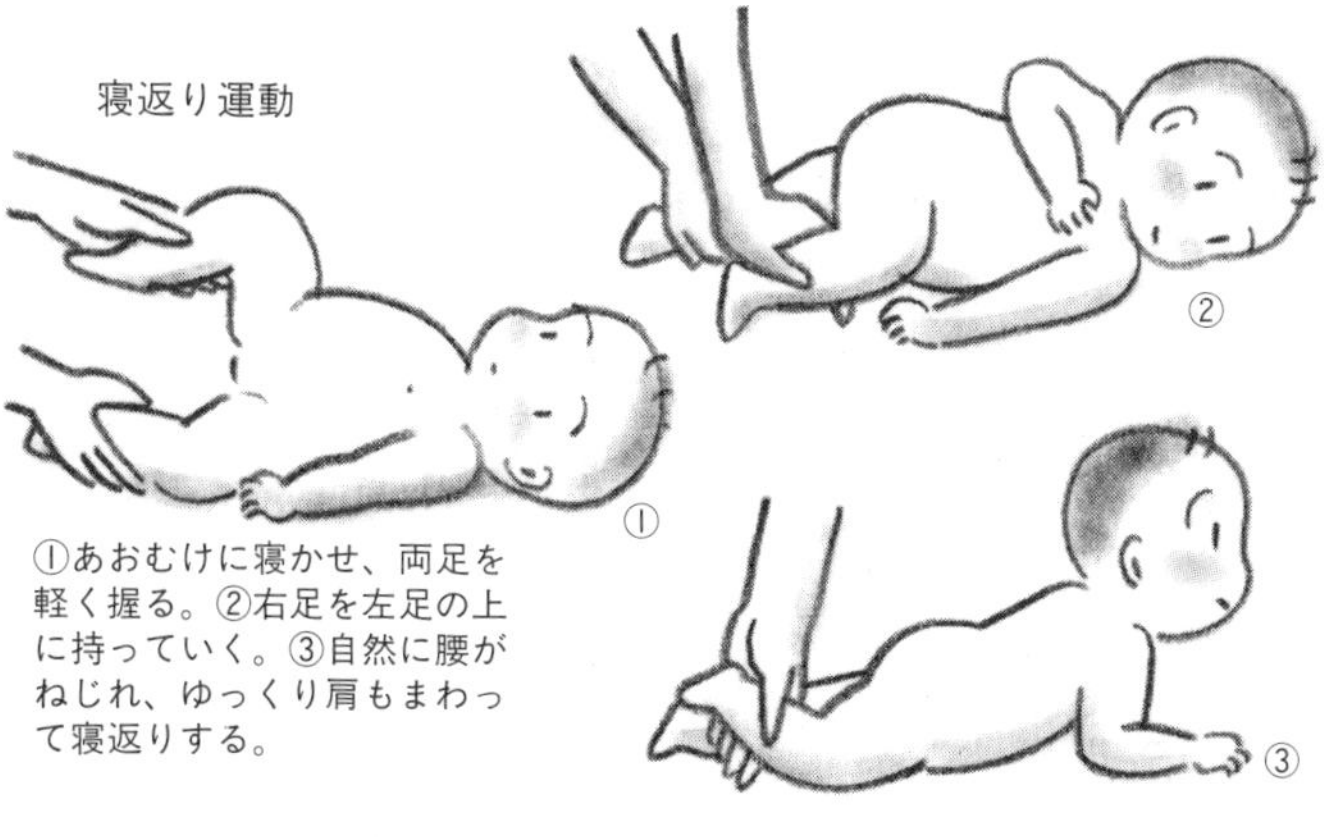

①あおむけに寝かせ、両足を軽く握る。②右足を左足の上に持っていく。③自然に腰がねじれ、ゆっくり肩もまわって寝返りする。

そろそろ安全対策を

赤ちゃんは、そばにあるものはなんでも手に取って口に持っていきます。赤ちゃんのそばには、決して危険なものや有害なものは置かないようにしましょう。

また、早い赤ちゃんですと寝返りができるようになります。そうでなくとも体の動きは活発になっています。落下の危険を避けるため、ベッドの柵はきちんとしめるようにし、ソファなどに寝かせたまま、目を離したりしないように。

4か月児
離乳食は赤ちゃんの様子を見てあせらずに

最近は、離乳食の開始は遅くなっていて五～六か月くらいからです。まだ四か月では、果汁やスープをあげるくらいでかまいませんが、じき始まる離乳食についてちょっと勉強しておきましょう。

離乳は早く始めたほうがいいの?

実は、少し前まで日本では「四か月になったら離乳開始（おかゆなどを与え始める）」というのが一般的な考え方でした。アメリカなどはもっと早く、三か月ころから始めていた時代もあったようです。

しかし、最近は、アトピーなどのアレルギー疾患の子が増えたこともあり、アレルギーの面からもあまり早くから離乳を進めないほうがよいという傾向にあります。

おばあちゃんなどからは「早く始めたほうがよい」と言われることもあるかもしれませんが、あせらなくても大丈夫です。

離乳食は、赤ちゃんが成長するにつれてお乳だけでは足りなくなる栄養を補いながら、いずれ大人と同じものを食べられるように練習していくための食事のことです。

もちろん、生まれてまもない赤ちゃんには消化能力も十分そなわっていませんし、歯もはえていません。ですから、いきなり大人と同じものを食べるわけにはいかないので、ドロドロのものから始めて段階ごとに少しずつ、かたいものを食べられるようにしていくのです。

食べすぎや風邪で吐く

離乳食は通常、調理法や食事の回数などによって、初期・中期・後期の三段階に分けられています。初期はドロドロにやわらかい食べものを一日一回程度。中期は少しかたさを加えたベタベタ状のものを一日二回程度。そして後期はさらにかたさを加えて一日三回程度というふうにすすめていきます。

それぞれ、次の段階にすすめる目安は、赤ちゃんの体の発育状態です。また、その段階の離乳食をよく食べ、もっと食べたそうな様子があれば、次にすすんでもかまいません。

スプーンの底が下唇につく感じで水平に口の中へ。舌でスプーンを押し出そうとするのは反射作用だからもう1度口の中へ。

赤ちゃんによってすすみ方は様々ですから、何か月になったらここまですすまなければ、これを与えなければならない、というきまりはありません。けっしてあせらないようにしましょう。

　同じ月齢のほかの子がこんなに食べるのに、などと悩む必要はありません。その子の状態に合わせてすすめていけば大丈夫です。

離乳食をはじめる時期の目安

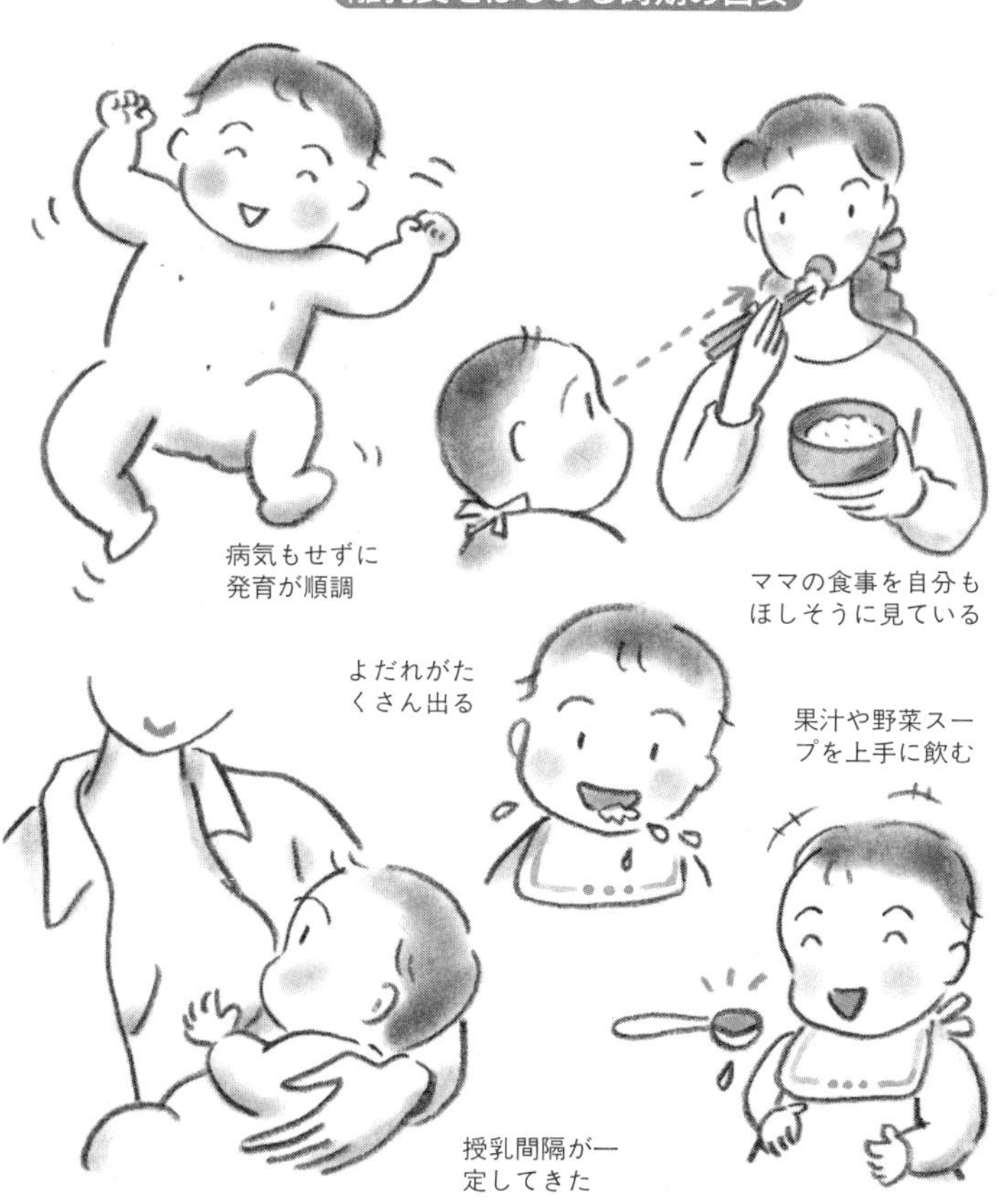
病気もせずに
発育が順調
ママの食事を自分も
ほしそうに見ている
よだれがた
くさん出る
果汁や野菜スー
プを上手に飲む
授乳間隔が一
定してきた

離乳を始める時期の見きわめ

　まず、目安になるのは、慣らして始めた果汁やスープをよく飲むようになり「もっとほしい」という様子が出てくることです。ほかにも、大人が食事している様子を見て、口をもぐもぐしたり、手を出してくるなど、食べたそうな様子があったり、よだれがたくさん出たり、一日の授乳間隔が定まってきたりというサインがあるので、よく赤ちゃんの様子を観察してみてください。

　でも、いちばん大切なのは、順調に発育していて病気もしてない時期を選んで始めることです。体調が悪いときに、離乳を始めてしまうと、おなかがゆるくなってしまうこともあるので、無理して始めないようにしたいものです。

　離乳食を早くはじめたからといって発育がそれだけ早くすすむわけではありません。ママがゆったりした気持ちですすめていくことで、楽しく食事ができる子どもを育てていきたいものです。

4か月児

本格的な離乳開始前の準備と心がまえ

お料理が苦手なママにとっては、離乳食作りはとても面倒に感じられるかもしれません。でも、心配することはありません。市販のベビーフードや冷凍テクニックなどを上手に使えば、案外手間はかかりません。

離乳食作りは衛生に気をつける

細菌への抵抗力が弱い赤ちゃんですから、離乳食を作るときは、衛生面に気を使う必要があります。

調理の前には必ず手を洗うようにしましょう。また、調理器具や食器も洗ったあとは、熱湯をくぐらせるようにしておくと安全です。こうしておけば、不潔になりやすいふきんを使わなくても、すぐ乾かすこともできます。

食品を選ぶ際は、新鮮な材料を選ぶようにしましょう。薄味が原則の離乳食ですから、食品の持ち味を十分に生かすことが大切です。

穀類やいも、たんぱく質食品はよく煮てから与えます。これは殺菌消毒をする、やわらかくして消化しやすくするなどのほかに、アレルギーを防ぐという役割も果たします。

離乳食作りの便利グッズ

今は、離乳食作りセットなども販売されていますが、わざわざそういうものをそろえなくても、普段使っている調理道具で十分です。離乳食作りにあれば便利な道具は、小鉢、ざる、茶こし（裏ごしとして利用）、果汁しぼり器、すり鉢、す

計量スプーンと計量カップ
ミニすり鉢
いちごスプーン
親子どんぶり用鍋
万能こし器
ポテトマッシャー
レモンしぼり器
ハンドジューサー

りこぎ、おろし器、ボウルなどですが、できれば小さ目のもののほうが少量を作る場合には使いやすいでしょう。

基本的な調理法

離乳食はおかゆから始めて、だんだんと使う食品を増やしていきますが、食品によって、適した調理法があります。ちょっとひと手間かけるだけで、赤ちゃんにもぐっと食べやすく、飲み込みやすくなり、食べられる食品を増やしていくことができます。

いろいろなベビーフード

やさいシチュー
フリーズドライ
レトルト
うどん
レトルトうどん
びん詰め
乾燥・フレーク
クリームスープ
Baby りんご
Baby レバー

■裏ごし（野菜などをゆでて、こし器で裏ごしする／にんじん、かぼちゃ、じゃがいも、ゆで卵、バナナなど）

■つぶす（野菜などをゆでて、すり鉢ですりつぶす／にんじん、かぼちゃ、じゃがいも、青菜、とうふ、レバーなど）

■すりおろす（生の野菜や冷凍しておいた肉などはすりおろしてから、火を通す／にんじん、大根、鶏のささみ、高野豆腐など）

■のばす（パサパサしたものは、牛乳やスープなどの水分を加えて食べやすくする／じゃがいも、ブロッコリー、ゆでた肉、野菜など）

■きざむ（繊維の多い野菜は、ゆでたあと、細かくきざむ／ほうれんそう、キャベツ、肉など）

■せん切り（野菜は、ゆでる前にせん切りにしておく／キャベツ、にんじん、大根、肉など）

これらの調理法で処理した食品は、一回分ずつ（たとえば一回のおかゆに入れるくらいの量）ラップでくるみ冷凍しておけば、毎回、調理する手間を省いていろいろな種類の食品を使った離乳食作りができます。ただし、冷凍したものはなるべく早めに使い切るよう心がけて、あまり大量にストックしすぎないようにしましょう。

ときにはベビーフードも

最近では、いろいろなタイプや種類のベビーフードが出まわっています。ベビーフードは厚生省によって衛生面にきびしい規格が定められていますから、安全で、味付けも適度、やわらかさも一定です。ただ、お金がかかること、ママの手作りではないという欠点があります。

離乳食のはじめのころに、少ししか食べてくれないときとか、時間に余裕がないとき、ふだんなかなか食べさせてあげられないものなど、ママの手作りの離乳食と適度に併用して使えば便利なものといえます。

4か月児

入浴はそろそろ大人と一緒 室温や湯温に気をくばって

三か月をすぎれば、そろそろ大人と一緒にお風呂にはいることができます。慣れないうちは、少々こわい気もしますが、すぐに慣れてしまいます。入浴はパパの係にしてもらえるといいですね。

浴室の温度と湯温に気をつける

生後三か月をすぎたころから、大人と一緒にお風呂にはいることができます。その際に気をつけたいのは、浴室と脱衣場の温度です。赤ちゃんは、一番湯に入れますから、寒い時期は、浴室と脱衣場をあたたかくしておきましょう。浴室はよく湯気をたて、脱衣場はストーブをつけたりしてあたためておきます。

お湯の温度にも気をつけて。まず、はいる前にしっかり温度を確かめて、熱すぎず、ぬるすぎぬように気をつけましょう。

温度がちょうどよければ、赤ちゃんをだっこして、ゆっくり体を沈めます。いきなり、ドボンとはいったのでは、赤ちゃんもびっくりしてしまうでしょうし、体にもよくありません。赤ちゃんの体をママの体にしっかり密着させておけば、赤ちゃんも安心しておとなしくしているでしょう。

入浴はパパの係に

一人で赤ちゃんをお風呂に入れて、洗い、拭く、というのは結構大変なものです。そこで、ぜひとも借りたいのがパパの力。入浴をパパにお願いできれば、ママも大助かりでしょう。

まず、パパが湯加減をととのえ、自分の体を洗い終わったところで、赤ちゃんを渡します。赤ちゃんの入浴が終わったら、今度はママが赤ちゃんを受けとり、体をよく拭いて、服を着せたり、さ湯を与えるなどの世話をします。こうすれば、赤ちゃんに風邪をひかせずに、能率的に入浴ができるわけです。

また、この入浴タイムはパパと赤ちゃんの大切なコミュニケーションの時間にもなるでしょう。日ごろは忙しいパパですが、せめて、赤ちゃんが小さいうちはぜひ、パパにも協力してもらいたいものです。

ママが一人で入れるときは

入浴はパパの係に、といっても、どう

ママのシャンプーは昼間のうちに

しても不可能なときもあるでしょう。そんな場合は、前もって赤ちゃんの着替えを全部用意しておく必要があります。

赤ちゃんの着替えと、バスタオル（赤ちゃん用）、ママのバスローブ、バスタオルを用意しておき、赤ちゃんを脱がせやすいかっこうにして、脱衣場に寝かせておきます。その間に、赤ちゃんがさびしがるようなら、声をかけてあげましょう。ママが体を洗ったら、次に赤ちゃんを裸にし、浴室に入れて体を洗います。そのあとは、二人でゆったり浴槽につかり、あたたまりましょう。

赤ちゃんの洗いかたいろいろ

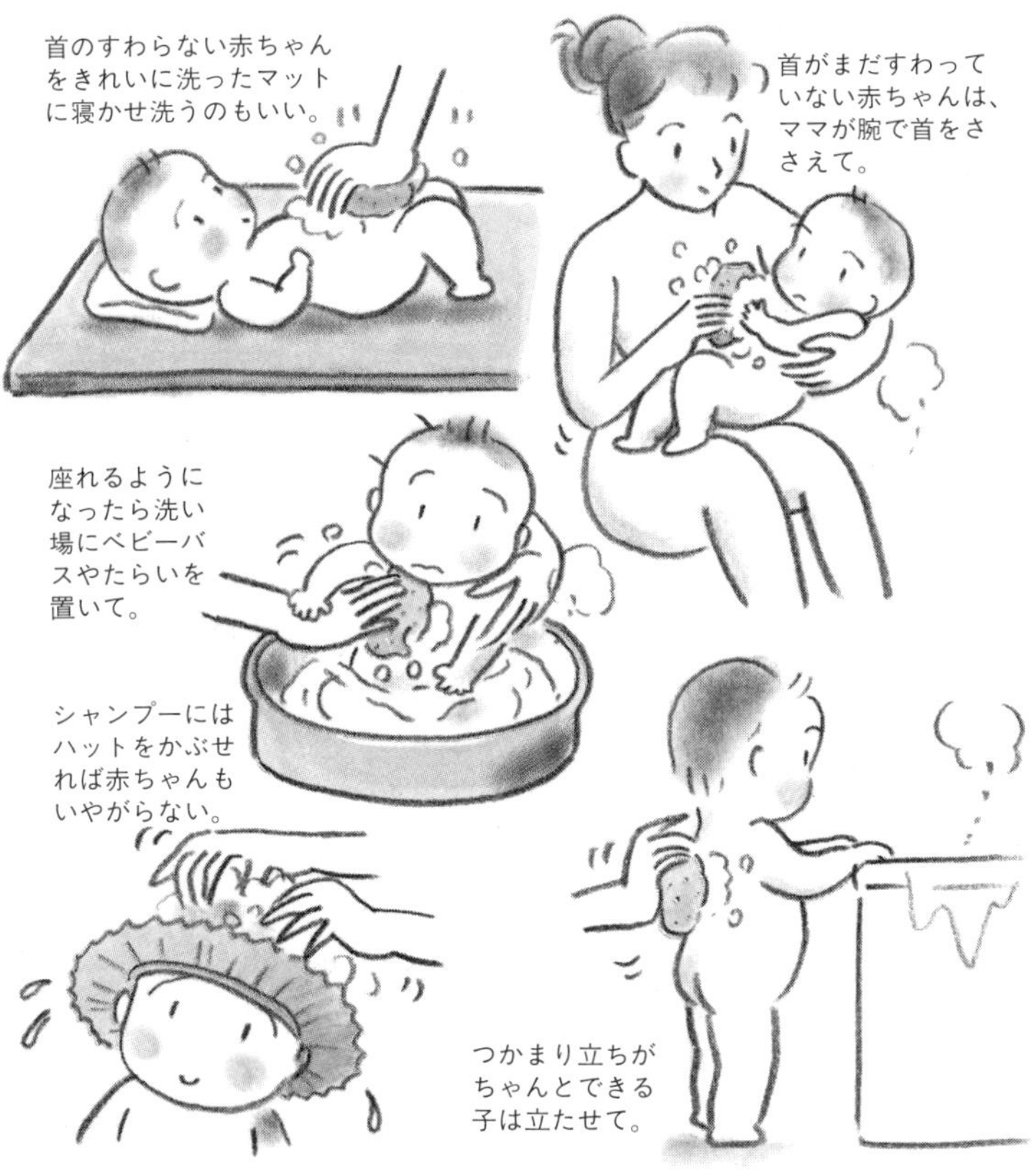
首のすわらない赤ちゃんをきれいに洗ったマットに寝かせ洗うのもいい。

首がまだすわっていない赤ちゃんは、ママが腕で首をささえて。

座れるようになったら洗い場にベビーバスやたらいを置いて。

シャンプーにはハットをかぶせれば赤ちゃんもいやがらない。

つかまり立ちがちゃんとできる子は立たせて。


　お風呂から出たら、赤ちゃんをバスタオルに包んで寝かせておき、ママは手早くバスローブなどを羽織り（あるいはバスタオルを体に巻き）、赤ちゃんの体を拭いたり、着物を着せたりします。

　そのあと、またひえるようならママはもう一度、赤ちゃんを脱衣場へ寝かせて、浴槽につかってもいいでしょう。

　赤ちゃんがいると、どうしてもあわただしくなってしまいますが、なるべく手早く仕度をしてあげてください。また、場合によってはママのシャンプーだけ、昼間にすませておく手もあります。

　なお、浴室は大変すべりやすいですし、浴槽の角や水道の蛇口など、頭をぶつけやすいところもあります。また、シャンプーや石鹸など、口にされると困るものも置いてあります。動きが活発になってきた赤ちゃんは、十分に注意しましょう。

4か月児

お天気のよい日は必ず散歩に連れていってあげよう

四か月をすぎたら、お天気のよい日はなるべく赤ちゃんを戸外に連れ出すようにしてあげましょう。赤ちゃんの好奇心を満たしてあげられるとともに、ママにもお友だちができるかもしれません。

散歩を日課に

四か月をすぎたら、お天気のよい日は散歩を日課にするようにしましょう。新鮮な外気に触れて、赤ちゃんを丈夫にするということ以外に、赤ちゃんの世界を広げる意味でも散歩は大切です。

ベビーカーに乗せたり、だっこをしたりして、近所の公園まで足を伸ばしてみましょう。見るもの、聞くものすべてがはじめての世界に触れ、赤ちゃんは興味津々です。

散歩は1日に1時間くらい。

公園で、少しお兄ちゃんやお姉ちゃんに出会ったり、よその大人に声をかけられたり、赤ちゃんは、家庭という人間いとなみの中で一番小さな世界から、少し広がった地域社会を体験することになるのです。

また、ママにとってもお散歩は大きなメリットがあります。同じ年ごろの赤ちゃんを持った人や、もう少し大きな子を持った先輩ママと知り合うチャンスになるという点です。友人が増えれば、育児の悩みの相談相手にもなってもらえます。

ベビーカーの種類

散歩に連れていくにしても、体重が重くなってくると、だっこだけではかなり大変です。また、買物の際も重い荷物を持って赤ちゃんをおんぶするというのも重労働です。そこで、そろそろベビーカーが必要になってきます。

最近、ベビーカーも各メーカーとも種類が豊富になり、迷ってしまいますが、市販のベビーカーは大別すると、A型とB型の二つのタイプに分かれています。

A型は、生後二か月ごろから赤ちゃんを寝かせたまま乗せられるタイプのものです。どっしりとした安定感があり、振動を吸収するクッションなどもついていますから、月齢が小さいうちは安心です。

赤ちゃんの顔を見ながら使える対面・背面の両用ハンドルのものや、動きやすいキャスターつきのもの、シート部分を取りはずせば、バスケット風になるものなどさまざまな種類が出ています。

ただし、少々大きいため、折りたたんでもかさばるし、重いために持ち運びが不便なのが難点です。

B型は赤ちゃんを座らせて乗せるタイプで、七か月以上の赤ちゃん用です。軽量で折りたたみも簡単ですから、外出の機会が多いママにとっては、便利この上ないベビーカーといえるでしょう。ただし、やはりそのぶん、赤ちゃんにとっては乗り心地がもうひとつ、といったところでしょうか。

ベビーカーの選びかた

どちらを選ぶかですが、ベビーカーを使いはじめる月齢によっても違いますし、ママ自身のライフスタイルによっても違ってくるでしょう。理想としては、月齢の小さいうちはA型を使用して、ある程度大きくなったらB型に切り替えるという方法ですが、それぞれの家庭の事情もありますから、なかなかそうもいかないかもしれません。そのような際には月齢の小さいうちは、おんぶしたりだっこして乗り切り、ある程度大きくなってからB型を購入してもいいでしょう。また、レンタルを利用する方法もあります。購入する際は、車体にクッションがあるか、リクライニングできるか、安全か、使い勝手はどうかなどをポイントに、実際動かしてみて選ぶといいでしょう。

ベビーカーのいろいろ

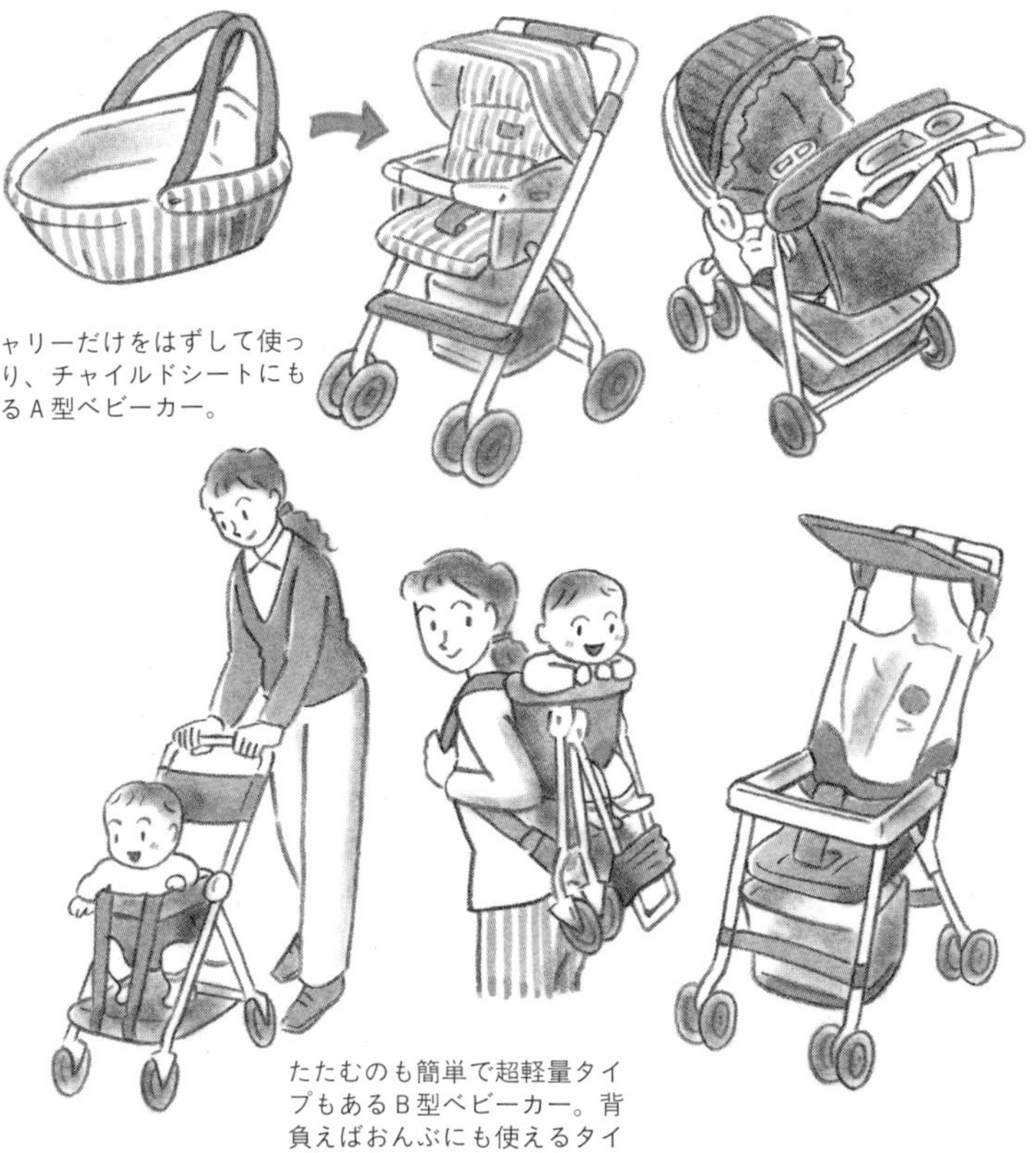

キャリーだけをはずして使ったり、チャイルドシートにもなるA型ベビーカー。

たたむのも簡単で超軽量タイプもあるB型ベビーカー。背負えばおんぶにも使えるタイプも人気。

4か月児

たまにはちょっと足をのばして外出するとき注意したいこと

毎日行ってる公園だけではなく、車でちょっと遠くまでお出かけ、もそろそろできるころ。でも出先でトラブルにならないだけの準備や工夫は必ずしておきましょう。もちろん安全運転は基本中の基本です。

シート使用で安全ドライブ

平成十二年、六歳未満の子どもを車に乗せるときにはチャイルドシートを使用することが義務づけられました。まだ体の安定しない赤ちゃんにはもちろん、車でのお出かけにはチャイルドシートが必需品です。さまざまな種類のシートが出ていますが、赤ちゃんなら、座っても寝ても使える形状のものがおすすめです。

シートを取り付けるのは、安全性の面からは後部座席が望ましいのですが、ママと二人だけのドライブのとき、まったくママの顔が見えないのでは、赤ちゃんも不安になってしまいがち。助手席に取り付ける場合は、助手席の背もたれをリクライニングして後ろ向きにシートを装着すると安全性が高くなります。

運転中は赤ちゃんが隣に乗っているというだけで気が散りやすいので、地図やカーナビを見ながらの運転などは避けたいもの。事前にしっかり道を頭に入れてから出かけるか、赤ちゃんと二人だけのドライブはできれば行き慣れたところにしておきましょう。

運転している途中で、赤ちゃんが泣き出したときは、あわてたり、イライラしたりせずに、車を安全な場所に停めて、おむつや衣服の様子を見てやったり、抱っこして落ち着かせるようにしましょう。うるさいからと猛スピードで車を飛ばすのは厳禁です。

また、買い物などのときに、赤ちゃんが寝ているからと車の中に置き去りにすることは絶対にやめましょう。夏なら脱水症状を起こして死に至ることもありますし、誘拐などの事件に巻き込まれる可能性もあります。寝ているのを起こすのが嫌だったら、ママもいっしょに車の中でお昼寝してもいいんじゃないでしょうか。

デパート、ファミレスなどで

赤ちゃんとママ、二人だけのお出かけ先として安心なのは、デパートです。最近のデパートは、たいていベビーカーの貸し出しや、授乳室完備、トイレにもおむつ交換台などがあり、赤ちゃん連れのお母さんが利用しやすいサービスを導入しているところが多いのです。

ベビーコーナーや赤ちゃん休憩室などでは、ベビーフードを食べさせることもできたりもするので、お出かけ中におなかがすいても安心です。

初めて行くデパートだったら、どんなベビー向けサービスがあるのかは、前もって電話で問い合わせておくと安心でしょう。

お出かけの帰りに、たまには外食したい！　というときには、赤ちゃん連れならやはりファミリーレストランが安心です。あくまでもマナーを守ることは基本ですが、子連れも多いファミレスなら、子どものことは少々大目に見てもらえる可能性はあり。少なくともまわりのお客さんもみんな子連れだったりすれば、周囲の視線もあまり気になりません。

ファミレスの中には、哺乳びんへのお湯のサービスをしてくれるところや、離乳食にも使えそうなおかゆがメニューにあるところもあり、赤ちゃん連れなら利用価値大、なのです。

月齢に合ったチャイルドシートの使い方

赤ちゃんが小さいうちは、ベッド型のチャイルドシートが安全です。

新生児期には、後部座席にベッド型のチャイルドシートを横向きに取り付ける。

月齢があがってきたら、後部座席にチャイルドシートを後ろ向きに取り付ける。

おすわりがしっかりしてきたら、前向きに取り付ける。

四か月の赤ちゃん ママの気がかり Q&A

赤ちゃんの様子は一日ごとに変化します。一番身近にいるお母さんはいつもその第一発見者。赤ちゃんとの暮らしの中で、気になること悩んでいることに答えるQ&Aのページです。

Q 四か月もなかばすぎたのに、首がまだなんとなくしっかりしていないようなのですが。

A 統計でみると、四か月になると九〇%の赤ちゃんが首がすわっています。ただし、首がすわっていても、姿勢によって頭がふらついたりするのは、よくあることです。

また、四〜五か月になっていても、寝た姿勢のままで頭を左右に動かしたり、お母さんが寝かせた赤ちゃんの両腕を持って、ゆっくり引き起こしたとき、頭を前に上げながら自分で体を起こそうとしているようなら大丈夫。確実に発達のステップをふんでいます。

しかし、四か月をすぎても、うつぶせにして、頭をまったく動かせないような状態なら、小児科医に相談する必要があるかもしれません。

Q 四か月にはいってから、よだれがものすごくて、驚いています。よだれかけがすぐぬれてしまうほどなのですが、どこか体に異常があるのでしょうか?

A 昔から、「よだれが多いのは丈夫な証拠」などといわれています。この言い伝えに医学的な根拠はありませんが、食欲が旺盛な赤ちゃんほどよだれは多いものです。それだけ、元気な証拠なのでしょう。また、特にこの時期、母乳やミルク以外のものを食べるようになってくると、唾液の分泌が増えて、よだれが余計出ることがあります。赤ちゃんは、口の中にたまったこの唾液を飲みこむことが下手で、よだれとなって出てきてしまうわけです。ですから、赤ちゃんのよだれが多いのは、決して異常ではありません。

ママは大変かもしれませんが、よだれかけがぬれてきたら、こまめに取り替える、口のまわりをいつもきれいにしておくように心がけてあげましょう。

なお、よだれも個人差がありますから、あまり出なくても気にしないで。

Q うちの子は、ずいぶん時間をかけて作ったおかゆでも、どうしても食べてくれません。

A おかゆはなめらかでしょうか? はじめての離乳食のかたさは、少しかためのポタージュスープもしくはヨーグルト程度です。一〇倍がゆをさらにつぶして与えますが、それでも粒々をいやがる赤ちゃんもいます。そのような場合は、さらになめらかな市販のベビーフードのおかゆを試してみてもいいでしょう。また、おかゆではなくて、パンがゆや野菜の裏ごしなどでもいいと思います。

ただ、その赤ちゃんは本当に離乳食をほしがっているでしょうか。月齢的にいっても、まだまだあせらなくてもいい時期です。体重や月齢にこだわらず、赤ちゃん自身が、本当にほしがってから離乳食をスタートするようにしてください。

Q 今まで、順調に体重が増えていたのに、四か月にはいってから、急に体重の増えかたが鈍くなりました。そろそろ母乳不足なのでしょうか。

A 赤ちゃんの体重というのは、生まれてから一歳をすぎるまで、同じテンポで増えていくものではありません。生後三か月あたりまでは、最も体重増加がめざましい時期で、一日二〇～三〇g程度の増加が見られるのがふつうです。

しかし、これが四～五か月ころになりますと、増えかたが遅くなり、急にスローテンポになったように思えるのです。

今までのように、短い期間ではなく、長い期間で体重が少しずつでも増えていれば心配はありません。

ただし、まる一か月間、まったく体重が増えないような場合は、小児科医に相談してみるといいでしょう。

Q 首もすわり、ずいぶんしっかりしてきたので、そろそろショッピングや遠出に連れていきたいのですが。

A 赤ちゃん連れで外出する際は、デパートや盛り場など、人ごみへの外出はできるだけ避けたいものです。いくらしっかりしてきたとはいえ、まだまだ抵抗力が弱いのですから、いつ病原菌に感染するかわかりません。

どうしてもやむを得ないときは、休日や夕方の混雑している時間を避け、ウイークデイの午前中など、比較的すいている時間に出かけるようにしましょう。その際、デパートの中や電車、バスの中などは意外と外との温度差があるものです。夏は、カーディガンやタオルを用意し、冷房対策を忘れずに。逆に、冬場は暖房で暑ければ上着をぬがせるなど、こまめに調節してあげましょう。

二～三時間以上もかかるような旅行は、一歳未満の赤ちゃんには、おすすめできません。生活のリズムが乱れ、赤ちゃん自身の体調にも影響があらわれかねないからです。

どうしても、遠方へ出かけなければならないようなときは、できるだけ、赤ちゃん本位のゆったりしたスケジュールを考えてあげてください。

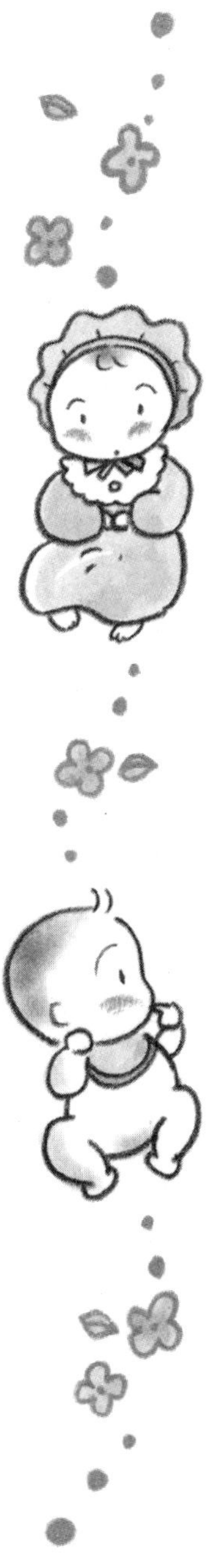

5か月児

五か月にはいったら心と体はこんなふうに育ちます

五か月を迎えると、寝返りのできる赤ちゃんも多くなることでしょう。また、このころには、積極的にそばにあるものに手を伸ばし、何でも口に持っていくようになります。

体重の増えかたはゆるやかに

生後三か月あたりまでは、体重の増えかたがめざましかったのですが、四～五か月ころになると、体重増加の曲線はゆるやかになってきます。

以前のようにこまめに計る必要はありませんが、月に一回程度計り、ある程度順調に育っていれば心配ありません。

また、赤ちゃんによって個人差がありますから、あまり平均にはこだわらないように。日ごろ元気で、母子手帳に掲載されているカウプ指数から極端にはみ出しているのでなければ、少々小柄でも心配には及びません。

寝返りができる子も

このころになると、寝返りができる赤ちゃんも増えてきます。寝返りができなくても、腹ばいにさせると、頭や胸を持ち上げ、両手でしっかりと上体をささえることができるようになります。

両わきをかかえてひざの上に立たせてみると、足を力強くふんばったり、ピョンピョン飛びはねたりすることもできます。

手の動きもしっかりしてきて、そばにあるものをなんでもつかもうとします。つかんだものはなんでも口に持っていこうとしますから、気をつけましょう。また、一度つかんだものは、なかなか離そうとしません。無理に離そうとすると、泣き出すこともあります。

ひとりで寝返りできますか？

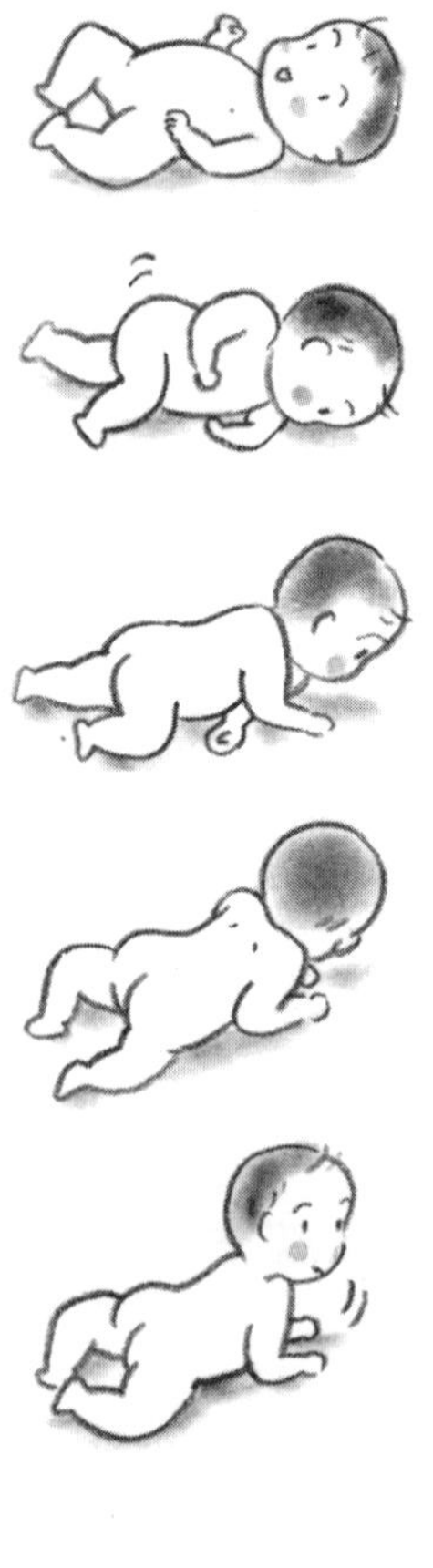

人見知りもはじまる

知恵づきもめざましく、人やものの見分けもつくようになります。ママが近づいてくると喜んだり、家族があやすと笑うなどの反応を見せたりします。逆に知らない人がのぞきこむと、不安気な顔でじっと見つめたり、泣き出したりします。これは、人見知りのはじまりで、記憶力がしっかりそなわってきた証拠です。

情緒も日増しに発達し、自分のそばからママがいなくなると泣き出したり、手に持っているものがなくなると泣いたり、ずいぶんいろいろなことがわかるようになります。

めざましい成長ぶりに、ますますかわいさも増してくる時期です。

この時期の赤ちゃん体操

腕の円運動

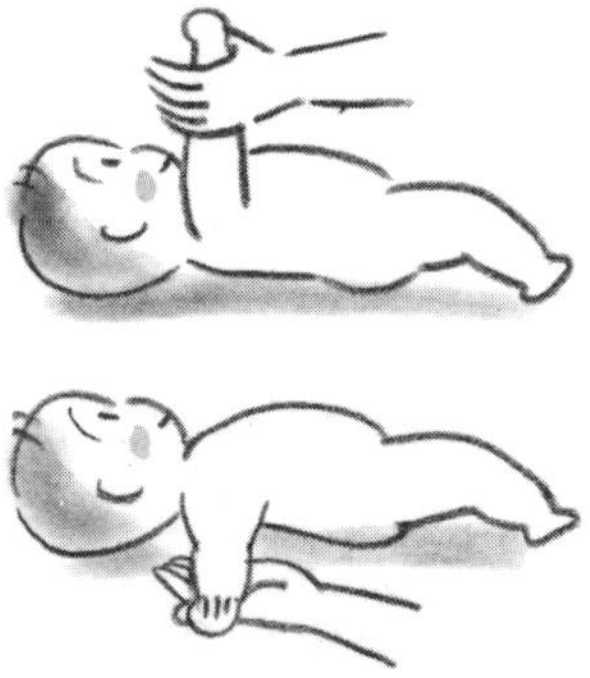

両腕を前から上に上げ、おろす。上に上げた腕を今度は横へおろして、前に軽く曲げる。

ななめかかえ上げ

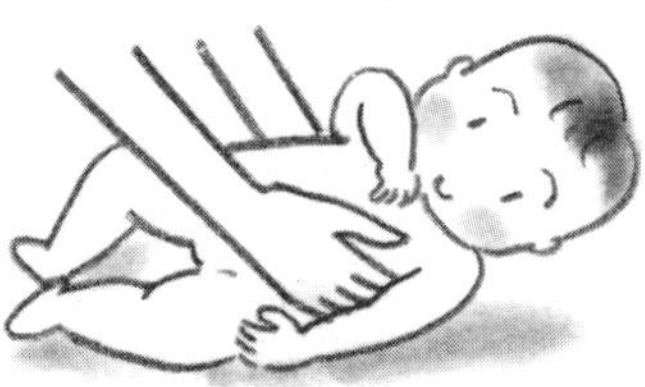

赤ちゃんの脇に両手を入れ、腰から上が全部持ち上がるまで、ゆっくりかかえ上げる。

両手ささえぞり

赤ちゃんをうつぶせに寝かせ、てのひらをママのてのひらに乗せて胸をそらせる。うまくできたら腕を背中のほうにゆっくりまわす。

キック移動

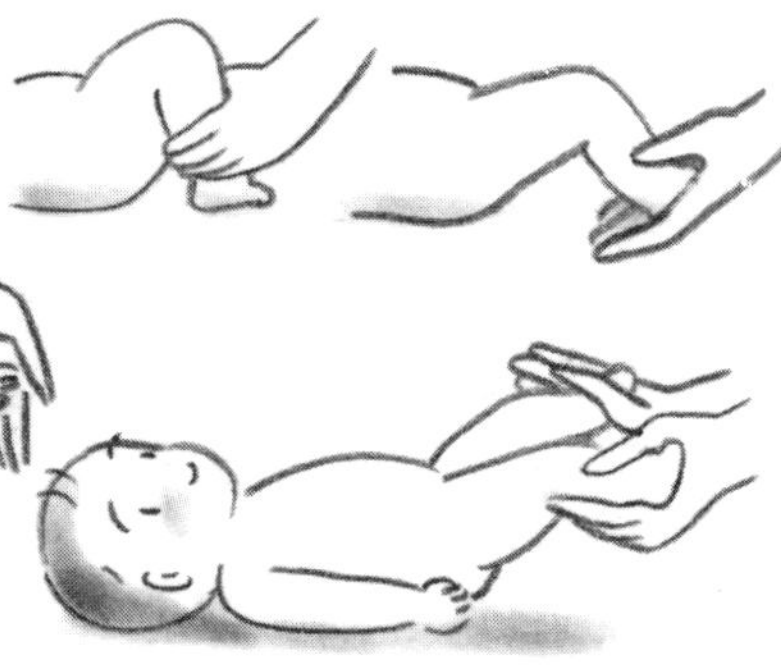

足首を持って押したり、足の裏を押したりすると、赤ちゃんは足をのばそうと頭のほうへ移動する。

ときには一人遊びを

いろいろなことに興味を示しだすころは、赤ちゃんの周囲に危険のない清潔なものを置いておくと、一人遊びする時間も増えてきます。周囲になにもなくても、自分の手を動かして、それを見つめて遊んだりしていることもあるでしょう。そんなときは、あえて声をかけずに一人遊びさせておいてあげましょう。

一人遊びは、赤ちゃんの精神の発達や運動能力の発達にとって大切なものです。一人遊びの中から、創造力や探究心、自主性などが育ちます。

かわいいからといって、すぐに抱き上げたりかまってばかりいないで、ときには一人で遊ばせることです。ママも目のとどく範囲で、家事をこなすようにすればいいでしょう。

また、そばに置いておくのは、安全なものであれば、別におもちゃでなくともかまいません。家庭用品など、赤ちゃんにとっては、どんなものでもおもちゃになります。

5か月児

離乳食はまず一日一回一さじ ドロドロ食からはじめます

いよいよ離乳食を開始します。最初はスプーンに慣らす程度のつもりで。おかゆや野菜、果物などなんでもいいのですが、はじめはおかゆが一般的です。まずは、一日一回、一さじからスタートです。

スタートはおかゆから

離乳食をはじめる際は、食べものを赤ちゃんが抵抗なく飲みこめるやわらかさにすることが大切です。これまで母乳やミルクなどの水分しか取ってこなかったのですから、なるべくそれに近い形からはじめることです。目安としては、濃いポタージュスープ程度のドロドロしたかたさ、なめらかさです。

食品の種類は、基本的にはどれからはじめてもかまわないのですが、穀類、野菜、たんぱく質食品の順にすすめていくのが一般的です。

おかゆの場合、お米の量一に対して一〇倍の水を入れて煮る一〇倍がゆをさらにすりつぶして与えます。ご飯から作るときは、ご飯一に対して水五を加えて煮ます。このほか、パンがゆやうどんなどもいいでしょう。

量と種類の増やしかた

初日に一日一回、一さじから与えはじめ、二～三日続けて二さじに、さらに二～三日続けて三さじに増やしていきます。

その後、今度はおかゆだけでなく、野菜もしくは卵黄などを一さじ加えます。そしてそれを二～三日続けて、上手に食べられるようになったらさらに一さじごとに増やしていく、というぐあいです。

その後、二種類程度の食品が食べられるようになったら、今度は次の食品を一さじずつ増やしていくようにし、一か月後に、かゆ五さじ、卵黄四分の一、野菜二さじまで持っていきます。

しかし、前にも述べましたように、赤ちゃんによって個人差があります。これはあくまで目安ですから、あまりこだわりすぎないようにしましょう。

上手に離乳食をすすめるには

離乳食は、最終的に完成するまで半年かかる大仕事です。ともかくあせらないこと。赤ちゃんの体調やきげんによって、毎日食べる量も違います。長い目で見てすすんでいれば、問題ありません。ゆったりした気持ちですすめていくことです。

はじめのうちは、赤ちゃんの便の様子やきげんを見ながら少しひかえめ程度にすすめていくほうがいいでしょう。食品の数を増やすようなときは、必ず一種類ずつにします。便がゆるくなったり、顔に発疹ができるようなら、その食品をやめて様子を見ます。ただ、便が少しゆる

初期の離乳食メニュー
10倍がゆ
①お米をとぎ、約1時間、水につけておく。
②米1に対して水10を加え、ふたをして強火。
③沸騰したら弱火にして50分ほど炊く。
④火をとめてから10分程度むらす。
ご飯がゆ
①鍋にご飯1に対し5程度の湯を入れる。
②つぶしながら、弱火で20分ほど煮る。
パンがゆ
①耳をとった食パンを、ちぎって鍋に入れる。
②牛乳や野菜スープを加え、まぜながら弱火で煮る。
じゃがいもがゆ
①10～20gのじゃがいもをやわらかくゆで、裏ごしする。
②そこへだし汁をたし、よくまぜてドロドロにする。
とうふの調理法
①鍋に湯かだし汁を入れ、とうふ5gをくずれないように煮る。
②裏ごしするか、すり鉢ですりつぶして、ドロドロにする。
和風だしのとりかた
①だし昆布の表面のよごれをとり数か所に切りこみを入れる。
②鍋に昆布と3～4カップの水を加え、30分くらいおく。
③鍋を火にかけ、沸騰直前に、昆布をとり出す。
④鍋に削り節をひとつまみ入れ、浮いてきたら火をとめる。
⑤削り節が沈んだらふきんやこし器でこす。

くなったときも、大したことがなく、元気できげんもよければ心配するにおよびません。顔の発疹はアレルギーの心配もありますので、医師に相談してみましょう。

なお、離乳食の味つけは薄味が基本です。塩分の多い食事は、赤ちゃんの腎臓に負担をかけますし、将来、偏食の原因にもなります。大人の味つけの約三分の一程度の薄さ、と思えばいいでしょう。

離乳食を与える時間

離乳食を与える時間は、午前でも午後でも赤ちゃんのきげんがよく、お母さんもゆったりできる時間を選ぶといいでしょう。ただ、あまり遅すぎる時間は避けたいものです。

一度離乳食をあげはじめたら、なるべく一定の時間にあげるようにして、リズムを作ってあげましょう。

なお、離乳食をあげるのは、母乳やミルクをあげる前、おなかがすいているときにします。そして、食後には飲みたいだけ母乳やミルクを飲ませてあげます。

5か月児

体重増加が順調なら食べる量は少なくても気にしない

赤ちゃんが離乳食を食べないのは、ママとしては心配ですね。今までたくさん食べていたのに、急に食べなくなったときは、少し原因を考えてみましょう。でも、たいていは心配におよびません。

食欲は日によって違う

お乳や離乳食をたっぷり食べて、大きくなってほしいというのは、どんなママにも共通した願いでしょう。でも、そう願うあまり、少しでも食べない日があると心配したりしていませんか。

大人だって食欲のある日もあれば、あまりないような日もあります。ましてや離乳食を食べはじめたばかりの赤ちゃんにとっては、日によって食欲が違うのは当然のことです。たいていは、二〜三日もすればまた食欲が出てきたりします。

食欲がないときに無理じいすれば、かえって食欲不振を助長することになってしまいます。あまり食のすすまないような日は、さっさとかたづけてしまうことです。

生まれつき少食の子も

中には、はじめからあまり離乳食も食べない、ミルクも飲まない、といった赤ちゃんもいることでしょう。でも、赤ちゃんの体格が一人一人違うと同じように、食べる量も違うのが当然でしょう。本に書かれた基準量にこだわる必要はありません。それらは、あくまで平均的な数字であって、一つの目安にすぎないのです。また、よその赤ちゃんと比較したりしないことです。少食でも、元気で、その子なりに体重が順調に増えているなら心配におよびません。ママ自身が少食にこだわりすぎるのはいけません。

離乳食を再チェック

離乳食をはじめたころ、口に入れたものをペーッと押し出してしまうことはよくあります。赤ちゃんは、まだ離乳食の舌ざわりや味に慣れていないのです。ちょっとしたことが気になっているのかもしれません。そんなときは、次のようなことに気をつけてみましょう。

●与えるときのスプーンが熱すぎたり、つめたすぎたりしていないか。

●離乳食にブツブツが多く、なめらかさに欠けていないか。

いやがるときは無理に食べさせないで。

●離乳食そのものが、熱すぎたりつめたすぎたりしていないか。
●おなかがすきすぎているのではないか。

このようなこともチェックし、なお、二～三度くり返しても舌で押し出してしまうようなときは、それでおしまいにしましょう。

また、ある食品を何回か食べなかったからといっても、それをあきらめずに、しばらくたってから与えてみましょう。案外、すんなりと食べてくれるかもしれません。これは、偏食をなくすためにも気をつけたいことです。

初期の離乳食メニュー

ポテトチーズ

①じゃがいも30ｇをゆでて熱いうちにすり鉢ですりつぶす。

②①に小さく切ったチーズ少々をまぜて一緒にすりつぶし、パセリ少々を加える。

③②にスープを加え、なめらかにする。

ほうれん草のしらすあえ

①ほうれん草の葉先１株分をやわらかくゆでてから、水にさらし、アクぬきをしてからすりつぶす。

②しらす干し小さじ２に、熱湯をサッとかけて塩ぬきして、すりつぶす。

③①と②を合わせて、和風だし大さじ１を加えて、ひと煮立ちさせる。

白身魚と野菜のスープ煮

①白身魚20ｇは熱湯でゆでるか蒸してやわらかくし、すり鉢ですりつぶす。

②スープの中にキャベツやにんじん、ほうれん草などこまかく切って入れる。

③②の野菜を取り出し、つぶしてから、①と合わせて野菜を煮たスープでのばす。

こんなことに気をつけよう

今までよく食べてくれていたのに、食欲不振が続くようなときは、体重の増えかたをチェックしてみてください。体重の増えかたが悪いようなときには、小児科医に相談してみます。

風邪や消化器系の病気、中耳炎や湿疹などでも食欲不振が起こってきます。また、日ごろの運動不足も原因になったりします。異常がなくても、暑い季節は多少、食欲不振になりますし、外出したり、お客さんがあったりすると、赤ちゃんは興奮して食欲がなくなることもあります。

ママはそうした原因を冷静に判断し、必要なら原因をとりのぞきますが、神経質になりすぎないことです。

五か月の赤ちゃん ママの気がかりQ&A

赤ちゃんの様子は一日ごとに変化します。一番身近にいるお母さんはいつもその第一発見者。赤ちゃんとの暮らしの中で、気になること悩んでいることに答えるQ&Aのページです。

Q 離乳食をはじめたのですが、うんちの中に野菜など、食べたものがそのまま出てきてしまいます。まだ、十分に消化できないのでしょうか。離乳食をはじめるのが早すぎたのですか？

A 離乳食で食べたにんじんやほうれん草などが、こなれないでもとの色や形のまま、うんちに出てくるのはよくあることです。これは、消化不良ではなくどんな赤ちゃんでもそうなのです。決して驚いて、離乳食をやめる必要はありません。

また、離乳食をはじめたころに、よくうんちが多少回数が増えたり、少しゆるめになったりすることがありますが、それが極端ではなく、赤ちゃんも元気できげんがよければ、気にすることはありません。そのまま、続けていってみましょう。

Q だっこしているか、あやしていなければともかく泣き続けます。一人で遊ぶなどということは、まったく考えられず、疲れはててしまいます。

A 抱きぐせがついてしまったのでしょうね。赤ちゃんをだっこしてあげることは、スキンシップとなり、情緒の発達にも非常にいいのですが、いつでもずっと抱き続けるわけにはいきません。

対策としては、やはり、ママの余裕のあるときにはだっこしてあげますが、家事などでどうしても手の離せないときは、泣かれても我慢させることです。そんなときも、「少し待っててね」と声をかけてあげるのを忘れずに。

もう少し大きくなって、自分で移動できるようになれば、興味もいろいろ移ってくるので、おさまるようになるでしょう。

Q 離乳食を二週間ほど前からはじめましたが、たいへん食欲旺盛で、夕食のときに大人が食べているのを見ても、ほしそうにしています。そろそろ二回食にしてもいいでしょうか？

A 五か月ころから離乳食をはじめ、一か月ほどたってから二回食に、さらに、九か月にはいってから、三回食にすすむというのがおおよその基本的なパターンです。基本的なパターンということですから、子供に合わせていけばいいのですが、離乳食というのは、早くはじめて早くすすめればいいというものでもありません。離乳食をはじめて二週間であれば、まだ食品の数を増やすことを第一に考えてください。穀類、野菜、たんぱく質のいろいろな食品が、ある程度の量をきちんと食べられるようになってから二回食にすすむようにすればいいでしょう。

　ただ、大人の夕食のときに、赤ちゃんの食べられそうなものを少しあげる程度なら、さしつかえありません。

Q 少し前から、お風呂で髪を洗うといやがるようになりました。あおむけに寝かせてお湯をかけるとき、すごい勢いで泣くのですが。

A 赤ちゃんのうちに、髪を洗うのをいやがる時期というのがよくあります。いままで平気だったのに四~五か月になってからいやがるようになったというのをよく聞きます。これは、まわりの変化に対して、非常に敏感になった証拠でしょう。

　髪を洗うのをいやがる理由として、①お湯が熱すぎたり、ぬるすぎたりした②シャンプーが目にしみた③すすぎのときにいっぺんに水をかけられた、などの理由があります。それが何回かくり返されると赤ちゃんがシャンプー自体をきらうことになりかねません。

　特にお湯の温度は、赤ちゃんの場合、大人より敏感に感じやすいものです。熱すぎず、ぬるすぎずということをきちんと確かめてあげましょう。シャンプーも目にしみないような種類のものを選んであげるといいでしょう。すすぎのときは、ゆっくり静かにお湯をかけます。また、おすわりのできる赤ちゃんでは、あおむけをいやがる場合もあります。前かがみの姿勢で流すとか、シャンプーハットを使うとかいろいろくふうをしてみてください。

　いずれにしても、おもちゃを持たせたりゆったり声をかけたりと、お風呂を楽しい雰囲気にすることを忘れずに。

Q 赤ちゃん体操は、毎日必ずやらなければならないものなのでしょうか。忙しいときなどはつい休んでしまいます。

A それほど厳格に行なう必要はありません。赤ちゃん体操は、赤ちゃんとのスキンシップになりますし、裸にされることを赤ちゃん自身も喜ぶでしょうし、強い体を作るという面などで役に立ちます。だからといって、何日も休むと効果がないとか、またはじめから、というものではありません。

　赤ちゃんがきげんのいいときで、ママ自身の気持に余裕のあるときにやれば十分でしょう。また、赤ちゃん自身がいやがるようなときは、決して無理じいをしてはいけません。

6か月児

六か月にはいったら心と体はこんなふうに育ちます

六か月にはいると、そろそろおすわりができる子もいるでしょう。また、喃語もさかんになり、かわいさもひとしおです。でも、反面ママからもらった免疫が切れる時期でもあります。

おすわりできるようになる子も

六か月にはいると、体重の増えかたはあまり目立たなくなりますが、体の動きや発達はさらに目ざましくなります。寝返りも上手にできるようになる子も多いでしょうし、しばらくの間、一人で座っていることもできるようになる子もいます。最初は、ほんの少し、背を丸めて両手をついてですが、だんだんそれが長い時間座っていられるようになるでしょう。

また、小さいおもちゃなどもつかむことができるようになり、それをまた反対の手に持ちかえたりできるようになります。

動きが激しくなってきたのですから、昼間はなるべくベッドから出して、自由に動けるようにしてあげましょう。その際、なるべくまわりから危険なものを排除して、ママの目のとどくような範囲にします。昼間十分に遊べば、食欲も増し、夜もぐっすり寝てくれることでしょう。

なお、寝返りやおすわりなどには個人差がありますので、できなくてもまだまだ気にやむことはありません。

人見知りも激しくなってくる

人の見分けがはっきりとつくようになり、ママや家族には笑いかけたり、甘えたりするようになります。

反面、知らない人に対しては、警戒心を強め、声をかけられると、泣き出したりするようになります。いわゆる人見知りですが、これは記憶力がそなわり、感情がゆたかに育っている証拠です。

いやがるのを無理に相手に押しつけたりしては逆効果ですが、毎日家に閉じこもっていたりせずに、いろいろな人と自然に出会うようにすれば、そのうちおさまってくるでしょう。

遊びの中では、くり返しの動作が大好きです。「イナイイナイバー」や「タカイ

イナイイナイバーに大喜びする。

タカイ」などの遊びを喜びます。これは、一度見たものを少しの間、おぼえておけるようになった証拠です。次にくるものの予測もできるようになり、「バー」をする前から、笑ってしまうこともあります。

この時期の赤ちゃん体操

腹ばい前進

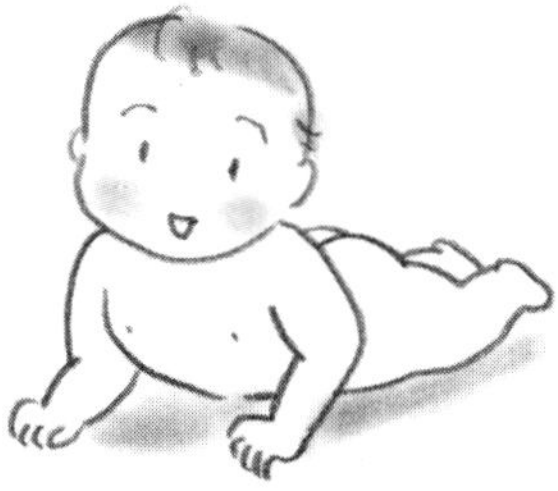

おなかを床につけてのはいはい。少しずつ前へ進もうとする。

立ち抱きゆらゆら

赤ちゃんをだっこし、前後左右にゆっくりゆする。首がしっかりしていれば、腰のあたりをささえる。

たかいたかい

ママやパパがあおむけに寝て、両足の裏に赤ちゃんを乗せ、両手をささえてあげる。

さか立ち

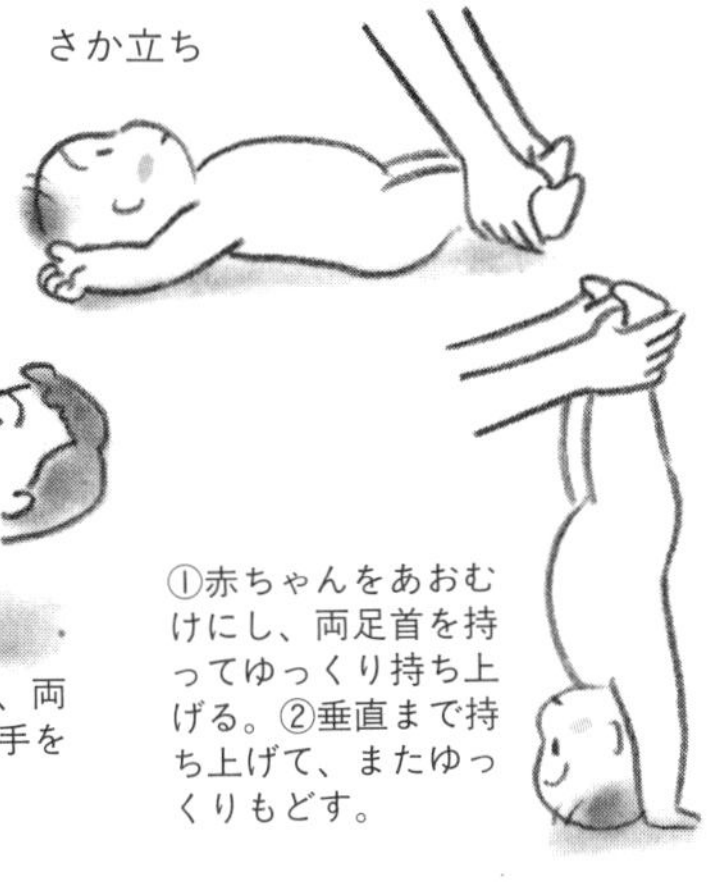

①赤ちゃんをあおむけにし、両足首を持ってゆっくり持ち上げる。②垂直まで持ち上げて、またゆっくりもどす。

赤ちゃんとおしゃべりを

このころになると、「ブーブ」とか「バーバ」といったおしゃべりをさかんにするようになります。いわゆる喃語といわれるもので、二～三か月ころから聞かれますが、六か月にはいると、この喃語の数もずいぶん増えてきます。ママもそれに合わせて、たくさん話しかけてあげましょう。その際、赤ちゃんの喃語をくり返し真似るのはいいのですが、わざわざ「ジドウチャ」「オイチイ」などの赤ちゃん言葉を使うのは好ましくありません。

赤ちゃんはママの言葉を手本におぼえていくのですから、正しい言葉で話しかけてあげることが大切です。

はじめての熱が出ることも

そろそろ、ママからもらった免疫が切れるころです。このため、はじめて熱を出すことがあるかもしれません。赤ちゃんがはじめて熱を出すと、ママもあわててしまうでしょうが、どうかあせらずに。熱については168ページを参照してください。高熱でも元気なら、心配ありませんが、熱がそれほど高くなくてもぐったりしているのは心配です。いずれにしても、すぐにかかりつけの小児科にいきましょう。

6か月児

離乳食は種類をいろいろ増やしていきましょう

少しずつ離乳食がすすんでいる赤ちゃんもいれば、まだスタートしていないという赤ちゃんもいるかもしれません。しかし、できれば遅くとも六か月ころまでにはスタートしたいものです。

スタートは六か月ころまでに

もうそろそろ離乳食をはじめている赤ちゃんも多いことと思います。また、中にはずいぶんすすんでいる赤ちゃんもいるかもしれません。あせるのも禁物ですが、あまり遅すぎるスタートもよくありません。六～七か月をすぎると、さすがにお乳やミルクだけでは、栄養分が不足してきます。また、あごや消化器官の発達の面から考えても、七か月になってもお乳だけ、というのは問題があります。

遅くとも五～六か月のうちに、スタートするのが理想的でしょう。

いろいろな味に慣れる

すでに、離乳食をスタートした赤ちゃんでも、まだまだいろいろな食品の味に慣れさせてあげる時期です。あせって、量を増やしたり、二回食にする必要はありません。

おかゆもこの月の終わりには、五さじ程度食べられるようになると思いますが、ほしがればもう少しあげてもかまいません。また、おかゆの種類もお米ばかりではなく、パンがゆやフレークがゆ、うどんをやわらかく煮たもの、マッシュポテトなどを試してみましょう。

たんぱく質は卵黄を、異常がなければ二分の一まで増やしても大丈夫です。いつも卵黄ばかりでなく、お豆腐やかれい、ひらめ、たらなどの白身魚を煮て、すりみにしたりするのもいいでしょう。しらす干しを利用するのもひとつの手です。

野菜や果物も種類は増えていますか？かぼちゃやにんじん、かぶや大根、きゅうりなどはやわらかく煮て、すりつぶしましょう。キャベツや白菜、小松菜、かぶ菜などはやわらかく煮てからこまかくきざみます。そのあと、煮汁でゆるめて与えましょう。

果物もりんごやなしなどはすりおろし、バナナやいちごなどはつぶしたりして、食べやすい形にします。いろいろな味に慣らしてあげてください。

吐き出したら「おいしいのよ」と声をかけてもう１度口の中へ。

上手に食べさせるには

はじめのうちは、食べてくれるだろうかとついママも緊張しがちです。でも、大切なのはリラックス。ゆったりと赤ちゃんに話しかけながら、楽しいムードで与えるようにしましょう。

また、最初から椅子に座らせてやるよりも、はじめのうちはママがだっこしてひざの上で与えてあげれば、赤ちゃんも安心します。

スプーンを口に入れたら、食べ物を舌の中央より少し奥へ流しこむようにします。一度、吐き出しても「おいしいのよ」と声をかけて、もう一度口へ運んであげますが、それでもいやがる場合は、無理じいはしないことです。

初期の離乳食メニュー

クタクタうどん

①うどん20gをこまかく切って、たっぷりのだし汁でクタクタになるまで煮る。

②とうふ5g、ほうれん草、にんじん、鶏ささ身それぞれ10gをやわらかく煮てすり鉢でつぶす。

③①を器にもって②を上からかける。

ポテトとにんじんのマッシュ

①にんじん5gとじゃがいも10gをやわらかく煮る。

②煮えたら、すりつぶして、まぜあわせる。

③あたためた野菜スープまたは牛乳大さじ2でなめらかにのばす。

白身魚のトマト煮

①白身魚10gをよくゆでてすり鉢で、すりつぶす。

②皮と種をとったトマト20g、ブロッコリー20g、玉ねぎ5gをこまかくきざむ。

③②をスープに入れ、やわらかく煮えたところに①を加え、ひと煮立ちさせる。

離乳食のあとのお乳

離乳食のあとのお乳は、母乳にしてもミルクにしても、ほしがるだけ与えるようにしてあげてください。離乳食とお乳のバランスにこだわる必要はありません。離乳食をあまり食べずにお乳をたくさん飲んでもいいし、逆に離乳食の食べかたが少なかったからといってお乳をたくさん飲まなくてはいけないというものでもありません。赤ちゃんでも、日によって食欲も違います。あくまで、赤ちゃんのペースに合わせてあげましょう。

六か月の赤ちゃん ママの気がかり Q&A

赤ちゃんの様子は一日ごとに変化します。一番身近にいるお母さんはいつもその第一発見者。赤ちゃんとの暮らしの中で、気になること悩んでいることに答えるQ&Aのページです。

Q **五か月や六か月ころになって、ひざの上にだっこすると、赤ちゃんは足をツンツンさせると聞きました。でも、うちの子は六か月にはいっても、まったくそれをしません。大丈夫でしょうか。**

A たしかに育児書などにそう書いてあると、そういうことをしない子のママは心配になりますね。でも、足をツンツンさせない子だって世の中にはたくさんいます。五～六か月になっても、首がすわらないというのなら問題ですが、足をツンツンさせないからといって、心配する必要はありません。

足をツンツンさせないと、股関節脱臼が心配だという説もありますが、一か月健診や三か月健診をきちんと受けて、異常がないのであれば、気にしないことです。

Q **うちの子は、極端な汗っかきです。気をつけているのですが、夏の間、あせもがひどくて、困ってしまいます。**

A 赤ちゃんは、新陳代謝が激しくて、一般的に汗っかきです。しかも、泣いたり、動きも激しくなってきたりと、よりいっそう汗をかく機会が多くなります。あせもの予防と対策は、なんといっても皮膚を清潔にしておくことです。とくに暑いときは、行水やシャワーなどを一日のうちでこまめにくり返しましょう。

また、赤ちゃんの部屋をなるべく涼しいところにしてあげたり、直接当てなければ、クーラーを使用してもかまわないでしょう。

なお、暑いからと裸にしておくのは、かえってよくありません。半そでの木綿の肌着を一枚着せておけば、汗を吸収してくれます。

なお、あせもでも、ひどければ小児科医や皮膚科医に相談してみましょう。

Q **離乳食も順調に進んでいますが、先日、うんちにほんの少し、血がまじっていました。本人は元気で、その後は異常ないのですが。**

A うんちの外側に、何本かの糸のようになって、少量血がついていた場合、おしりに異常がないか調べてみましょう。うんちがかたいと、おしりが切れていることがあるからです。

また、おしりでなくても、腸の粘膜が切れて出血した場合もあります。赤ちゃんの腸の粘膜は、薄くて切れやすいので、少し活発に活動したりすると、切れることもめずらしくありません。また、アレルギー体質のせいで腸から出血することもあります。

ときには、よく確かめてみると、離乳

食で食べたトマトやにんじんだったりすることもあります。

　血のまじったうんちが出たときは、一応そのうんちを持って小児科に相談にいったほうがいいのですが、あまり神経質にならないことです。

Q 近所にスイミング・スクールがあり、そこで、六か月からの赤ちゃんを対象にしたベビー・スイミングがあるので、申し込もうかと迷っています。

A ベビー・スイミングをはじめるのは、一般的に六か月以降、早くても首がすわってからとされています。○歳児のうちからはじめた場合、どんな効果があるのかというのは、はっきりわかってはいませんが、皮膚の温度調節の訓練や運動になる、水と親しめるなどの効果はあると思います。

　ただし、早くはじめたからといって、発育がよくなったり、運動能力が高まるわけではありません。また、病気をしなくなるかどうかという面に関しても、あまり期待できないでしょう。むしろ、ママと赤ちゃんがともに友人ができ、その時間を楽しくすごせる、程度のつもりならいいでしょう。

　なお、はじめる際には、その施設の安全・衛生面、きちんとした指導者がいるかなどを確かめておくことです。

Q 自分の子はかわいいのですが、一日中、世話をしていると気持がめいってしまうことがあります。近ごろは昔の友人たちとも疎遠になってしまい、すごく孤独感を感じます。

A 昔は、大家族だったので、こんな悩みはなかったのでしょうが、最近では、こんな悩みも増えています。たしかに母になったとはいえ、一日中、赤ちゃんと二人きりではめいってしまうでしょう。

　まずは、毎日、天気がよければ近くの公園に散歩にいくことです。毎日、同じ公園にいけば、きっと同じ年ごろの子を持つママどうし知り合いになれることでしょう。友人ができれば、毎日の暮らしが違ってきます。

　また、最近では、いろいろな育児グループがあります。保健所などで自分の近くにそういうグループがないか確かめてもらって、入会するのもいいでしょう。

　たまの休日に、パパに半日ほど赤ちゃんを預けて、ショッピングに出かけたりするのもいい気分転換になります。

7か月児

七か月にはいったら心と体はこんなふうに育ちます

この時期になると、おすわりがだいぶ上手にできる赤ちゃんが増えてきます。また、両手でものがつかめるようになり、おもちゃの太鼓などをたたけるようになります。

おすわりが上手に

五～六か月のころには、両手でささえて、実に危なっかしい座りかたしかできなかったのが、このころになると、上手に座れるようになる子が多くなってきます。

背骨をしゃんとして、おすわりができるようになったということは、脳の神経支配が背骨の末端までおよんだという証拠です。つまり、これも赤ちゃんの発育を知る重要なポイントのひとつなのです。

腹ばいも上手になり、腕の筋肉も強くなるので、上体を起こしたまま、振り返ったりすることもできるようになります。なかには、そのままおなかをささえにして、体をまわしたり、あとずさりをはじめる赤ちゃんもいるでしょう。これが、はいはいのはじまりです。

両手でものをつかめる

おすわりが上手になると同時に、両手が自由になり、両手でおもちゃを持てるようになります。両手に持ったものを打ち合わせて、音を立てて喜んだり、おもちゃの太鼓をたたけるようになります。

手で触れたものはなんでも口に持っていってしゃぶります。これは触覚と味覚の二つの感覚で、それがなにかを確かめているのです。

どんなものでもおもちゃになる

赤ちゃんは、好奇心が旺盛ですから、どんなものにも興味を示します。おもちゃももちろん大好きですが、いつも同じものでは飽きてしまうようになります。

だからといって、次々に新しいおもちゃを与えてやる必要はありません。大人にとってはなんでもないようなものでも、赤ちゃんにとっては、すべてがおもちゃなのです。おしゃもじ、ペットボトル、テレビのスイッチ、目ざまし時計……。さわっても害のないようなものなら、あまり厳格に取り上げたりしないであげてください。さわられて困るようなものは、赤ちゃんの絶対手のとどかないところにしまっておくことです。

おもちゃの太鼓などをたたけるようになる。

また、手の動きが自由になったので、新聞を持って破ったり、ティッシュペーパーを箱から次々と引き出してしまうこともあります。これもただ頭ごなしに叱るのではなく、手の運動能力の発達の一段階として認めてあげてください。

なお、おもちゃでは、音が出るようなものを喜びます。太鼓やラッパ、ドラム、タンバリンなどを与えてあげましょう。大きめのボールなども、赤ちゃんの興味をひきます。

この時期の赤ちゃん体操

手ささえ起き上がり　①あおむけの赤ちゃんにママの親指を握らせる。②上手にできたら、両手と足首を軽くささえて、ゆっくりおすわりの姿勢まで起こす。

高ばい前進　①赤ちゃんを腹ばいにし、おなかに手を入れて体重をささえる。②よつばい姿勢が上手になれば、高ばいもできるようになる。

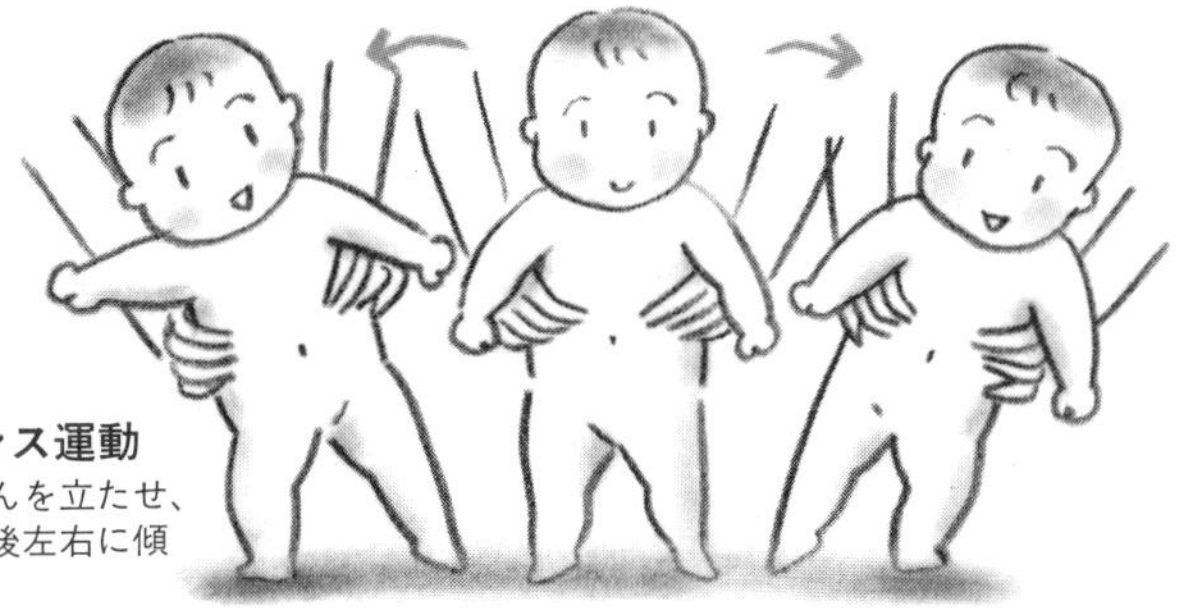

バランス運動　赤ちゃんを立たせ、体を前後左右に傾ける。

人見知りはピークに

知恵づきはさらに目ざましく、かなり好みなどもはっきりしてきます。

人見知りもこのころがピークです。見慣れない人を見ると、ママにしっかりと抱きついて泣き出してしまうことも多いでしょう。せっかくかわいがって声をかけてくださる人に対して、このような態度では、ママとしては困ってしまいます。でも、これも、赤ちゃんが泣いて、しがみついてくるのであれば、しっかりと抱きとめて、不安やおそれをしずめてあげることが一番です。無理に他人になじませる必要はありませんが、ママ自身がいろいろな人となごやかに会話している姿を見せるようにしてあげてください。

また、逆に、まったくまだ人見知りをしないという赤ちゃんもいるかもしれません。人見知りをする時期も程度も、かなり個人差があります。人見知りをしないからといって、発達が遅れているわけではありません。

7か月児

離乳食はそろそろ一日二回に増やしていきます

離乳食をはじめてそろそろ一か月以上たつ赤ちゃんなら、一〇さじ以上食べられるようになってきたことでしょう。その場合は、そろそろ回数を一日二回に増やし、食品の数もさらに増やします。

順調なら一日二回に

離乳食はそろそろ軌道に乗ってきたでしょうか。離乳食をはじめて、一か月以上たつと、もう一〇さじ程度は食べられるようになったと思います。

現在の授乳と離乳食のバランスは、授乳一日五回、およそ四時間おきに与えて、その一回が離乳食を与えてから授乳する、という割合が平均的でしょう。

離乳食を一〇さじ以上喜んで食べる赤ちゃんなら、そろそろ一日二回与えるようにしてもいいでしょう。

二回食の場合、午前に一回、午後に一回にする形が一般的です。ただし、場合によっては、午後二回になってもかまいません。

そろそろ、わざわざ赤ちゃん用に用意するばかりでなく、大人の夕食の一部を利用するといった方法をとれば、赤ちゃんの献立にバラエティを持たせることができるようになります。その際でも、取り分けたものを、赤ちゃん用にさらにやわらかくして、味つけも薄くすることを忘れずに。

二回目の離乳食は少なめに

二回食にするはじめのころは、二回目の離乳食を、一回目の三分の一くらいの量から与えはじめます。その後、便の変化もなく順調なら、二～三日してから少しずつ増やしていって、一週間くらいで一回目と同じくらいの量を食べさせるようにしましょう。

二回食をはじめて一か月くらいのうちは、だいたい一日で、穀類であれば、子供茶わん三～五分目程度、たんぱく質は、卵なら卵黄二分の一、肉類ならスプーン二～三杯程度、野菜をスプーン二～三杯程度、を目安に与えるといいでしょう。もちろん、それより少し少なめでも、多めでもかまいません。

なお、離乳食のあとの母乳やミルクはまだ、赤ちゃんがほしがるだけ与えるようにします。ミルクは昼間だけでも少しずつコップで飲ませる練習をはじめても

離乳食のあとのお乳は
ほしがるだけあげよう。

いいでしょう。でも、あせることはありません。

食品の数をさらに増やす

二回食になったら、さらに食品の数を増やしていきましょう。

①穀類

　お米も一〇倍がゆではなく、そろそろ六倍がゆでもいいでしょう。また、かゆに卵やしらす干し、野菜、豆腐などを加えて薄味をつけてもいいでしょう。パンもパンがゆだけでなく、やわらかめのフレンチトーストなども与えられます。

②たんぱく質食品

　卵黄や豆腐、白身魚のほかに、レバーやチーズなども。レバーはゆでてつぶして、ほかの料理にまぜたりします。ベビーフードを利用してもいいでしょう。チーズは粉チーズを料理にまぜたりします。

③野菜ほか

　野菜は、とくにアクの強いもの以外なんでも大丈夫。にんじん、きゅうりなど生のままですりおろしても。また、もみのりや少量の油脂類も大丈夫です。

④鉄分を補給する

　６か月ごろからは体内に貯蓄された鉄分が欠乏してくるので、赤身の魚や肉、レバーを多く使用し、意識的に補うようにしましょう。

初期の離乳食メニュー

さつまいものミルク煮

①さつまいも30gの皮をむき、にんじん10gと一緒にゆでる。

②グリンピース４～５粒をやわらかくゆでて、皮をむいてつぶす。

③牛乳30ccをあたため、①と②を入れて、ひと煮立ちさせる。

野菜パンがゆ

①食パン10gは、耳をとり小さな角切りに。チーズも小さく切っておく。

②ピーマン５g、にんじん、じゃがいも各10gをゆでてつぶす。

③鍋にパンとひたひたにスープを入れて煮、チーズと②と牛乳10ccを加えて煮る。

ひき肉と野菜煮

①鶏ひき肉10gをゆでて、すり鉢ですりつぶす。

②にんじんや小松菜の葉先、かぶなどを適量だし汁で煮る。

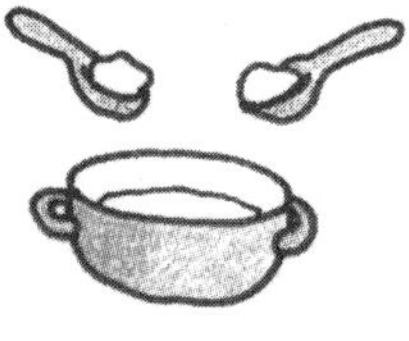

③野菜がやわらかくなったらつぶし、①と合わせる。

7か月児

歯がはえる時期はまちまち 遅くても心配いりません

歯のはえはじめるのは、赤ちゃんによって実にまちまちです。六か月ころにはえはじめてしまう子もいれば、一〇か月ころにやっとはえはじめる子もいます。乳歯でも、歯の手入れは大切です。

歯のはえかた

歯のはえる時期というのは、赤ちゃんによってかなり差があります。ふつう生後六～七か月ころから一歳くらいまでの間にはえはじめます。歯のはえかたもいろいろですが、ふつうは下の前歯が二本はえてきて、それからしばらくして上の前歯が二本、その後に上の前歯が四本になり、それに続いて下の前歯が四本になって、お誕生ごろには、前歯が八本はえそろいます。

その後は、奥歯が順々に増え、二歳半ころまでに第二乳臼歯がはえて、乳歯二〇本がそろいます。

はじめに述べたように、赤ちゃんの歯のはえかたやはえる時期にはかなり個人差がありますので、なかなかはえてこないとか、下の歯より上の歯が先にはえてきた、などと心配する必要はありません。

虫歯のすすみかた

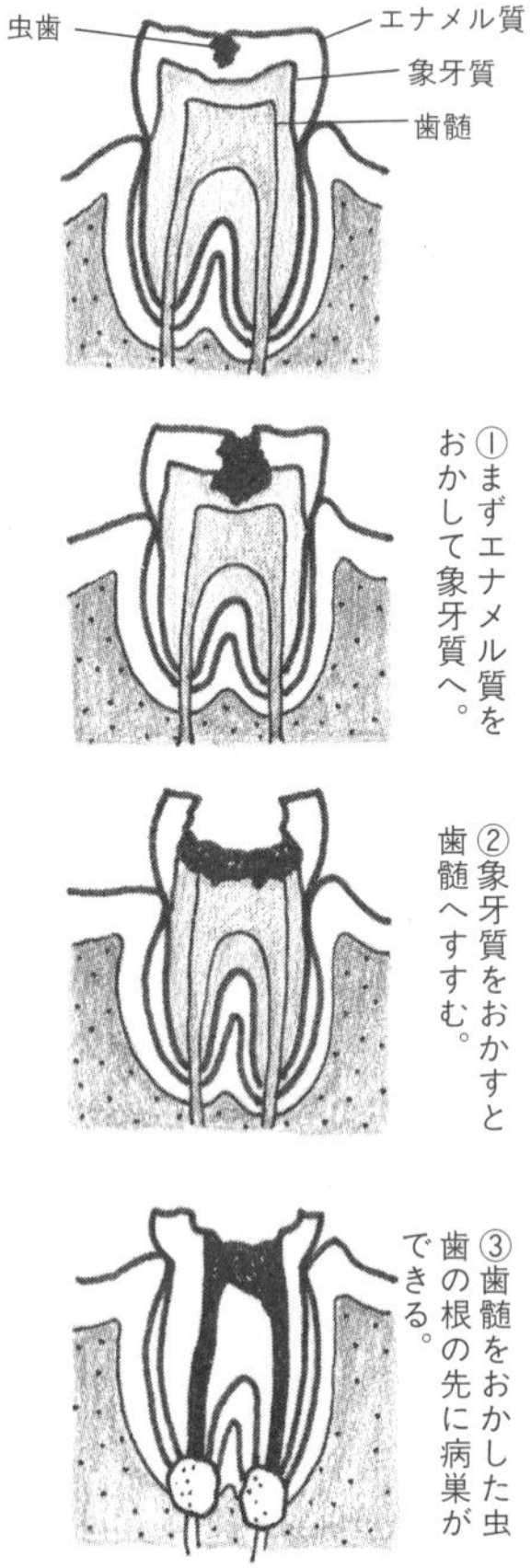

①まずエナメル質をおかして象牙質へ。

②象牙質をおかすと歯髄へすすむ。

③歯髄をおかした虫歯の根の先に病巣ができる。

虫歯にしないために

いずれ永久歯にはえ変わるのだから、と歯の手入れをおこたることは、禁物です。乳歯のうちに虫歯になっていると、やはり、永久歯にも影響してきます。歯の手入れは、乳歯のうちからしっかり行なわなくてはいけません。

口の中は、温度や湿度からいっても、細菌にとって大変すみやすい場所になっています。虫歯菌もその細菌の一種ですが、虫歯菌の巣に糖分がはいったときが問題です。それが歯垢となって、歯にくっつきます。そして、それにさらに糖分がしみこむと虫歯菌は成長し、酸を作り出します。この酸が歯の表面を溶かし、虫歯になるのです。

ですから、虫歯の一番の予防は、なる

べく糖分を取らないことです。しかし、だから子供にいっさいおやつを与えない、というのでは、子供の精神的な面に問題が出てきます。となれば、やはりその与えかたが問題でしょう。

まず、絶対やめたいのは、ダラダラと甘いものを与えることです。お菓子をほしいと泣けばいつでも与える、寝る前でも甘いジュースをゴクゴク……これでは、二歳にならないうちから虫歯になってしまいます。

おやつと食事は、規則正しく与えることです。そのおやつというのも、なにもお菓子にこだわることはありません。赤ちゃんにとってのおやつは、栄養の一部という考えかたでとらえれば、いも類や果物、ヨーグルトなどの乳製品などでもいいわけです。小さいころから、甘いものに慣らしてしまうと、どんどん甘いものをほしがるようになってしまいます。キャラメルやガム、チョコレートなど歯にくっつくようなものは、少なくとも三歳くらいまでは、与えないようにしたいものです。

また、ミルクや母乳をいつまでも続けていると、前歯が虫歯になりやすくなります。一歳を境にさよならできるよう努力しましょう。

歯の手入れ

歯がはえはじめたら、歯の手入れをしてあげましょう。食事のあとは、水を飲ませること。これだけでも、歯のよごれが落ちます。次に、指先にガーゼを巻いて、歯の内側と外側をみがいてあげます。

奥歯がはえてきたら、子供用歯ブラシを買って持たせてあげましょう。のどを突いたりしないように気をつけて与えてください。ただ、自分で完全にみがけるのは、学童期にならないと無理でしょう。それまでは、ママがきちんと仕上げをやってあげます。

また、泣いているのを無理やり口をこじあけて、というのは避けたいものです。歯みがきが楽しくできるようなくふうをしてあげることも大切です。

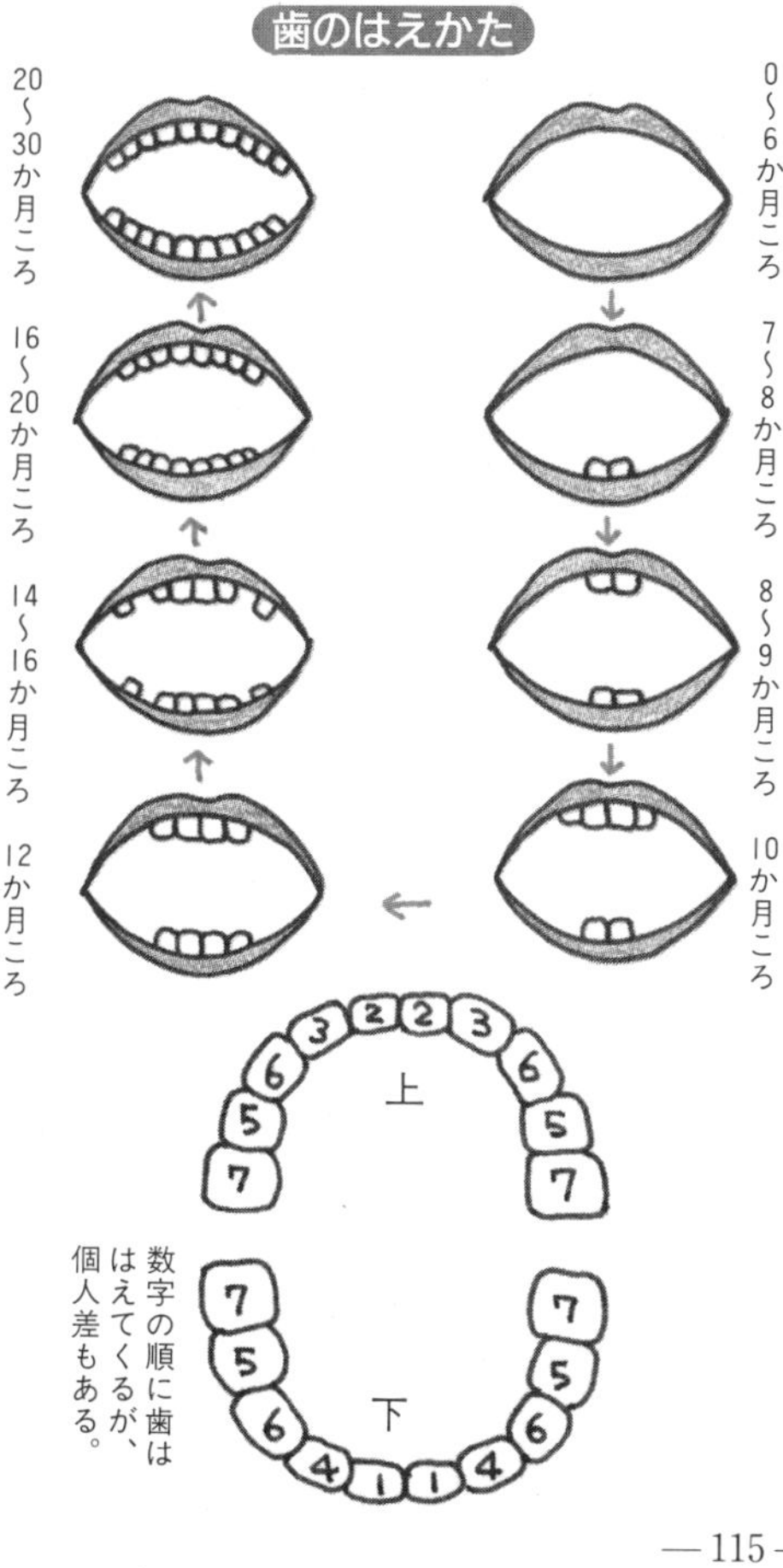
歯のはえかた
0～6か月ころ
7～8か月ころ
8～9か月ころ
10か月ころ
12か月ころ
14～16か月ころ
16～20か月ころ
20～30か月ころ
上
下
数字の順に歯はえてくるが、個人差もある。

七か月の赤ちゃん ママの気がかり Q&A

赤ちゃんの様子は一日ごとに変化します。一番身近にいるお母さんはいつもその第一発見者。赤ちゃんとの暮らしの中で、気になること悩んでいることに答えるQ&Aのページです。

Q 今まで気づかなかったのですが、耳のうしろに小さなグリグリしたものがいくつかできています。これは、病気でしょうか。

A 耳のうしろ、頭と耳の間のあたりは、リンパ節が分布しているところです。ですから、おそらくそのグリグリは、リンパ節のはれではないかと思います。熱の出るような病気や頭の湿疹などをかきこわして黴菌が感染したときにできるものですが、体がその黴菌と戦っているときに、こういうかたちであらわれるわけです。それも、一個ではなく、たいてい二〜三個出るのがふつうです。夏場に多く見かけます。

押しても痛がる様子がないようでしたら、ほうっておいてもかまわないでしょう。ただし、それがかなり大きいと思われるような場合や、急速に大きくなったときは、単なるリンパ節のはれとは違う場合がありますので、小児科医の診察を受けてください。

Q うちの子は、よく観察していると、すぐおもちゃを左手でつかむようです。右手に持たせても、左手に持ちかえたりしてしまいます。左利きでしょうか。このままほうっておいても、かまいませんか。

A 右利きか左利きかはっきりわかってくるのは、早くても一歳をすぎたころからで、今の時点では、どちらとも判断がつきかねます。

最近は、左利きでも無理になおすことはしない傾向にあります。それでも、両手が使えると便利ですから、もっと先になって明らかに左利きだとわかったら、鉛筆やクレヨンを持つ際、右手で持つように練習したりさせる程度にしておけば、いいでしょう。

Q ポリオワクチンを飲んだのですが、飲んだあとに、吐いてしまいました。もう一度やりなおさなければいけないでしょうか。

A ポリオワクチンは、少量でも効果のあるものです。舌で押し出してしまったり、半分くらい吐いてしまっても案外大丈夫です。ただ、飲んだ直後に大量に吐いてしまったような場合は、その場で医師に相談します。

また、もしもう一度飲みなおすことになった場合でも、副作用のないワクチンですから心配にはおよびません。

なお、飲んだあとに、ある程度時間がたっているのであれば、飲みなおす必要もないでしょう。

Q まだ、夜中の授乳をやめられません。いつまでにやめたらいいのでしょうか。

A 夜中の授乳はいつやめるべき、というきまりはありません。遅い早いは赤ちゃんによっていろいろです。特に、母乳の場合は、比較的長く続くようです。

日中の母乳のあと、満足しているようなら、特に母乳が足りないということでもないと思います。むしろ、昼と夜のリズムの問題もあるでしょう。

日中は、散歩に連れていくなど、なるべく赤ちゃんを運動させて、夜、ぐっすり眠れるように配慮しましょう。また、夜中に起きた際には、母乳やミルクではなく、果汁やさ湯を与えるようにしてみてください。

Q 母が、歩く訓練になるので、歩行器を買ってやれというのですが。

A 歩行器に早く乗せたからといって、早く歩けるわけではありませんし、早く歩いたからえらい、というものでもないでしょう。

歩行器は赤ちゃんの遊び道具のひとつ程度に考えてください。これに乗らなければ歩かないということはありません。むしろ、スピードが出すぎたり、段差でひっくりかえったり、その危険のほうが問題かもしれません。

Q 近所の子は上手におすわりができるのに、うちの子はまだまったくおすわりができません。

A 九割近くの子がおすわりができるようになるのは、だいたい八か月のころで、九か月にはほとんどひとりですわれるといってもいいでしょう。ただし、このころでも、ちょっとした加減でうしろにひっくり返るようなことも珍しくありません。

それでも、いつまでもおすわりをしないと、ママとしてはあせってしまうかもしれませんね。でも、今までの健診で、なにかの異常が発見されたとか、体の様子がどうもおかしいとかいうのでなければ、心配ありません。赤ちゃんの中にはおすわりができなくても、つかまり立ちができたり、はいはいが上手だったりする子もいます。

また、全体的に発達がゆっくりな子もいます。あせらなくとも、いずれは上手におすわりができるようになると考えてください。

8か月児

八か月にははいったら心と体はこんなふうに育ちます

八か月をむかえると、おすわりが上手になります。また、はいはいができる赤ちゃんもいることでしょう。意思表示もはっきりするようになり、甘えたり、おこったり感情もゆたかになります。

体重の増加がゆっくりに

体重の増加は、以前に比べるとさらにゆっくりになります。一日あたり、一〇g前後というところでしょう。

おすわりがしっかりできるようになり、横にあるおもちゃを上体をねじって取ったり、寝た姿勢から自分で起き上がってすわることもできるようになります。

はいはいができる赤ちゃんも

はいはいができる赤ちゃんもいます。はいはいには、いろいろなパターンがあります。腹ばいになって前へすすもうとするけれども、なかなかすすめなくて、うしろへズルズルとすすんでいってしまう赤ちゃん、両手を同時に前に出して前進する赤ちゃんなどなど。中には、おすわりしたまま足を使って、うしろへすすんでいってしまう赤ちゃんもいて、実にさまざまです。

いずれにしても、自分自身の力で進んでいるのですから、大変な進歩といえるでしょう。

少しの間ならつかまり立ちも

足の力も強くなってきて、なにかにつかまらせてあげたり、ママが脇を押さえてあげていると、少しの間、立っていることのできる子もいます。まだまだ、初期の段階ですから、無理にさせようとする必要はありません。

また、はいはいもつかまり立ちもはじめる時期は、赤ちゃんによって個人差がありますから、よその赤ちゃんと比較することはやめましょう。

自分の意思がはっきり出てくる

情緒も一段と発達してきます。やりたいことがあるのに、それを途中で中断されると、おこって泣き出したりします。

また、ママの顔が見えないと、泣きべそをかいたり、「アーア」などと声を出してさがしたりします。いよいよ人間らしい感情に近づいてきたわけですが、ママにとっては、一日中甘え泣きをされてはたまらない、と思うこともあるでしょう。

ものにつかまって
立てるようになる。

トイレにはいっているだけで、大泣きをされて、トイレにもおちおちはいれないといった声も聞きます。

でも、この時期はできるだけママは赤ちゃんの甘えにつきあってあげてほしいと思います。ママはいつでも自分のそばにいて、見守ってくれているんだという安心感を与えてあげましょう。この安心感と信頼感が育つことで赤ちゃんの心も安定し、自立した心を育てるのです。

それでも、一日のうちでどうしても忙しくて、つきあえないときもあるでしょう。そんなときは、きっぱり「ママはいま洗濯物を干さなくちゃいけないの。少しだけ我慢してちょうだいね」と、言葉をかけて、少しの間我慢させることも大切です。

薄着の習慣を

一段と動きの激しくなってきた赤ちゃんですが、厚着をさせすぎていませんか。厚着をしている赤ちゃんは、なんとなく動きもぎこちなく、発達が全体に遅れがちに見えることもあります。また、体の鍛練の上からいっても、好ましくありません。

薄着の習慣は、いきなり冬からはじめようとしても無理ですから、秋から冬にかけてつけていくといいでしょう。着せかたの目安としては、ママよりも一枚少なく、というのが基本です。その上で、汗をかいているなら一枚脱がせる、くしゃみをしたら一枚足す、などとこまめに調節してあげてください。

この時期の赤ちゃん体操

つかまり立ち吊り下げ

あおむけの赤ちゃんにママの親指を握らせ、ゆっくりとひっぱるようにして立たせる。そのあと、今度はゆっくりと吊り上げる。

さか立ち

うつぶせの赤ちゃんの両足首を持ち、ゆっくり持ち上げる。手をつっぱってささえようとするようなら、そのまま手でささえさせる。

振り子運動

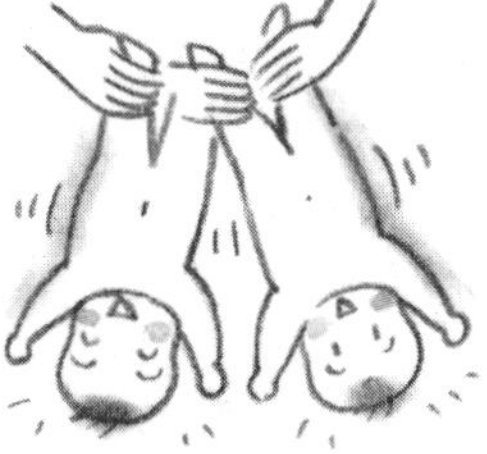

赤ちゃんの両足首をしっかり握って、さかさにし、ゆっくりゆらしてあげる。赤ちゃんがいやがる場合はやらないこと。

バランス運動

赤ちゃんを立たせて、両手をささえながらバランスをくずしてあげる。慣れたら、片手だけささえて同じように。

8か月児

離乳食は流動食から半固形食へと変えていきます

今まで、なるべく消化のいい形で調理してきた離乳食も、そろそろ形のあるものに変えていきましょう。ただし、それもいきなりでは困ります。あせらずに段階をふんでいきましょう。

流動食から半固形食へ

この時期は、離乳食の中期にはいります。これまでは、離乳食にともかく慣れるために、なるべく母乳やミルクに近い形のものだけを与えていたと思いますが、これからは、ある程度、形のあるやわらかいものに慣れさせていく時期です。かたさの目安としては、口に入れて、少しモグモグすれば飲みこめる状態です。

また、さらにいろいろな種類の食品や調理法に慣れるということも忘れてはなりません。

ただ、あせる必要はありません。子供の様子を見ながらすすめていくことが大事です。新しい食品を与えるときは、一回に一種類ずつ。二種類以上を同時に増やすことはやめましょう。

三つの栄養素をバランスよく

穀類のおかゆは、完全なつぶしがゆよりも、少々粒のあるものを好むようになるでしょう。この時期には、お米に六倍のお湯を加えた六倍がゆが標準です。一回分の目安としては、子供茶わんに半分（五〇g）から七分目程度に増えていけば、理想的です。

パンの場合、やわらかいものならそのまま与えることができます。うす切りのパンに、レバーペーストやジャムなどを薄くのばして、食べやすい大きさにして与えてあげましょう。また、フレンチトーストやトーストを牛乳にひたしたようなものも喜んで食べるでしょう。このほか、うどんやいも類など、いろいろな食品を利用します。

野菜は、こまかく切ったものを煮たり、やわらかく煮たものをスプーンの背である程度つぶして与えます。一回に、三～四さじから五～六さじ程度に増えるといいでしょう。

卵・魚・肉・豆類などのたんぱく質も大事です。卵は、卵黄だけでなく、白身も加え、三分の一個くらいから与えはじめて様子を見ます。そのほか、はんぺんや乳製品、しらす、煮干しなどは食べや

離乳食のあとのミルクはコップで飲ませよう。

すい形にかえて、どんどん利用したい食品です。

大豆製品も植物性たんぱく質として、欠かせません。豆腐や納豆も、一度火を通して使うようにしましょう。たんぱく質のものは、中期の終わり一回七～九さじ程度まで増やしていきます。

なお、いつまでも特別に赤ちゃんのために離乳食を作っていると、それだけでかなりの負担になります。大人のおかずを上手に利用して、赤ちゃん用にするくふうも忘れずに。

中期の離乳食メニュー

とうふステーキ

①とうふ20gを水気を切り、小麦粉をまぶしておく。

②熱したフライパンに油をひきとうふを入れ、両面を焼いて、しょう油をたらす。

③ほうれん草20gをやわらかくゆでてつぶし、②の上にかける。

白身魚の卵とじ

①大人用の白身魚の煮つけ2分の1切れの皮・骨をとり、細かくほぐす。

②さやいんげん2～3本をやわらかくゆでて、小さく切る。

③だし汁2分の1カップに①と②を入れて煮立たせ、溶き卵2分の1個を加える。

はるさめのスープ煮

①キャベツとにんじん各20gを細いせん切りにし、はるさめ20gを1cmに切る。

②フライパンに油をひき、豚ひき肉10gをいため、スープ2分の1カップ加える。

③①を加え、ひと煮立ち。ゆで卵少々をきざんで散らし、しょう油で調味する。

コップを使う練習を

そろそろ離乳食のあと、コップを使う練習をはじめてみましょう。最初のうちはうまくいかないでしょうから、大きめのタオルを口にあてて、こぼすことを前提にコップを使う練習をしてみましょう。

赤ちゃんが、口の中に入れる水分の量を調節できるようになったら、食後のミルクや果汁を、コップで飲む練習をはじめてみます。

コップは軽くて、落ちても割れないものが無難でしょう。また、はじめのうちは両手で持てるようなものが便利です。

最近は、哺乳びんから段階をふんで、スムーズにコップへ移行できるようにくふうしたコップも市販されています。そのようなものを利用してもいいでしょう。

8か月児

はいはいをはじめた赤ちゃんの周囲は危険がいっぱい

赤ちゃんの動きがますます活発になるこの時期。寝返りからはいはいができるようになる子も多いことでしょう。でも、反面、思わぬ事故が起こることも。家の中をもう一度総点検してみてください。

赤ちゃんのスペースを

寝返りからおすわり、そしてはいはいができるようになる子も多いと思います。今まで、寝ることしかできなかった子が、まだまだ未熟ながら自分の力で自分の体を移動できるようになったのは、画期的なことです。

赤ちゃんにとって、はいはいは、体の発育の上でもとても大切なことです。なるべく広いスペースで動きまわって新しい経験を積めるようにしたいものです。

専用の子供部屋があれば、それにこしたことはありませんが、それができないときは、ベビーベッドやベビーフェンスを利用して、部屋や廊下を仕切って、赤ちゃんが自由に遊べる場所を作ってあげるといいですね。

こんなものが危ない

○歳児の死亡原因のうちで、「事故」というのは、「先天異常」「出生時損傷」について、三番目になっています。つまり、それほど割合が多いということでしょう。これらの事故のほとんどは、親の不注意で起きています。赤ちゃんは、まさかこんなこと、と思うようなことをしますから、こまかい点まで注意が必要です。

●小さいもの

家庭の中には、実にこまごまとしたものが置いてあります。掃除をしていても意外なものが落ちていたりすることもあります。

台所・食堂

部屋の中のいろいろな危険

居間

脱衣所・浴室

部屋の外のいろいろな危険
殺虫剤や農薬を飲む。犬にひっかかれる。
干してあるフトンに乗って転落
プランターやブロックに乗って転落
のうやく
閉まるドアに指をはさまれる。
階段から転落

赤ちゃんはこのころになると、指先も器用になり、小さなものでもつまめるようになります。しかも、つまんだものはすぐ口に持っていってしまいます。ボタン、豆、硬貨、ビー玉、クリップ、乾電池など小さなものは、赤ちゃんのまわりに置かないようにします。小さくはありませんが、ビニール袋も赤ちゃんがかぶって、窒息する危険があります。スーパーなどの袋をそのまま置き忘れたりしないように。また、床に落とさないように注意してください。

●刃ものやとがったもの

刃ものはもちろんですが、先がとがったものも、目やのどをつついたりして危険です。はさみや針、画びょうなどはもちろんのこと、えんぴつやボールペンなどの文房具、ドライバーやペンチなどの工具、フォークやナイフ、おはしなどの食器、編み棒や編み針などの裁縫道具、くしやブラシなどの化粧用品などは、使ったらすぐにしまうようにしてください。とがったものをコンセントにつっこんで、感電したというような事故が起きることもあります。

●飲むと危険な薬品など

私たちがふだんなにげなく使っている日用品の中でも、飲むと危険なものもたくさんあります。タバコ、マッチ、酒類、しょう油やソースなどの調味料、石鹸、シャンプー、台所用洗剤、洗濯洗剤、漂白剤、防虫剤、殺虫剤などは、絶対に赤ちゃんの手のとどかないところに置いておくことです。

意外と見すごしがちなのが、ママの化粧品です。乳液や口紅、香水、ヘアリキッドなども口にしたら危険なものです。鏡台も赤ちゃんがあけられないようにくふうするか、化粧品だけをどこかへ移すかなどのくふうをしましょう。

　また、病院からもらった薬なども飲み終わったらさっさとかたづけてしまいましょう。

起こしやすい事故

●墜落事故
　ベビーベッドの柵をおろしたままにしておくのはもちろん、柵をしていても大きなぬいぐるみなどを踏み台に、ベッドから落ちることもあります。

　子供用のハイチェアで気づかぬうちにテーブルにのぼっていて落ちた、ということもあります。

　窓やベランダ、階段などは最も危険です。ベビーフェンスで仕切っていかれないようにしたり、ベランダや窓の近くには、踏み台になるようなものを絶対に置かないようにしてください。

●やけど
　ストーブやアイロン、こたつ、熱湯のはいったやかんやポットなども要注意です。ストーブのそばには、必ず柵をすることです。ストーブの上には、やかんを置かないようにしましょう。

　アイロンの置き忘れもよくあります。何かの用事で立ち上がるときは、必ずアイロンも手のとどかない場所へ移動させましょう。

　意外と多いのが、食事をテーブルにならべているときに、赤ちゃんが手を出してしまうというケース。熱いものは、赤ちゃんのそばには置かないようにします。

●水の事故
　家庭における水の事故といえば、浴室と洗濯機です。洗濯機をのぞいていて、頭から落ちるということもあります。赤ちゃんは、ひざくらいの深さの水でも溺れてしまいますから、決してあなどらないようにしましょう。お風呂には絶対近づかないようにするか、日中は水をためておかないことです。

●落下物事故
　テーブルクロスをひっぱって、ポットのお湯がこぼれたとか、頭に食器がぶつかったということがあります。赤ちゃんのいるうちは、テーブルクロスは使わないことです。たんすの上のものが赤ちゃんがゆらした際、落ちてくることも。赤ちゃんのいる部屋は、高いところにものを置かないことです。

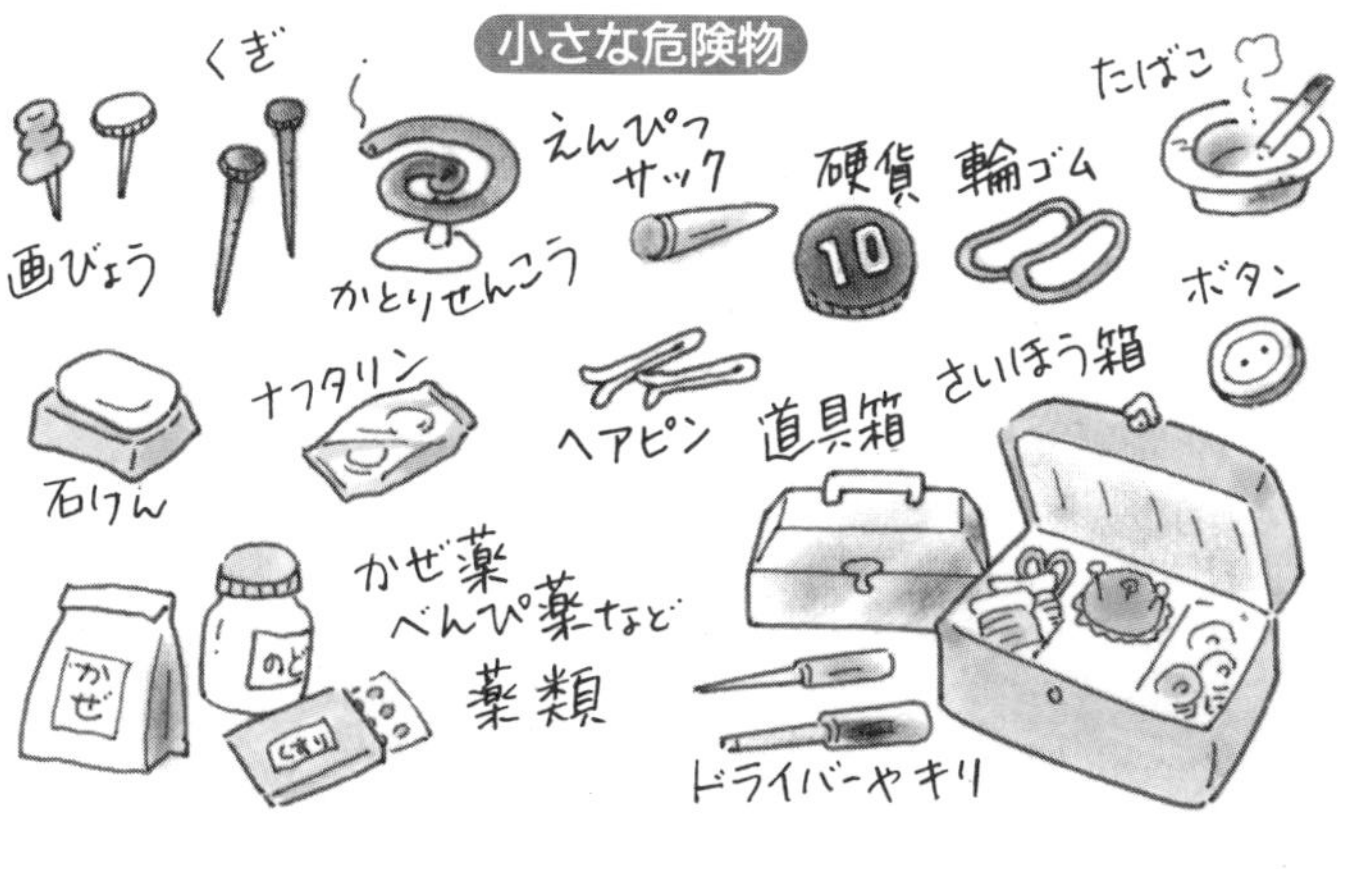
小さな危険物
くぎ
画びょう
かとりせんこう
えんぴつサック
硬貨
10
輪ゴム
たばこ
ボタン
ナフタリン
ヘアピン
道具箱
さいほう箱
石けん
かぜ薬
べんぴ薬など
薬類
かぜ
のど
くすり
ドライバーやキリ

八か月の赤ちゃん ママの気がかり Q&A

赤ちゃんの様子は一日ごとに変化します。一番身近にいるお母さんはいつもその第一発見者。赤ちゃんとの暮らしの中で、気になること悩んでいることに答えるQ&Aのページです。

Q 一週間前、突発性発疹にかかりました。熱は二日程度でおさまったのですが、それ以来、離乳食の食べかたがぐんと減ってしまいました。体調はもういいはずなのに、とあせってしまいます。

A 病気をしたあとに、離乳食を食べる量が減ってしまうことは、よくあることです。また、いままである程度形のあるものを食べていたのに、やわらかいものしか食べなくなった、ということもあります。

病気のあとに、一〜二週間食欲がもどらないというのは、一時的なものです。また体調が完全にもどれば、自然に食欲ももどってくるでしょう。

少し離乳食を前の段階にもどして、やわらかめに作ると、よく食べてくれるということもあります。大人でも調子の悪いときは、消化のいいものが食べたくなります。また前にもどってしまったなどと悲観せず、のんびりとすすめていきましょう。

Q いままで夜中はぐっすり寝ていてくれたのに、ここ一週間ばかり毎日きまったように夜中に泣き出します。泣き出すとだっこしてもおさまらず、ひどいときには三〇分くらい泣き続けます。また、それが一晩に二〜三回続くこともあり、もうこちらが泣きたいくらいです。

A いわゆる赤ちゃんの夜泣きは、これくらいの月齢から、一歳半くらいまでの赤ちゃんに起こることが多いようです。いままで、なにごともなく眠ってくれていたのに、ある日突然、夜中に火がついたように泣き出す。しばらくはなにをしてもおさまらないとなると、ママとしては本当に困ってしまいますね。

でも、夜泣きは赤ちゃんに知恵がついて、情緒も発達した証拠なのです。昼間に受けた刺激が夜になってあらわれるということも多いようです。

原因があれば、それをとりのぞく努力をしましょう。昼間の運動不足や赤ちゃんにとっては刺激の強すぎる場所にいった、昼間に来客にあやされすぎた、暑い、寒い、のどが乾いたなど夜泣きの原因はさまざまです。

また、場合によってはどうしても原因がわからないこともあります。そんなときは、ママのほうでも「今日も泣いたらどうしよう」などと思わず、「どうせまた泣くでしょ」程度に腹をくくってしまうことです。ママがそれぐらい気を大きく持っていると、夜泣きというのは、不思議といつのまにかおさまってしまうものです。

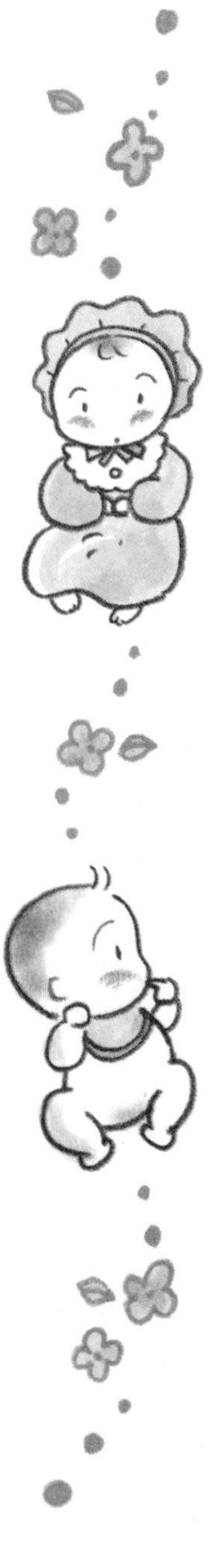

Q 牛乳はいつごろから飲ませたらいいのでしょう。

A 結論からいうと、離乳食が三回になってかなり食べられるようになってからのほうがいいでしょう。

というのは、牛乳には、たんぱく質やカルシウムなどの栄養が豊富なのですが、栄養のバランス、消化のよさといった点ではミルクのほうがすぐれているからです。つまり、食事から栄養が十分取れるようになってからでないと、おすすめできません。離乳食が完全になるまでは、牛乳に切り替える必要はないでしょう。

場合によっては、ミルクから切り替える前に、九～一〇か月ころからフォローアップミルクを利用してもいいでしょう。ただし、これも、絶対に必要というものでもありません。一歳近くまでふつうのミルクを使い、それから牛乳に切り替えても問題はありません。

Q 赤ちゃんを連れて海水浴にいきたいのですが。

A 赤ちゃんにとっては、直射日光や暑さというのは大敵です。大人と同じように海につかっていれば大丈夫、というものではありません。大人よりもずっと脱水症状や日射病にかかりやすいのです。ですから、海にいくとしても一番暑い時間は、外へ出ないようにする必要があります。朝のまだあまり暑くないうちや、夕方涼しくなってから海に出て遊んだりする程度にしておきましょう。決して大人のペースに巻きこまないことです。

Q 同居の姑と子育てについてどうも意見がくい違います。薄着にさせたいのに厚着にさせたり、食事の前におやつをいくらでも与えたり。そのたびにけんかになります。

A 世代が違うものどうしがひとつ屋根の下に住むと、どうしても考えかたの違いや生活習慣の違いから摩擦が生じることがあります。でも、三世代同居には欠点以外に、いいところもたくさんあるのです。はじめての育児でわからないことだらけでも、おばあちゃんのアドバイスで安心できたとか、ちょっとおつかいにいくときに子供を見てもらえるとか、そういった点でも核家族とは違います。

問題が起きた際は、「〇〇しないでください！」などと切り口上にいわず、おたがい気分のよいときに、十分話し合いをするとか、まず、相手の意見を尊重した上で自分の意見に自然に同意を求めるようにするなどくふうしてみましょう。

9か月児

九か月にはいったら心と体はこんなふうに育ちます

九か月を迎えると、はいはいも上手になり、中にはつかまり立ちをする赤ちゃんも出てきます。その動きの活発さで、体つきもだんだんスマートになってくることでしょう。

活動量が増えスマートに

はいはいがさらに上手になって、スピードも増してきます。また、いままでのようにおなかを引きずってズルズルというはいはいから、早い子では床からおなかを離して高ばいをはじめる子もいるでしょう。ママが少し目を離したすきにとんでもないところにいってしまうかもしれません。よりいっそう、家の中に気をくばりたい時期です。

中には、つかまり立ちをはじめる赤ちゃんもいます。つかまり立ちの際、車のついた椅子のようなものや、扇風機、ヒーターなどにつかまって、ころんだり、やけどしたりというような事故が起きることもあります。安定の悪いものや危険なものは、赤ちゃんのそばに置かないようにしましょう。

ただし、これらのつかまり立ちができるとか、はいはいが上手にできるといった運動機能には、個人差があります。それらが早くできたから、まだできないからと一喜一憂する必要はありません。

また、活動量がぐんと増してきたため、栄養はしっかり取っているわりに、体重は横ばいになっていきます。体つきもまるまるとした赤ちゃんの体形から、しまってスマートな感じになり、幼児の体形に近づいていきます。

好奇心旺盛な時期

行動が活発になってくると、さらに好奇心が旺盛になってきます。とくに、手も器用に使えるようになりますから、戸棚や引き出しの扉をあけて、中のものをいたずらしたりします。特に、簡単に開くような鏡台の引き出し、台所の戸棚な

ものにつかまって自分で立てる子もでてくる。

どは、赤ちゃんにとって、絶好のおもちゃになります。危険なものは、排除しておくこと。

また、さわられて困るようなものは、そのためのとめ金なども市販されていますから、それを利用して、開かないようにくふうしておくといいでしょう。

少々のことには目をつぶって

このころになると、さらに意思表示がはっきりしてきます。離乳食にしても、好ききらいがはっきり出てきたり、やりたいことができないと、突然、ものすごいいきおいでおこって泣き出したり、いやなものははっきりいやがったり、以前に比べて急にわがままになったように感じるママもいることでしょう。でも、これは知的発達の一段階で、順調に育っている証拠です。あまり、神経質にならないようにしてください。

また、この時期の特徴に、離乳食の際に、スプーンやフォークなどをわざと何度も落として、ママに拾わせようとしたりします。

さらに、目を離したすきにとんでもないところをあけていたり、ティッシュの箱からティッシュをどんどん引き出したり、ママにしてみれば、「なんでこんないたずらを」と思うようなことばかりでしょう。でも、そんなときに「こら、ダメよ！」とか「これはいけません！」と禁止ばかりしていては、赤ちゃんの知的な探究心も育っていきません。ある程度、時期がくればおさまることですから、少々のことには目をつぶって、赤ちゃんに豊富な体験をさせてあげてください。

この時期の赤ちゃん体操

高上げキック

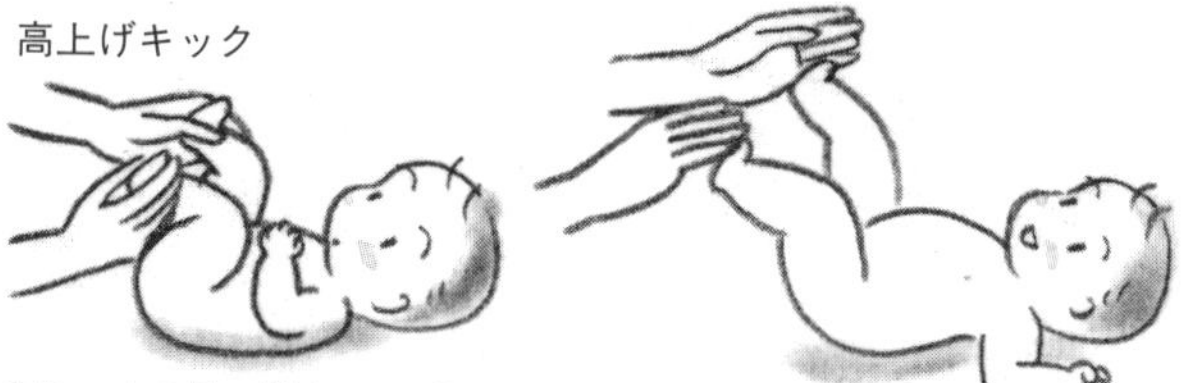

赤ちゃんの足の裏をママが押しては手を離す。手を離したとき、赤ちゃんのひざが伸びるので、ママがだんだん手を高くして、高く蹴るようにさせる。

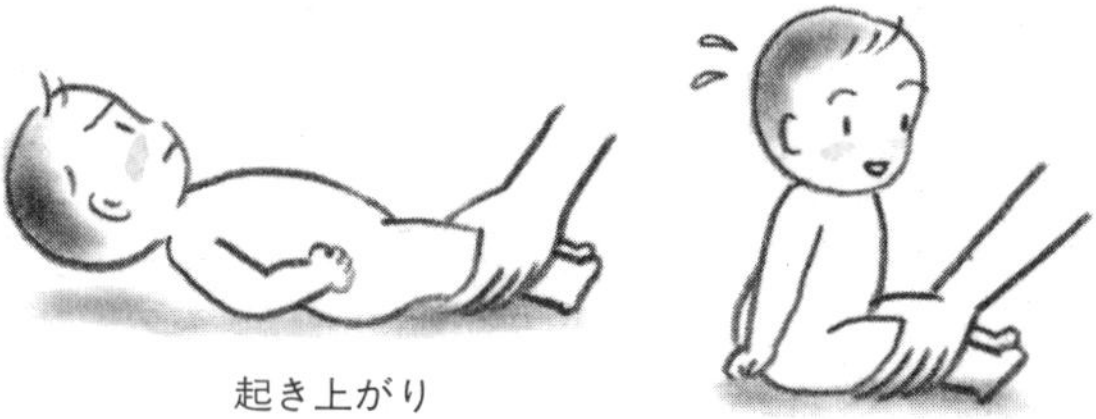

起き上がり

あおむけの赤ちゃんのひざを押さえて、自力で起き上がるようにさせる。

しゃがみ立ち上がり

赤ちゃんの両手を持ち、しゃがませ、そのまま立ち上がらせる。

横起き運動

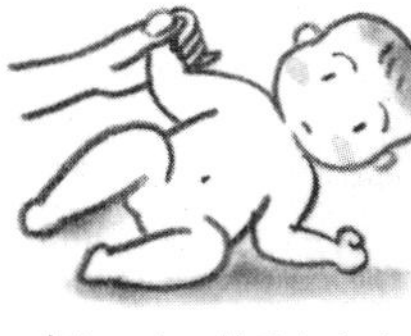

赤ちゃんの片手をささえ、ゆっくり横向きのまま起き上がらせる。

9か月児

授乳量減少。離乳食には良質のたんぱく質を十分に

離乳食も順調にすすんできたのに、このごろ好ききらいが出てきたみたい……この時期はそんな時期です。でも、ママはそこでめげないでください。調理法を考えて食べてくれるくふうをしましょう。

好ききらいがはじまる時期

このころになると、離乳食の種類も順調に増え、食べる量もかなり増えてくることでしょう。でも、その反面、赤ちゃん自身に好ききらいが出てくる時期でもあります。お豆腐はたくさん食べるのに、どうもお魚がだめ、とか、かぼちゃは食べてくれるのに、トマトがあまり好きではないなど、ママの悩みはつきません。でも、これは、赤ちゃんの味覚が発達してきた証拠ともいえます。

この偏食は、もう少し大きくなってからさらにはっきりしてきますが、原因としては、離乳期から幼児期にかけての味覚体験がとぼしいことにあります。

また、両親の食生活の好みなどにも左右されます。

ですから、ともかく、赤ちゃんのうちからいろいろな味を体験させることです。

もし、赤ちゃんがある特定の食品をいやがるようなら、調理法をくふうしましょう。かたくて噛みにくいものは、のどごしをよくしたり、好きなものにまぜて調理するとか、ホワイトソースをかけるとか、いろんな方法を試してみましょう。

また、両親自身もかたよりのない食事をするよう心がけたいものです。

良質のたんぱく質を

離乳食がすすむと、母乳やミルクの量が減ってきます。このとき、気をつけなければならないことは、たんぱく質が不足しないようにすることです。

それも、良質のたんぱく質をふくんだ食品を与えるように心がけたいものです。

そのような食品としては、卵がありますが、この時期、卵黄だけでなく、白身も一緒に与えるようにします。そのほか、豆腐や納豆、白身魚、鶏肉、レバー、チーズなどいろんな食品を取り合わせ、食卓にバラエティを持たせるようにしてください。

乳製品を与えよう

乳製品は、栄養的にもすぐれています

おやつはひかえめに。

から、たくさん与えたいものです。牛乳はなるべく12か月を過ぎてからあげるようにしましょう。

また、チーズは、牛乳のたんぱく質だけをとり出した食品ですし、いろんな調理にもくふうできます。粉チーズを利用し、味に変化を持たせることもできます。一日大さじ一～一・五程度が適当でしょう。ぜひ、利用してみてください。

また、ヨーグルトも消化がよくて、栄養的にもすぐれているので、ぜひ与えたい食品です。ただし、甘いヨーグルトは避けましょう。

中期の離乳食メニュー

野菜のリゾット

①にんじん、玉ねぎ、さやえんどう、かぶなどをみじん切りに。

②鍋に①と野菜スープ2分の1カップ、皮と種をとったトマトのみじん切りを加え、ぐつぐつ煮る。

③やわらかくなったらおかゆを加え、煮る。

高野どうふのそぼろ煮

①高野どうふ2分の1枚とひじき少々を水にもどし、みじん切りに。

②にんじん10g、小松菜10gもゆでて、3㎜角に切っておく。

③①②をだし汁と一緒に鍋に入れて煮、砂糖、しょう油で味つけを。

魚のタルタルソースあえ

①白身魚30gは、蒸すかゆでるかしてこまかくほぐす。

②かぼちゃ20gは皮をむきゆでて5㎜角。カリフラワー10gもゆでてこまかく。

③マヨネーズにゆで卵のみじん切り10gとパセリ少々を加え①②とあえる。

おやつの与えかた

このころになると、おやつを食べている赤ちゃんも多いことでしょう。

おやつは栄養の補給のためと、赤ちゃんの楽しみのひとつとして、情緒の発達におおいに役立ちます。しかし、これは食事に影響しない程度であることが前提です。おやつは、時間をきめて、一定時間に与えることです。一日一～二回、食事との間を二～三時間以上あけます。

また、なにを与えるかですが、甘すぎるようなものを避け、穀類やでんぷん類、良質のたんぱく質をふくむ食品などが適しています。その意味で、さつまいもやパン、ヨーグルトやプリン、おもち、ホットケーキなどがいいでしょう。

9か月児

順調なら離乳食は一日三回 量も少しずつ増やして…

離乳食が順調にすすんでいる赤ちゃんの場合、そろそろ三回食にすすめていきましょう。食事の時間としては、午前一〇時ころ、午後二時ころ、午後六時ころというのが理想的です。

順調なら一日三回に

離乳食を二回食にして、二〜三か月たち、順調なら、そろそろ離乳食を一日三回に増やしていきます。二回食のときは、午前と午後一回ずつだったと思いますが、三回にするときには、授乳の時間との関係で、午前一〇時、午後二時、午後六時ころくらいの時間に与えるのが理想的でしょう。

ただし、これも家庭によっていろいろ事情があるでしょうから、時間にこだわる必要はありません。おとなの食事と一緒に食べさせて、お乳の時間を調節してもかまわないでしょう。

お乳の量は

離乳食のあとに、お乳やミルクを飲ませるのはこれまでと同じですが、フォローアップミルクに切り替える準備をしてもいいでしょう。また、離乳食のあとは少しずつ量を減らして、ミルクなら一回に五〇ml程度にしていってもいいでしょう。また、このほかにお乳やミルクだけを、一日二回程度与えます。

二回食のときはよく食べていたのに、三回食になって、急に食欲が落ちたということもよくあることです。いずれ、またペースがつかめてくれば、よく食べるようになりますから、無理じいは禁物です。

歯ぐきで噛むようになる

このころになると、歯がはえている赤ちゃんも多いと思いますが、まだ前歯だけですから、食べ物を歯で噛みくだくことはできません。そのかわり、歯ぐきを使って食べものを上手につぶして食べるようになりますから、ある程度のかたさがあるものにします。

おやつによいもの

薄味のビスケット
クラッカー
ボーロ
プリン
カステラ
ホットケーキ
100%
果汁
MILK
牛乳
ヨーグルト

おかゆもかためにして、だんだんやわらかいご飯へと移行させていきます。また、むしパンやホットケーキなどはそのまま食べられますし、トーストをそのまま食べられる赤ちゃんも出てきます。トーストはフレンチトーストや、ミルクにひたして食べさせてもいいでしょう。

うどんやそば、スパゲティなどはやわらかめにゆで、短く切って与えると喜んで食べます。

卵は、いろいろな料理法で使える便利な食品です。目玉焼きやオムレツ、いり卵、ゆで卵など、栄養たっぷりで料理に変化が楽しめます。魚は煮たり焼いたりして、身をほぐして与えます。また、肉はひき肉をそぼろにしたり、コンビーフを料理に加えたりして、与えましょう。

野菜は、繊維の多いはすやごぼうといったもの以外であれば、煮たりみじん切りにしたりして、与えられます。

後期の離乳食メニュー

フルーツ入りコーンフレークス

①つぶしたバナナ、大さじ1程度をあたためた牛乳でのばす。

②グレープフルーツの1房の薄皮と種をとりのぞき果肉をほぐし、①に加える。

③こまかくくだいたコーンフレークス少々を、②とまぜあわせる。

野菜のトマトあえ

①にんじん、ピーマン、かぶを適量、みじんに切る。

②①を野菜スープでやわらかくゆで、水気を切る。

③トマト4分の1の皮と種をとりみじん切りで①とあえる。

ワンタンのトロトロ煮

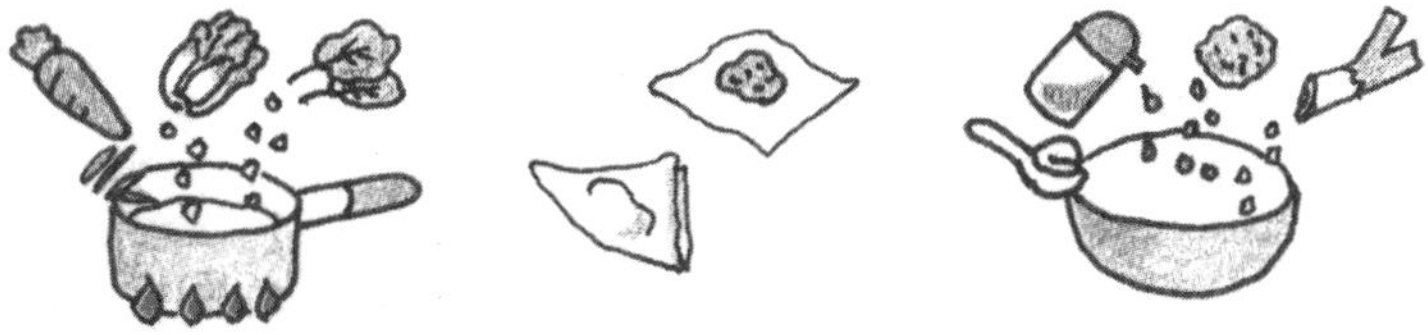

①豚ひき肉5gとみじん切りにしたねぎ少々に、わずかにしょう油をまぜ、かたくり粉をまぶす。

②ワンタンの皮のまん中に①をのせ、三角に折りたたみ、端に水とき片くり粉をつけて合わせる。

③スープ2分の1カップに短く切った小松菜、白菜、せん切りのにんじん適量を入れ、②を加え、煮る。

量も少しずつ増やす

離乳食の後期は、おかゆから除々にやわらかいご飯へ、量も子ども茶わんに七分目から一杯へとふえていき、おかずの量も多くしていきますが、同じ食品ばかりくり返さず、大人のおかずから分けるなりして、いろいろなものを食べさせてあげましょう。ただし、さしみや香辛料などはまだ、与えるのには早すぎます。

9か月児

そろそろおまるを。でもトイレのしつけはあせらずに

排泄のしつけが完了するのは、二~三歳。九か月の赤ちゃんは、まだ便意や尿意を感じたり我慢する機能ができていません。でもトイレやおまるをいやがらなければ様子を見て座らせてみましょう。

トイレのしつけはあせらずに

おむつが完全にはずれる時期は、まだまだ先のことです。赤ちゃんによってもかなり個人差があり、トレーニングの期間も、長くかかる子、一週間でとれてしまう子とさまざまです。こればかりはあせっても叱っても、うまくいかない場合もあるのです。よその赤ちゃんが、たまたま条件がそろって早めにおむつがとれたりすると「なぜうちの子がとれないの?」と思うことがあるでしょう。でもお母さんはあまり自分を責めないことです。

一般には一歳半から二歳くらいでトレーニングを開始するとよいといわれます。しっかり歩くことができて、言葉の理解がはじまるころです。またおしっこの間隔が二時間程度あくようになるとトレーニングも楽です。

便器にかけさせてみる

八~九か月の月齢でも、たいていの赤ちゃんは、排尿排便の時間が安定してくるものです。タイミングを計っておまるや子ども用の便器に座らせてみましょう。特に食後は、大腸反射といって、胃に食べものがはいると自然に腸が働きはじめ、排便する可能性が強いのです。

夏場はおしっこの量が減り、間隔があきます。おむつを替えるときぬれていないようなら、おまるやトイレでさせてみましょう。何回かくり返しているうちに、おまるに座ると条件反射で排尿便をする習慣がつく場合があります。

失敗は当然ですから、思い通りにいかなくてもがっかりしないことです。まだ赤ちゃんから排泄の欲求を訴えたわけではありません。本当の意味でのトイレのしつけは、尿意を感じたら、トイレにいくまでおしっこを我慢できるということなのです。

いやがっても叱らない

九~一〇か月になると、はっきりした意思表示をする赤ちゃんも出てきます。便器にかけさせようとすると、そっくり返って抵抗したり、おまるを見ると泣き出す場合もあるでしょう。はじめてはいったトイレがあまり明るくないのでこわがってしまうこともあります。

いずれにしても、赤ちゃんがいやがったり緊張している様子が見えたら、無理じいせずに手短かに切り上げましょう。

長いことおまるにまたがっていても出ないのに、おろしたとたんにしてしまい、それが習慣になる例もよくあります。

悪い習慣がつきそうだと思ったら、しばらくトイレのことを忘れさせることが必要です。お母さんの気持はあせりますが、強く叱ってダメージを与えてはますますトイレぎらいになる可能性があります。何週間か間をおいてから再度チャレンジしてみましょう。

上手にできたらほめてあげる

トイレトレーニングのこつは、失敗しても叱らないこと、できたときには十分ほめてあげることです。よその子と比べて気をもむこともありますが、あせりは禁物。イライラが子どもに伝わると逆効果です。

赤ちゃんはおむつの中におしっこをするのがあたり前でした。しかしやがて乾いたおむつの快適さと、ぬれたままのおむつの不快な感覚がわかるようになると、おしっこをした直後に知らせるようになります。そうなればしめたもの。「出ちゃってから教えてもダメ」などといわず、しつけの第一歩をふみ出したと思ってほめてあげましょう。

一～二歳のトレーニングの時期は、夏場におむつをはずしてパンツに替え、おしりの解放感を味あわせるのも効果があるといいます。

おむつはずしに期限はありません。子どものやる気も必要です。まずはほめることからはじめてみましょう。

排尿便のしつけのポイント

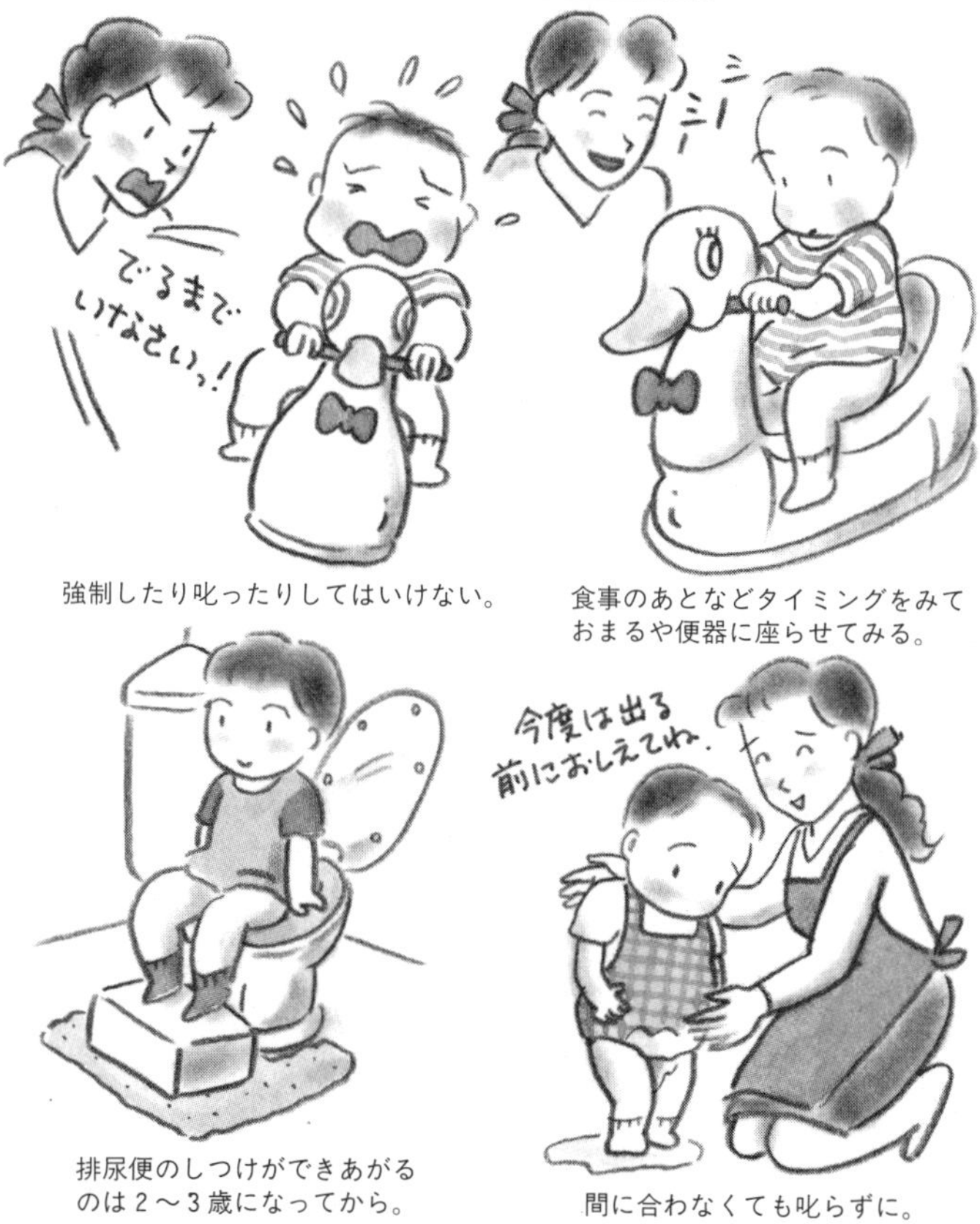

強制したり叱ったりしてはいけない。
食事のあとなどタイミングをみておまるや便器に座らせてみる。
排尿便のしつけができあがるのは２～３歳になってから。
間に合わなくても叱らずに。

九か月の赤ちゃん ママの気がかり Q&A

赤ちゃんの様子は一日ごとに変化します。一番身近にいるお母さんはいつもその第一発見者。赤ちゃんとの暮らしの中で、気になること悩んでいることに答えるQ&Aのページです。

Q　離乳食をあまり食べません。もともと食が細いのか、ミルクもそれほど飲まず、体重が増えません。

A　体重の増えかたが悪いと心配になりますが、赤ちゃんの様子がいつもと変わりなく元気であれば、気にしなくていいでしょう。生来の体質もあって、少食の赤ちゃんもいるのです。

　夏の暑い時期や、一歳前後になって急に食欲が落ちるのはよくあることです。一時体重増加がストップし、減少する場合もありますが、無理に食べさせるとかえって食事ぎらいになってしまいます。

　なるべく間食をさせないで、きめられた食事の時間になったらきちんと食べさせましょう。量が少なくてもかまいません。離乳食を食べないからと、お菓子やミルクをちょこちょこ与えると、少食の赤ちゃんはいつまでもおなかがすかないことになります。おやつをほしがるときには、湯ざましか果汁を少し与えます。

　また、戸外で思いきり遊んだり、天気のよい日には外で食事をするなどの工夫で食事の楽しさを忘れないようにさせましょう。

Q　まだ寝返りをしません。よく寝てくれますし、あまり手がかからないのですが、運動機能が遅れているのではないでしょうか。

A　この赤ちゃんは、どちらかというと大柄なのではないでしょうか。体の大きい赤ちゃんや太り気味の赤ちゃんは、小柄でやせ気味の赤ちゃんよりも、比較的運動機能の発達が遅れることがあるものです。

　おすわり、つかまり立ち、ものをつかむなど、寝返り以外の運動がふつうにできれば問題ありません。たまにはあおむけから腹ばいになる練習をさせてあげましょう。発達の順序にもさまざまな個性があっていいのです。

Q　まだ九か月前ですが、よく食べるので二回の離乳食を三回にしようと思います。早すぎるでしょうか。今十一時と三時ころに与えています。

A　離乳食が好きで、よく食べるようであれば、八か月くらいから三回食にしてもかまわないでしょう。そのとき、三回ともたっぷり与えると飽きてしまうこともあるので、一回は軽食にして様子を見ましょう。

　この赤ちゃんの場合、まだ早朝に授乳をしているようなら、それをやめる方向で、食事時間を大人と同じ時間帯に変えていくといいでしょう。

Q　夜中にときどき目をさまし、添い寝をしないと寝ません。けっきょ

く朝まで私のふとんの中で寝ています。添い寝は子どもの自立心をさまたげるといいますが、どうなのでしょう。

A 欧米式の子育てでいえば、生後三～四か月をすぎたら両親と別室で寝させることになり、添い寝はよくないことになります。しかし、今の日本の住宅構造や風習では、ほとんど赤ちゃんと両親は同じ部屋で寝ているのが現状ではないでしょうか。そばで泣いている赤ちゃんを抱いたり、ふとんに入れることは、親と赤ちゃんがぐっすり眠る手段です。

この程度のことで、お母さんがイライラしないですむのであれば添い寝をしてあげましょう。これは自立心とは別問題です。やがて自然に一人で朝まで眠るようになります。

Q はいはいをしないでいきなりつかまり立ちをしています。運動が不足しないでしょうか。

A 一般に赤ちゃんの運動機能は、首のすわり、おすわり、つかまり立ち、伝い歩き、一人立ち、歩行のような発達をとげます。はいはいは、絶対にしなくてはならないものではないのです。はいはいをせず、そのまま歩き出したとしても機能的には何の支障もありません。

家の中には、つかまりやすいものがたくさんあります。立ち上がれば遠くを見ることができます。赤ちゃんにとって立つことの魅力は大きいのです。

確かにはいはいは、おなかや首、肩などの全身の筋肉を使うので、赤ちゃんにとってはよい運動になります。赤ちゃん体操をするときなど、おりをみて腹ばいにさせてみてはどうでしょう。

Q 歩き出すのが早すぎると、よくないとか、がに股になると聞きました。うちの子は九か月半ですが、もう歩いています。

A 比較的体の軽い赤ちゃんは、お誕生前に歩きはじめることが多いといえます。歩くという楽しいことができるようになった赤ちゃんに、「まだ早すぎる」などというわけにはいきません。また将来がに股になることもありません。それなりに下肢が発達しているわけですから、気にせずに自由に歩かせてあげましょう。

ヨチヨチ歩きのころはがに股ですが、成長とともになおります。まだころびやすいので、部屋の中の段差や階段など危険のないように気をつけましょう。室内では靴下をはかせているとすべりやすく、しっかり足をふんばることができないので、はだしにしておいたほうがいいでしょう。

10か月児

十か月にはいったら心と体はこんなふうに育ちます

赤ちゃんはつかまり立ちがうまくなります。一人で立つということは、赤ちゃんの新しい世界が広がることなのです。危険はたくさんありますが、好奇心を満足させてあげることも必要です。

体がひきしまってくる

体重増加はゆるやかになり、一日平均五～一〇g程度になります。からだの動きや運動機能はめざましく発達する時期です。昨日できなかったことが今日できるといった毎日は、大人から見ても驚きの連続です。これからは、まるまる太っていた赤ちゃんも、だんだん贅肉がとれてスマートな体形になっていきます。

つかまり立ちができる

おすわりやはいはいがますます板についてきて、安定感が出てきます。はいはいもいろいろ個性的な形があり、おなかを持ち上げてはう高ばいや、片方の膝だけ床につけた変わったはいはいも見られます。はいはいでも意外に素早く移動することもあるので、お母さんは目が離せなくなります。

この時期の最大の変化は、赤ちゃんが自分の脚で立つということではないでしょうか。たっちの好きな赤ちゃんは、ほとんどはいはいをしないまま歩き出す場合もあります。中には、つかまり立ちをしてなにかいいものを見つけ、次に素早くはいはいに切り替えて目的のものに近づく赤ちゃんもいます。

いたずらも発達の証拠です

手が自由に動くようになるので、さかんにいたずらをするでしょう。引き出しを抜いて中のものを取り出す、ものをたたく、おもちゃを投げるなどは日常茶飯事になります。散らかすというより、赤ちゃんは自分のまわりにあるさまざまなものを確かめなくては気がすまないのです。

赤ちゃんのいる部屋や行動範囲のおよぶ場所に危険なものがないように気をつけて遊ばせてください。赤ちゃんは自由に動きまわりながら、体力だけでなく知能を発達させることができるのです。

言葉が出てくる

話のできない赤ちゃんも、お母さんの

自分ではしゃべれなくても大人の言葉はかなりわかるようになる。

言葉はだいたい理解していることは、日常生活の中で感じられるものです。「オメメはどれ？」などと聞くと、自分の目を指さすことができる子もいます。大人が正しい言葉で接することで、赤ちゃんも言葉をたくわえていきます。

簡単な言葉を発するようになり、「ンマンマ」とか「マンマ」、「ブーブー」などの単語を話します。「バイバイ」「パチパチ」などの真似をして、ちょっとした〝芸〟をする子もいます。

ただし言葉の発達は非常に個人差の大きいものなので、一歳前後から徐々に言葉を増やしていく赤ちゃんもいれば、二歳近くまでまったく言葉らしいものを話さない赤ちゃんもいます。

この時期の赤ちゃん体操

自力ぶら下がり

立てるようになったら、ママの手や細い棒につかまらせ、ぶら下がらせてみよう。

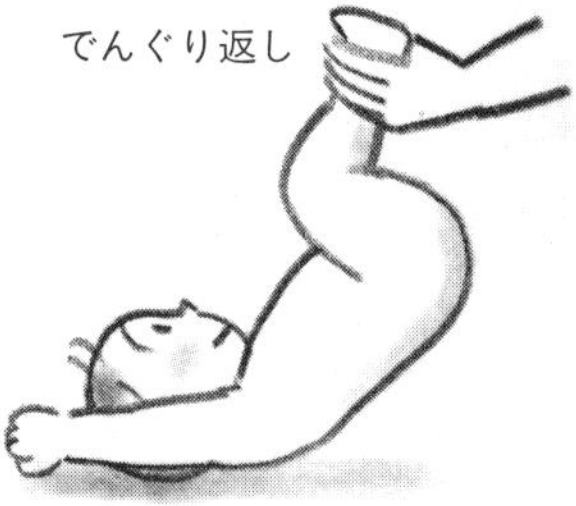

でんぐり返し

両足首を持ち、さか立ちの姿勢から頭のうしろを床につけて、ゆっくりでんぐり返しをしていく。

ジャンプ　パパの手の上に赤ちゃんを立たせ、もう一方の手で胸をささえます。ワン、ツー、スリーで赤ちゃんがジャンプするようなかたちでママに渡す。

外遊びも大切

一日一回程度は赤ちゃんを戸外に連れ出しましょう。買物のついでに散歩をする程度でもかまいません。戸外の空気に触れることは、皮膚や粘膜の鍛練になります。寒い季節には外に出るのがおっくうになりますが、風のないときを見計らって出かけましょう。赤ちゃんは動き出すと汗をかくので、薄着にします。

人見知りやあと追いをする

赤ちゃんにとって大切な人がそばにいないことは、とても不安なことです。離れようとするとあとを追いかけて泣いたり、人見知りをすることは、大切な人とそうでない人を区別できる能力です。不安な気持に十分応えてあげることで、やがて赤ちゃんは安心してお母さんから離れられるようになるのです。

10か月児

自然に「おっぱいバイバイ」できる無理のない断乳を

断乳とは、まだ母乳が出ているのに飲ませるのをやめることです。赤ちゃんが離乳食で栄養がとれるようになってくればそろそろなのですが、「いつまでにやめなければ」というものでもありません。無理せずゆっくり進めましょう。

断乳は赤ちゃんの自立の節目

お母さんの母乳だけで赤ちゃんの栄養をささえる時期はもうすぎました。母乳のよく出ていたお母さんも、赤ちゃんが離乳食を食べるようになると、以前ほどお乳が張らなくなってきます。まだまだおっぱいが大好きな赤ちゃんも多いころですが、身体的にはもう母乳を必要としない時期にさしかかっているのです。

断乳をきめたら「これでバイバイよ」と赤ちゃんにもよくいい聞かせる。

離乳食が進まないときや、昼間の授乳がなかなかやめられないとき、思いきって断乳するとよく食べるようになる場合もあります。

断乳後は牛乳かフォローアップミルクを与えます。お母さんにとっても子どもにとっても断乳は赤ちゃんの時代を卒業する大切な節目です。自立への長い道のりの第一歩ともいえます。

断乳の時期

一日三回の離乳食がしっかり食べられること、コップでミルクが飲めることなど断乳の目安はいくつかありますが、だいたい一〇か月前後から一歳くらいまでが比較的楽に断乳できると言われています。一歳を過ぎてしまうと、子どもにも知恵がついてきてやめるのが難しくなるとも言われ、以前は「お誕生前には断乳を」と言われていました。

しかし、最近では、無理してやめさせるよりも、幼児食に進み、体力を使う遊びもできるようになり、自然におっぱいのことを思い出さなくなるようにできてきたときが断乳のとき、という考え方の人も増えています。早くても一〇か月、遅ければ一歳半くらいまでに断乳できていれば問題ないのではないでしょうか。

上手な断乳

十か月ころから昼間の授乳をやめていき、しだいに赤ちゃんがおっぱいをほしがらなくなったときがチャンスです。一歳近くになると、体の動きも活発になり、外の世界への好奇心も高まります。運動や遊びで、おっぱい以外のものにうまく注意がそらせれば断乳も案外うまくいくようです。

断乳の日を決めたら、たとえ赤ちゃん相手でも「おっぱいにバイバイしようね」とまずは言い聞かせることです。そして、昼間はなるべく外に連れ出して疲れるまで遊ばせ、よく眠れるようにしましょう。

何日かはおっぱいをほしがって泣くかもしれませんが、そこで負けておっぱいを吸わせてしまうと、ママのおっぱいを止めるためにもよくありません。長くても四～五日のことなのでこの間だけでもパパに寝かしつけを担当してもらうなど、赤ちゃんがおっぱいを思い出さないように工夫してみましょう。

おっぱいに怖い顔を描いたり、からしを塗るなどの方法も言い伝えられていますが、大好きなおっぱいが急に怖いものに変わるという悲しい体験をあえて赤ちゃんにさせてまで、断乳することもないと思います。

赤ちゃんにとってもお母さんにとっても無理のないペースで進めればよいのです。

断乳後のお乳のケアと離乳食

断乳のあとは、母乳がたまりすぎないように少しずつしぼっておきます。からっぽになるまでしぼるとまた次のお乳が作られてしまうので、アイスノンなどで乳房を冷やして張りをがまんしながら、しぼるのもちょっと張りがおさまる程度にして、少しずつ作られるお乳の量が減っていくようにします。あまりにもいつまでも母乳が止まらないときや、張りがひどい場合は、医師に相談しましょう。

三回食になり断乳がすめば、離乳食も仕上げの段階に入ります。少しずつ食事の量を増やしてみましょう。そのぶん食後の牛乳やフォローアップミルクの量を減らし、一回五〇cc程度にします。離乳が完了すると、食後に足していたミルクや牛乳は必要なくなります。

断乳する時期の目安

1日3回の離乳食をしっかり食べられるようになったとき。

コップでミルクを飲めるようになったとき。

はいはいやあんよができて自由に動きまわれるようになったとき。

10か月児

離乳食を少しずつかたくして噛む練習をさせましょう

赤ちゃんは、はじめての離乳食をゴックンと飲みこんでいました。その次は口の中でモグモグ。離乳後期の三回食に慣れたら、今度は噛む練習です。離乳食を少しかたくして与えましょう。

離乳食をかたくして噛む練習を

赤ちゃんの歯は、六~七か月ころ前歯からはえはじめ、満一歳ころには上下四本の歯がそろいます。この歯はまだ食べものを噛み切る役をするだけで、つぶすことはできません。

離乳食の中期にさしかかり、歯がはえるころになると、今度は口に入れたものを歯ぐきでつぶせるようになります。初期のどろどろの状態から卒業し、粒々のあるおかずは舌でつぶして飲みこむことができるようになっています。さらにあごを動かし口をモグモグさせて、すりつぶしてからゴックンと飲みこみます。離乳食のかたさと粒々の大きさを少しずつ増やしていきましょう。

のどの感覚が敏感な赤ちゃんや神経質な赤ちゃんは、いきなり粒々が大きくなるといやがって舌で押し出してしまったりすることもあるので、かたさと大きさは徐々に調節していきます。噛むことも、飲みこむことと同じように練習が必要です。はじめから上手にできるわけではありませんが、時間をかけて慣らしていきましょう。

調理するときはあらみじん切り程度の大きさで、歯ぐきでつぶせるかたさが目安です。奥歯がないのでまだかたいものは食べられません。また、一度にたくさん口に入れると口を動かすのがむずかしくなります。自分の手で食べたがる赤ちゃんには赤ちゃん用のビスケットやおせんべい、トーストなどを持たせてみましょう。最初はしゃぶるだけですが、だんだん歯ぐきで噛めるようになってきます。

噛みきれないかたさのものは歯がために

噛むこととあごを動かす練習には、噛み切れないくらいかたいものを噛ませてみるのもいいでしょう。

この時期の赤ちゃんは、歯がはえてくる前の刺激を感じて、離乳食をプーッと吹いたり歯ぐきで噛むようなしぐさを見せることがあります。何か噛んでみたい欲求も出てきているのです。塩味の薄い

歯ぐきやあごの筋肉鍛練にするめを切ってしゃぶらせる。

するなどを切って与えてみるのもいいでしょう。あごの筋肉を鍛え、歯がための役割にもなります。あまり小さいとのどにつまらせることがあるので、飲みこめない程度に大きめに切ります。

スティック状にカットした野菜（キュウリ、セロリなど）を与えてもかまいませんが、赤ちゃんがかけらをのどにひっかけないよう、お母さんがそばで見守っていられるときにしましょう。

後期の離乳食メニュー

さつまいもコロッケ

①さつまいも50gはゆでて熱いうちにつぶし、玉ねぎ、ピーマン15gはみじん切り。

②牛ひき肉10g（レバーをすりつぶしたものでもよい）と野菜を油で炒め、さつまいもとまぜて小さく丸める。

③小麦粉、とき卵、パン粉の順につけ、油で揚げる。

けんちん汁

①大人用に作ったけんちん汁から大根、人参、豆腐などをとり出して小さく切る。

②ささ身半切れを小さく切り、お湯で3倍程度に薄めた汁の中に入れて煮る。

③ささ身に火が通ったら①を入れ、削り節少々をもんで加え、ひと煮立ちさせる。

きゅうりとわかめの酢のもの

①きゅうり10gは、小さく薄切りにして塩をふり、よくもんでシンナリさせ、水洗いして塩を落とす。

②わかめ2gは水にもどしてやわらかくしておく。

③しらす2gをさっとゆがいて塩を抜き、①②とともに酢、砂糖、だし汁であえる。

よく噛むことの効用

最近の子どもは、調理ずみのやわらかい食品を多く食べているせいか、あごの発達が悪く歯ならびが悪いということを耳にします。よく噛むことには、ほかにもさまざまな効用があるのです。

●脳の発育をうながす

あごの筋肉を動かすことで、脳への血液循環がよくなる。

●虫歯の予防

噛むことは歯と歯ぐきを丈夫にし、唾液の分泌は虫歯を防ぐ効果がある。

●体の発育を助ける

食物の消化吸収がよくなる。唾液腺ホルモンには細胞の増殖を刺激する作用があるとされている。

●病気にかかりにくい

唾液の中には、免疫物質がふくまれているので病気にかかりにくくなる。

十か月の赤ちゃん ママの気がかり Q&A

赤ちゃんの様子は一日ごとに変化します。一番身近にいるお母さんはいつもその第一発見者。赤ちゃんとの暮らしの中で、気になること悩んでいることに答えるQ&Aのページです。

Q 風邪をひいているときには、どんな離乳食を与えたらよいでしょうか。

A 風邪で発熱症状があってもわりに元気で食欲があるようなら、なるべく消化のよいものを与えて様子を見ましょう。熱の高いときは、みかんやオレンジの果汁を飲ませてビタミンCをおぎないます。

せきのひどいときは、吐きやすいので、一度にたくさん飲ませたり食べさせるのはやめて、少しずつ何回かに分けて与えてください。

下痢をともなう場合は、特に水分の補給を心がけてください。みかんの果汁は便がゆるくなることもあるのでほかの飲みものにします。りんごの果汁やすりおろしたものには、整腸作用があります。便の状態が落ち着いてきたら、おかゆ以外にやわらかいうどんやマッシュポテトなどを与えはじめます。卵や豆腐、繊維の少ない野菜を煮つぶして加えてもいいでしょう。便が正常にもどるまで、油類はひかえます。

Q 9か月ころからフォローアップミルクにするとよいと聞きましたが、ふつうの粉ミルクと、どのような差がありますか。

A 育児用の粉ミルクには、赤ちゃんの消化吸収に合ったたんぱく質や脂肪、ビタミンや鉄などがふくまれています。フォローアップミルクも同様ですが、離乳後期向けに、粉ミルクより脂肪を減らし、たんぱく質の量を多くしてあります。またカルシウムをふくむ灰分は粉ミルクの二倍です。フォローアップミルクは、離乳期に必要な栄養素を補助するものと考えていいでしょう。

ただしどうしても必要なものではなく、離乳食が完了するまでは、粉ミルクを与えていてかまいません。またフォローアップミルクのかわりに牛乳にして、たりない栄養を離乳食でおぎなってもいいでしょう。

まだ離乳食が十分食べられない赤ちゃんや、忙しいお母さんはフォローアップミルクを利用すると助かります。

Q 断乳後の夜泣きに悩んでいます。それまでは、夜起きたとき母乳をときどき飲んでいました。離乳食の量も減ったような気がします。

A 母乳をやめた直後には、夜泣きや食欲不振などが起こるのはむしろ当然のことでしょう。これまでは夜おっぱいを求めて泣くとすぐにもらえたのにそれができなくて、赤ちゃんは一時的に気持が不安定になっているのです。眠ってほしいというお母さんの気持もわかりますが、そのために母乳を与えれば、赤ちゃんは夜だけではなく昼間も求めるようになるでしょう。

夜泣きは永久に続くものではありません。しばらく泣かせてみましょう。やがておなかがすいた赤ちゃんは離乳食を食べ出し、おっぱいのことは忘れていきます。

Q まったくといっていいほど人見知りをしません。誰に抱かれても平気なのでかえって心配になります。

A 人見知りには個人差があり、人見知りをする赤ちゃんは、お母さんからちょっとでも離れると泣き出します。愛想のいいこの赤ちゃんも、決してお母さんと他の人を区別できないわけではないと思います。知らない人に抱かれるときニコニコしながら、目はじっとお母さんの顔を見ていたりすることはありませんか。人見知りのあらわれかたも赤ちゃんの個性です。

Q つかまり立ちをさせると、落ち着きなく体をゆするくせがあります。なぜでしょうか。

A はいはいや伝い歩きをするころの赤ちゃんによく見られるもので、リズミカルに体を前後または左右にゆするような動作が多いようです。

活動したい欲求の高まる月齢なので、自由に動きまわりたいという赤ちゃんのサインとも考えられます。なるべくベビーサークルやベッドから出して運動させる機会を増やしてあげましょう。

Q 一〇か月をすぎてから、便秘がちになりました。離乳食の食べかたは多少むらがありますが標準だと思います。

A 離乳期になって急に便秘になった場合、食事の量が足りているか、野菜などの繊維質をとっているかどうかを考えます。体重の増加はどうですか。一日平均五g以下ならば、離乳食の量を増やしてみましょう。食事の量が足りなくてミルクをたくさん飲んでいることもあります。

体重が順調に増えていて、便秘になるようなら、食事の内容に注意して繊維のある食品を加えるようにしてください。煮た野菜や、グリンピースなどをつぶして与えてみましょう。

また、適度な運動は腸を刺激します。外気の中で遊ばせることも必要です。排便時に苦しがるときにはたまに浣腸を使ってもいいでしょう。おなかがひどくふくれている場合は、医師に相談します。

11か月児

十一か月にはいったら心と体はこんなふうに育ちます

つかまり立ちをおぼえた赤ちゃんは、やがて一歩二歩と伝い歩きをはじめます。自分の力で立つことのできる赤ちゃんもいます。またいくつか意味のある言葉が出てくる時期です。

伝い歩きが得意になる

体重よりも身長の伸びが目立ち、体つきがますますスリムになります。体重は生まれたときの約三倍、身長は一・五倍くらいが標準です。もちろん標準より小さくても、大きくても、元気にしていればまったく問題ありません。

動きが活発になり、伝い歩きのできる赤ちゃんが多くなります。自分の力で少しの間立つ赤ちゃんもいて、お母さんの手につかまって二〜三歩足を運ぶことができます。

中にはまだつかまり立ちもできずに、周囲を心配させるおくての赤ちゃんもいますが、ひとりでおすわりができて他の発育が順調であれば、いずれちゃんと歩けるようになります。

自分と周囲の関係がわかってくる

赤ちゃんもようやく自分とまわりの世界とのつながりがわかるようになってきます。記憶力がついてきて、親しい人とそうでない人を見分けることができます。「ちょうだいな」といって手を出すと、手に持っているおもちゃなどを渡すようになり、ほめられると嬉しそうに同じ動作をくり返します。人真似や芸をして大人を喜ばせるのもこの時期です。

また自分より少し年上の子どもがいると、そばに行きたがったり、一緒に遊んでもらおうとします。

コップで飲む練習をする

断乳のすんでいる赤ちゃんは、おっぱいや哺乳びんにさよならして、コップで牛乳を飲むことができるようになります。最初はこぼしながらでも、だんだん慣らしていきましょう。大人が飲んでいるのを見ているので、真似をしてコップに手を出す赤ちゃんは多いものです。

哺乳びんでミルクを飲みながら寝る赤ちゃんにも、昼間はなるべくコップを持たせてみましょう。ストローつきのコップやふたつきのもので徐々に移行してもいいでしょう。

意味のある言葉を２〜３語しゃべれるようになる。

言葉もいくつか出てくる

この時期、お母さんのいっていることはだいぶ理解できるようになりますが、自分で話せる言葉は一つか二つです。「ブーブー」「ンマンマ」「ママ」「ワンワン」などの意味のある言葉になってきます。

言葉の出る時期は赤ちゃんによって差の大きいものです。まだなにも言わない赤ちゃんもいていいのです。よその子と比べてあせらないように。言葉を話し出す時期の早い遅いかは、将来知能の発達になんの影響もおよぼしません。

ただし、いつも一番身近にいるお母さんの語りかけの中から赤ちゃんは言葉をおぼえていきます。一緒にいるときには、やさしい言葉をかけてあげてください。

11か月のころの赤ちゃん

階段をはい上がれるようになる。

伝い歩きができるようになる。

手を離すと2〜3歩歩く

おまるで排尿便ができるようになる。

生活リズムには個人差がある

寝る子は育つという言葉があるように、夜ぐっすり眠り、昼寝もたっぷりしてくれる赤ちゃんは確かにいます。でも、寝てほしい時間になかなか寝なかったり、眠りの浅いタイプの赤ちゃんもいます。パパが帰ってくると興奮していつまでも起きているというパターンもあるでしょう。それぞれの家庭の事情と赤ちゃんの個性で自然と生活のリズムはきまってくるのです。赤ちゃんとお母さんに無理のないリズムを作りましょう。

寝つきの悪い赤ちゃんは、昼間の運動を十分にさせます。お風呂は寝る直前に入れましょう。指を吸ったり、哺乳びんをくわえるといった〝ねんねの儀式〟も、この時期は大目に見てあげます。

11か月児

離乳食も後期です。大人とほぼ同じ食べものを

赤ちゃんは家族の食生活の一員になってきました。大人と似たようなメニューが食べられるので、お母さんの手作りも楽になります。三回食がすすみ、ミルク主体の食事から卒業していきます。

食生活の基本リズム

赤ちゃんは一日三回の食事から、必要な栄養素の大部分を満たすことができるようになると離乳が完了しますが、それは満1歳ごろから15か月を中心に、遅くとも18か月ごろまでとなっています。この時期は3回食にしていきたい時期ですが、あまりあせらずに食べるのが大好きな赤ちゃんにしていきたいものです。

三回食のはじめは、ふつう朝食午前一〇時、昼食午後二時、夕食午後六時くらいの時間帯でした。早朝と寝る前はミルクを飲んでいる赤ちゃんもいます。断乳ができている赤ちゃんはもちろんですが、早朝の授乳をやめて、大人と同じ時間に食事をさせるようにします。夜寝る前に飲むミルクは、それによって赤ちゃんが落ち着いて眠りにつけるのであれば、しばらく続けてかまわないでしょう。

食事と食事の間隔は四～五時間おいて、おやつとして午前午後一回ずつ果物などを与えます。

大人のメニューが食べられる

大人と同じ食品を食べられるようになり、特別に赤ちゃん用にメニューを考えなくてもすむようになります。ご飯はやわらかめに炊いたものを与え、うどんやパン、スパゲティ、マカロニなどもそのまま食べられるようになります。刺身などのなまものや刺激の強い香辛料、かたい肉や貝類、いかなど消化のよくないものは、避けましょう。

味つけをする前に取り分けて、薄味に調理し、長すぎる麺類などは切って与えます。

赤ちゃんによっては、ご飯よりもまだおかゆが好きな場合もあるでしょう。ご飯のかたさは徐々に慣らしていくことでやがて大人と同じものが食べられるようになります。またパンやお米より、肉や魚、卵などのおかずばかり食べたがる赤ちゃんもいます。おかずの味つけを薄くし、野菜や海藻を十分に取らせましょう。大切なのは、いろいろな食品をまんべんなく食べていることです。ご飯の量はあまり心配しなくていいでしょう。糖質はおやつからも簡単に取ることができます。

おやつについて

赤ちゃんの小さな胃袋は、まだ一度にたくさんの食事をこなすことはできません。そのために三回の食事のほかにおやつを与える必要があります。またおやつは子どもの楽しみのひとつであり、幼児の時代はおやつを通して楽しい時間を味わいながら、大切な栄養もおぎなっていくことになります。

子どもがほしがるからとか、静かにさせるための目的だけで、おやつを与えることは、できるだけひかえたいものです。おやつはきちんと与える時間をきめて、食事にひびかないようにしましょう。

内容は、果物などを中心にバランスの取れたものを与えます。プリンやヨーグルト、ビスケット、クッキーなど、良質のたんぱく質をふくむものを選びましょう。

一般におやつの量は一日の食事の一〜二割程度が目安とされていますが、赤ちゃんの体格や食欲を見て適量を与えましょう。

完了期離乳食と幼児食メニュー

野菜と大豆の煮もの

①さといも 20g、にんじん 10g、大根 20g、鶏ささ身 10g、ゆで大豆 5g。野菜は大豆より少し大きめに切る。

②さといもは、塩少々を入れた湯でさっとゆでて、ぬめりを落としておく。

③材料全部にゆで大豆 5g を加え、しょう油、砂糖、だし汁少々でゆっくり煮ふくめる。

マカロニのホワイトソースあえ

①マカロニ 10gはやわらかくゆで、小さめに切る。

②かぶ半分と、にんじん少々をみじん切り、やわらかくゆでて水気を切る。

③ホワイトソース大さじ 1 は、あたためた牛乳 30〜50 ccでのばし①と②をあえる。

にんじんのポタージュ

①にんじん 50gは 4 つ割りして薄く切り、玉ねぎ 20gも薄切りにする。

②①の野菜をバターでいため、スープ 100 ccを入れて煮えたら裏ごしする。

③再び火にかけ、沸騰したら弱火にして牛乳を加える。仕上げに生クリームを入れる。

一人で食べる練習をする

このころから、スプーンを持ちたがったり、手づかみで食べようとする赤ちゃんもいます。お行儀のことは二の次にして、「やってみたい」という赤ちゃんの積極性を大切にしましょう。

はじめは、こぼしたりよごしたり、スプーンで遊んでしまうことのほうが多いかもしれませんが、叱らずにある程度まかせてみることも必要です。

十一か月の赤ちゃん ママの気がかり Q&A

赤ちゃんの様子は一日ごとに変化します。一番身近にいるお母さんはいつもその第一発見者。赤ちゃんとの暮らしの中で、気になること悩んでいることに答えるQ&Aのページです。

Q 野菜をほとんど食べません。果物なら食べますが、生の野菜などまったく手をつけません。栄養がかたよらないでしょうか。

A 栄養面からいうと、離乳の時期に野菜をあまり取らなくてもさほど心配することはありませんが、その場合果物をたっぷり食べてビタミンをおぎなうことが必要です。離乳食が順調にすすんでいる段階で、きらいなものを無理に食べさせては、食事の楽しさをそこなうことになります。

　しかし、野菜には多くの繊維がふくまれていて、腸に刺激を与え便通をうながす作用があります。野菜というと生のイメージがありますが、繊維は加熱してもそこなわれません。熱に強いビタミンもあります。またいろいろな食品に慣れさせておくことは、偏食の予防にもなります。

　はじめは食べなくても、味つけによっては急に食べ出すこともあります。こまかくきざんで、オムレツやグラタン、ハンバーグに入れたり、つぶしてポタージュにして挑戦してみましょう。

Q 薄着がよいといいますが、寒いときの衣類の調節がよくわかりません。風邪ぎみのときは一枚多く着せたほうがいいでしょうか。

A 薄着にして、寒さに慣れさせることは、皮膚と粘膜を丈夫にします。また戸外に出たときの温度差は、体温調節の能力をやしないます。

　確かに寒いから風邪をひくのだと思うのは当然ですが、誰でもつめたい空気に刺激されて鼻水を出したり、汗をかいたあとひえるとくしゃみが出ます。このような自然の体の反応を風邪をひいたと判断して急に厚着にしたり、家の中にとじこもっていると、いつまでたっても抵抗力がつかないことになります。薄着の効用を期待するのなら、多少大胆になることが必要ではないでしょうか。

　またウイルスによる感染の風邪は、薄着か厚着かには関係ありません。体温調節がうまくできなかったり、皮膚や粘膜が弱いと風邪をひきやすいのです。むしろ部屋の中をあたたかく保ち、汗をかいた衣類はこまめに取り替えることです。

Q 車に乗っているとき、乗りもの酔いをしたように顔色が悪くなってミルクを吐きました。赤ちゃんのとき乗りものに乗せるのはよくないのでしょうか。

A 赤ちゃんでも乗りもの酔いをすることはあります。幼児期以前では比較的例の少ないことですが、体質的なものも考えられます。また母親が乗りものの酔いをする場合、その子どもも酔いやすいことがあります。

極度の空腹や満腹、暑さ、道路の混雑など、乗りもの酔いを起こしやすい条件はできるだけ避けましょう。乗用車の前の座席は比較的ゆれが少ないといわれます。酔うからといって、まったく車に乗らないわけにもいかないでしょう。あまり神経質にならず、必要なときは乗せてもかまいません。そのときは十分休憩しながら走るようにしてください。

Q 夏になったら、おしっこの回数が急に減りました。以前に比べて色も黄色いようで心配しています。

A 赤ちゃんの食欲はありますか。いつもと同じように元気にしていれば、病気ではないでしょう。

一般に暑い季節や熱のあるときには、汗や呼吸で水分が失われ、尿の回数が減ります。黄色くなったのも、暑さのせいだと思われます。尿の回数と量は、水分を取る量と季節によっても左右されます。水分を多く取れば、当然尿の量は増えて色も薄くなります。夏場はいくぶん多めに水分を補給するように心がけてください。

もし腎臓の病気や高熱が原因で水分が不足しているなら、赤ちゃんはきげんが悪く食欲もなくなるはずです。元気がないときは、医師の診察を受けてみましょう。

Q はじめてはかせる靴はどんなものがよいでしょうか。アドバイスをお願いします。

A よちよち歩きの赤ちゃんの足は、まだ甲が高く指が外にひらいたようにならんでいます。また同じ月齢でも足の大きさには個人差があるので、ある程度調節のきくものがよいでしょう。

靴の大きさは、はかせてみたときつま先に一cmほど余裕があるものを選びます。足は運動するとどうしてもつま先のほうにすべるので、編みあげやベルトで足首をしっかりささえられるものが適しています。手軽さからいっても、マジックテープ式に簡単にとめられるベルトのものは人気があるようです。

ふつう甲の部分はやわらかく、靴底はしっかりした材質で作られていますが、大人が手で軽く曲げてみて直角くらいまで曲がる程度のかたさが目安です。

長く使うものではありませんが、歩きたい欲求でいっぱいの赤ちゃんに、あまりブカブカの靴をはかせるのはよくありません。

12か月児

十二か月にはいったら心と体はこんなふうに育ちます

満一歳のお誕生日、赤ちゃんはこの一年で大変な成長を見せてくれました。まだ歩けない赤ちゃんも、じきに歩き出すことでしょう。これからはますます活動範囲が広がっていきます。

一人で立つことができる

体の動きは日を追うごとに活発になり、多くの赤ちゃんがつかまらないで立てるようになります。この時期に二〜三歩歩ける赤ちゃんもいます。まだ一人で立てない赤ちゃんも歩けない赤ちゃんも、半年もすればやがてできるようになるでしょう。

これまでもさまざまな運動機能の発達が、その子どもによって差があることは経験してきました。無理に歩かせる努力をしてもまったく意味のないことです。歩き出す時期が遅くても早くても、その後の発達に影響することはほとんどないので、あせらずに見守ってください。

一歳六か月をすぎても歩く気配のない場合は、念のために医師に相談してみましょう。

体重はあまり増えなくなる

○歳児のころの体重の増加は、目ざましいものでした。満一歳の平均体重は、生まれたときの約三倍前後にもなっています。でもこれからは体重の増えかたが減り、食欲にも個性がはっきり出てきて、よく食べる子と食べない子に分かれてきます。「寝ない、食べない」の悩みがお母さんたちの会話に登場するのもこの時期ですが、子どもが人間らしく成長していくということは、たくさん食べて大きくなることだけではありません。体重計に一喜一憂するよりも、活発に遊び、きげんよくすごしているかどうかが大切です。そのことが子どもの健康のバロメーターでもあるのです。

手を使うことが上手になる

手が器用になってきて、スプーンを握ったり、コップを持って飲むことが上手になります。クレヨンやマジックを持たせると紙になぐり書きをします。まだ指を使うようなこまかい作業はできませんが、積み木を持って遊んだり、おもちゃを拾い上げる動作がスムーズになります。いたずらもさかんになり、お母さんの

手を使うことが上手になる。

12か月のころの赤ちゃん

ものにつかまらないで立ち上がれるようになる。

目のとどかないうちに、大切な本を破ることもあるでしょう。ティッシュを箱から全部引き出してしまうことなど子どもの大好きないたずらのひとつです。なにもかも禁止してしまわないで、ときには自由にいたずらさせることも必要です。クレヨンを持たせて思い切りらくがきをさせたり、不要になった新聞紙をビリビリ破らせてみましょう。赤ちゃんはきっと楽しそうにやることでしょう。

紙とクレヨンなどを与えるとなぐり書きする。

ティッシュペーパーを引き抜いて喜ぶ。

危険なときには叱ることも必要

歩きはじめるということは、いよいよ目の離せない時期に突入することです。ぜひ大切なものや危険なものは、子どもの手のとどかない場所に置いてください。

また、してはいけないことは叱ってやめさせなくてはなりません。赤ちゃんは、よいこと悪いことの判断はできませんが、危険な行動をしようとしたとき、「ダメ」といわれたら即やめられるような条件反射が必要なのです。何回もくり返し同じ調子で叱り、それでいけないことをやめたらたっぷりほめてあげましょう。子どもに善悪の判断を迫るのはまだ先のことです。まずお母さんの禁止を守らせること。それがこの時期の叱ることの意味です。

次の健診は一歳六か月

保健所の集団健診は、一歳六か月になっていますが、お誕生をすぎるころに一応ホームドクターなどに見てもらってもいいでしょう。

12か月児

いよいよ幼児食のはじまり やわらかくしかも薄味で…

離乳食は、12か月から15か月前後にほぼ完了し、それから幼児食へと移行していきます。家族と一緒の食事ができるようになりますが、同じ材料をやわらかく薄味に仕上げることは続けましょう。

離乳完了の目安

離乳完了の時期は、赤ちゃんによってそれぞれ異なります。だいたい12か月から15か月を中心に遅くとも18か月ごろといいますが、離乳食を開始した時期や発育の差も考えて、無理なく幼児食へと移行していきましょう。離乳完了の目安として、次のようなことが考えられます。

●一日三回の離乳食がほぼ食べられる。
●口を動かして噛み切ろうとする。
●やわらかいご飯程度のかたさの食べものを噛んで飲みこめる。
●断乳がすんで、昼間のミルクはやめている。

離乳食から幼児食へ

幼児食というのは、離乳食を卒業したのち三歳くらいまでの子どもの食事です。離乳が完了しても、急に食事の内容を変えるという意味ではありません。離乳の終わりのころから、かなりいろいろなものが食べられるようになり、大人の食事をアレンジしたり噛む練習をしてきました。その流れで、徐々に大人と同じ食品を食べるようにしていくのが、幼児食の時期です。

やわらかく、薄味にする

大人と一緒の食事時間になり、大人の食品の中から、やわらかいものや食べやすいものをとり分けて与えます。基本的にはなにを食べてもよいのですが、刺激の強いものや味つけの濃いものには注意しましょう。

繊維の多いものや噛み切りにくいものは、様子を見ながら取り入れていきましょう。口に入れたときの噛みかたや、便の状態も参考になります。

はじめのうちは、大人の食事も薄味にして赤ちゃんに合わせることになることもあるでしょう。

食べる量の目安

比較的よく食べるA子ちゃんのある日の食事です。

ご飯に比べておかずを多めに。

九時…食パン一枚、チーズ、りんご、牛乳
十二時…スパゲティ、卵、ソーセージ、野菜
三時…クッキー、牛乳
六時…ご飯一杯、魚、野菜

完了期の離乳食と幼児食メニュー

ロールサンド

①食パン1枚（12枚切りのもの）は、耳をとりマーガリンをぬって3等分する。

②ゆで卵半分はきざんでマヨネーズであえる。ツナ10gときゅうりのみじん切り少々もマヨネーズであえる。

③パンに②の2種類をそれぞれ乗せ、残りのパンにはトマトの薄切りを乗せてクルリと巻き、楊枝でとめる。

ミニハンバーグ

①味つけしていない大人用のハンバーグの種から、適量を取り分ける。

②湯通しして水気を切った豆腐少々を、ハンバーグの種に加えて練る。

③食べやすい小判型にととのえて、サラダ油少々で両面を焼き中まで火を通す。

にら卵

①あさり水煮（缶詰）は汁と身に分ける。汁大さじ1に、かたくり粉少々を加えてよく溶いておく。

②とき卵1個の中に、小さく切ったにら20gとあさり30gをまぜ、サラダ油をひいたフライパンで両面焼く。

③トマトケチャップ大さじ1と①のあさりの汁を火にかけて、とろみがついたら②で焼いた卵にかける。

八時…牛乳

一回の食事の目安は、

●ご飯（やわらかめ）子ども茶わんに軽く一杯あるいは食パン薄切り一枚。うどんなら半玉くらい。

●卵一個、魚の切り身半分、肉三〇gくらい、豆腐四分の一丁。いずれか一品。

●野菜と果物五〇gくらい。

食事の量は個人差があるので、これより多くても少なくてもかまいません。無理に食べさせず、少食の子には牛乳やプリンなどたんぱく質の豊富なおやつで栄養をおぎないましょう。ただし、あまり甘すぎるおやつはひかえます。

おかず中心に食べさせる

一歳をすぎた幼児では、体重一kgにつき二〜三gのたんぱく質を必要とします。エネルギーは大人の三分の一でも、たんぱく質はおとなの半分の量が必要です。できるだけ肉、魚、卵、大豆類などのおかずを多めに与えましょう。特に少食の赤ちゃんには、ご飯、パンよりおかず中心に、栄養のバランスを取ります。

12か月児

偏食の原因は親にあります　食事やおやつは規則正しく

一歳からの悩みのトップは、「食べないこと」。急に食欲が落ちたり、食べかたにもむらが出ます。でも無理じいは禁物です。子どもは空腹になったら必ず食べるものと、のんびりかまえましょう。

食欲の落ちる時期もある

食事を食べないという悩みは、いつの時期にもあるものですが、一歳をすぎたころから目立って感じられるようになります。

食欲不振は多くの場合、食べるときと食べないときの差が激しいいわゆるむら食いや、離乳食をたくさん食べていた赤ちゃんが、その反動で急に食欲が落ちるなどの状態です。基本的に赤ちゃんは、大人のようにきめられた量をきちんと食べられないのがふつうです。体が自然と食べる量を調節しているわけですから、お母さんはあまり神経質にならないようにしましょう。

また、もともと少食の赤ちゃんもいて、少しの食事で生活していけるタイプなの

幼児期の食事のしつけ

食べる前に必ず手を洗う。

食事の時間をきちんときめる。

「いただきます」と「ごちそうさま」を忘れずに。

よく噛んで楽しく食べる。

でしょう。少食でも元気にしていて、バランスよく食べていれば心配ありません。

生活習慣を改める

食べない原因としては、おやつの時間が不規則だったり、夜寝つきが悪くて生活のリズムがくるっていることなども考えられます。ぐずったときにちょっとお菓子をという場合にも、適当な量で切り上げましょう。「もっともっと」とほしがるのでつい与えすぎると、お腹がいっぱいになってしまいます。

食事と食事の間はある程度時間をあけます。一回の食事に長い時間かけるより、食べなければ適当に切り上げて、次の食事までになるべくおなかをすかさせることです。天気のよい日はたっぷり外遊びをさせ、たまには外でお弁当を食べるなど、生活にメリハリをつけるようなアイディアで食事を楽しみましょう。

メニューや、味つけがワンパターンで飽きてしまうこともあります。大人の食べものに興味を見せたときは、食べやすくして与えるのもよいでしょう。

偏食を防ぐくふう

離乳食の段階からすでに好ききらいのきざしはみえますが、それを深刻な意味での「偏食」と考えないほうがよいでしょう。味覚や好みは人間的な個性のあらわれでもあります。無理にきらいなものを食べさせることは、食事そのものを苦痛なものに感じさせてしまいます。

幼児期には、昨日まで食べなかったものを急に食べるようになったり、逆に大好物の食品にいつのまにか飽きてしまうということがありがちです。一回与えてみて食べなくても、また次のチャンスに形や味つけを変えて食べさせてみます。また好きだからといって、同じものばかり続けることは避けましょう。

バラエティにとんだ食べものと調理方法を体験させ、家族のほかの人が好きでないものもメニューに加えるようにしたいものです。子どものときにあまり食卓にのぼらなかった食品は、成長してからなんとなくとっつきにくくなることもあります。

おやつによくないもの

キャラメル
あめ
塩せんべい
チョコレート
コーヒー
あんこ類

みんなで楽しく食べる

食事はなるべく家族そろって食べる習慣をつけたいものです。楽しい触れ合いの場としての食事時間。それを体験することには、大切な意味があります。

遊び食べもはじまり、お母さんは歩き出した赤ちゃんと追いかけっこになることもあります。食事の時間はテレビを消し、おもちゃなどに気をとられないような雰囲気を作りましょう。

12か月児

ママのやさしい語りかけから子供は言葉をおぼえます

ようやく赤ちゃんは意味のある単語を口にしはじめ、言葉を通してまわりとコミュニケーションすることをおぼえます。教科書は大人の発する言葉です。赤ちゃんのたくさん話しかけてあげましょう。

心のつながりとしての言葉

泣くことだけが意思表示の手段だったときから、お母さんは赤ちゃんの世話をしながら自然に話しかけてきました。「さあおっぱいをあげましょうね」「おいしいご飯よ」「お風呂にはいってさっぱりしたね」これらの言葉は、自分ではなにもすることのできない小さな赤ちゃんに、お母さんの愛情を伝える表現です。心のこもった言葉と行為を全身に感じることで、赤ちゃんは言葉を理解するようになっていきます。

話しかけることの大切さ

ふつう赤ちゃんとお母さんは基本的な言葉の学習を、知らず知らずのうちにしていくものです。極端な例でいえば、赤ちゃんにまったく話しかけることをしないで育てた場合、赤ちゃんには言葉をおぼえるチャンスがありません。

赤ちゃんは、まず耳で聞いて言葉の意味を理解します。「これはヒコーキ、これはデンシャ」と、お母さんが教えているうちに、ものと名前が結びついていきます。「これはなに？」という問いに答えることができなくても、「ヒコーキはどれ？」と聞けば絵本などの飛行機をちゃんと指で示すことができるようになるのです。

やがて大人の言葉をくり返し聞いているうちに、その発音を真似ることができるようになります。だから話しかけるときは、赤ちゃんの目を見て、正しい言葉使いで、はっきりしゃべってあげましょう。

テレビはほどほどに

テレビからの一方的なおしゃべりは、言葉の発達にはあまり役立ちません。テレビと対話したり、コミュニケーションをとることはできず、心を伝えたいという欲求が起きないからです。

テレビの歌や幼児番組は、お母さんとの対話の材料であって、子守りではありません。「おもしろいね」「一緒にやってみようか」赤ちゃんもそんな言葉かけを必要としています。

言葉の発達には差がある

言葉の出る時期は、子どもによっては半年以上も差があります。一〜二歳の間に意味のある言葉を使いはじめますが、一歳半くらいまでなにもいわない子もいます。こちらのいうことがだいたいわかっていて、運動機能の発育が順調であれば、心配にはおよびません。

最初のうちは、「マンマ」「ワンワン」という単語が、食べものがほしい、犬がきた、などのさまざまな文の代わりをします。これを一語文といいます。それを聞いてお母さんは「おなかがすいたの？」と、子どもの気持を察知した会話をくり返すでしょう。こうして子どもは自分の言葉で要求を満たすことができるようになります。

二歳すぎには、「ワンワンきた」「ワンワンあっち」など二つの単語をつなげた二語文を話し出す子どももいます。

二語文の出はじめるのが遅い子でも、いくつか意味のある単語がいえれば問題ないでしょう。いずれ話すようになっていきます。

赤ちゃん言葉

「ヒコーキ」が「コーキ」になったり、「オイシイ」を「オイチイ」というなどの幼児音は、発音のむずかしい音に見られます。これらの赤ちゃん言葉は、三歳くらいまで残ることもあります。はじめておぼえた言葉を無理に矯正することはありませんが、大人が正しい言葉使いをすることで自然になおっていきます。大人が赤ちゃん言葉で話しかけるのはやめましょう。

言葉おぼえをうながすために

テレビはママと赤ちゃんの対話の材料に。

食事のときもママのひとことを。

1語文からだんだんと2語文を話せるようになっていく。

お母さんの言葉によって、ものと名前が結びついていく。

十二か月の赤ちゃん ママの気がかりQ&A

赤ちゃんの様子は一日ごとに変化します。一番身近にいるお母さんはいつもその第一発見者。赤ちゃんとの暮らしの中で、気になること悩んでいることに答えるQ&Aのページです。

Q **昼寝をあまりしません。午前中はよく遊ばせるようにしているのですが、寝ても三〇分くらいですぐに起きてしまいます。三時間も昼寝をする子がいると聞いて心配になりました。**

A 健康な大人でも、その人に必要な睡眠時間には差があります。赤ちゃんにもいろいろなタイプがあり、昼寝をたっぷりしたのに、夜も早くから眠くなる赤ちゃんもいれば、質問の赤ちゃんのように一歳すぎからあまり昼寝をしなくなる赤ちゃんもいます。

睡眠は時間の長さではなく、その子なりの毎日のリズムができているかどうかを重視しましょう。眠いときに自然に眠るはずの赤ちゃんが、なにかに興味をひかれたり、食事時間のずれなどから、寝るタイミングを逸してしまうこともあります。そのような原因が重なって、長い昼寝を必要としなくなったのでしょう。大人の生活習慣や、朝起こす時間を変えることで、昼寝をするようになる場合もありますが、それで効果がなければあまり気にしないことです。

外遊びの習慣は、大変よいことですし、昼間たっぷり運動させて夜は早く寝させるような環境を作ってはどうでしょう。

平均的にみれば三歳をすぎると、昼寝をしない子も多くなります。

Q **気に入らないことがあると、激しく泣きます。あるとき急に泣きやんだと思ったらひきつけたようになりました。大丈夫でしょうか。**

A いわゆる泣き寝入りひきつけの状態でしょう。要求が満たされないとか、激しく興奮することで急に呼吸がとまり、けいれんしたようになります。チアノーゼを起こして唇が紫色になり、体をつっぱって意識を失うので驚きますが、数秒から十数秒で自然とおさまるので、あわてないことです。

生後六か月から一〜二歳ころに多くみられ、五〜六歳をすぎるとほとんどなくなります。過保護になったり、干渉しすぎることを避け、子どもの情緒を安定させるようにつとめましょう。

Q **とにかく食べません。一食に二さじくらいです。牛乳は好きなので一日一リットルは飲んでいます。このままでは栄養がかたよってよくないでしょうか。**

A 一リットルも牛乳を飲んでしまうとおなかがいっぱいで食欲がなくなります。牛乳にはかなりのカロリーとたんぱく質がふくまれていますが、ビタミンCや鉄はふくまれていません。

牛乳の量を一日四〇〇cc程度に押さえ、

のどが乾いたときは番茶や薄いジュースを与えてみましょう。栄養のことを考えると、食べない子にはせめて牛乳でも飲ませなければと思ってしまいますが、ある程度空腹をおぼえさせ、いろいろな食べものに慣らすことも必要です。

Q **一日中べったり母親にくっついて困ります。そろそろ一人遊びをしてもよいと思うのですが。**

A 子どもは、少しくらいお母さんと離れても大丈夫だという安心感を持つことで、お母さんが目の前にいなくても遊べるようになっていきます。

　これまでは、お母さんもべったり相手をしていられる状況にあったのでしょう。ここで急につき離しても、さらに不安を感じてお母さんを求めます。お母さんの声や姿が確認できるような状況の中で、子どもの興味をひくものを与えるなど、一人遊びのチャンスを作りましょう。

　また、たまには忙しくて相手をしていられないようなときには、無理してイライラしながら子どもに従うより、「これがすんだらね」といい聞かせるようにします。用事がすんだら、お母さんはちゃんとその約束を守ることが大切です。

Q **ベビースイミングはいつごろからはじめるのがいいのでしょうか。またどんな効用がありますか。**

A 日本では生後六か月からはじめられます。水に慣れ親しみながら、親子のスキンシップをはかるという楽しみがあります。四〜五歳になってぜんそくの治療のために水泳をすすめられることもありますが、赤ちゃんのうちは、絶対に必要とされるものではなく、流行だからといって無理をしてかようことはありません。

　赤ちゃんが昼寝をよくするようになったり、お母さんの気分転換や友人作りに役立つなどの利点はあります。

Q **気がつくといつも性器をさわっています。男の子はいじりやすいと聞きましたが、かなり気になります。**

A 子どもの性器いじりは、男の子にも女の子にも見られます。眠るときや手持ちぶさたなときの癖になっているのです。大人の感覚を持ちこんで、禁止したり強く叱ったりしても効果はありません。特に母親は神経質になりがちですが、楽しく遊んでいるときにはしないはずです。いずれなおるものですが、気になるときは、ほかのことに関心をそらせるようにしましょう。

赤ちゃんのお祝いごと

●お七夜

赤ちゃんは生後七日めで「お七夜」のお祝いをむかえます。お七夜は、命名の儀式であると同時に、赤ちゃんが無事成長の第一歩をふみ出したことへの、感謝の行事です。

この日はちょうどお母さんと赤ちゃんが退院するころにあたり、ごく内輪のお祝いにすることが多くなりました。お母さんも産後の疲れやすいときです。落ち着いてから日を改めて行なってもいいでしょう。

正式には、お祝いの席で名付け親が赤ちゃんの名前を披露し、命名書を神棚や床の間に飾るしきたりになっています。特に名付け親がいなければ、両親の手で心をこめて書いてみてはいかがでしょう。

●お宮参り

古く鎌倉時代からの風習で、「産土参り(うぶすなまいり)」とも呼ばれます。土地の守り神である産土神に赤ちゃんの誕生を報告し、成長を祈ったものです。

男の子は生後三十一日、女の子は三十二日目といわれていますが、地方によっては五十日とか百日に行なう習慣のところもあります。ちょうど一か月健診のころなので、赤ちゃんを連れての外出が重なります。なによりも赤ちゃんとお母さんの体調のよい日を選んで、気軽な服装で出かけましょう。赤ちゃんの衣装も伝統的な和装から、のちのちまで着られるようなベビードレスや、レンタルの利用まで選択はさまざまです。

●お食い初め

生後百日をすぎるころ、赤ちゃんにお膳を用意して、はじめてご飯を食べさせる真似をします。これまでの成長を喜び、家族の一員として食事をともにするという意味もあります。赤ちゃんが離乳食をはじめるときに使う、かわいい食器をそろえてあげてはどうでしょう。また、赤ちゃんのお披露目として親戚、友人などを招いて気軽なパーティにするのも楽しいですね。

●お誕生日

満一歳で、すばらしい成長をとげた赤ちゃん。立つこと、歩くこと、食べること、怒り、泣き、笑い。まだまだ赤ちゃんの新鮮な世界は広がり続けます。そのすこやかな歩みを、ご両親は筆舌に尽くしがたい思いで見守っていることでしょう。地方ではたくましく育つように願いをこめて、餅を背負って歩かせるところもあります。手形や足形をとってもいいでしょう。それぞれのやりかたで、思い出に残る楽しい初の誕生日をお祝いしましょう。

第 3 章

赤ちゃんの病気とけがの応急法

赤ちゃんの状態から発症をさぐる

赤ちゃんは自分から病気の症状を訴えることができません。熱や下痢の症状があるときも、すぐ医者にみせたほうがよいのかどうか判断するのは、毎日接しているお母さんの観察力です。

全身状態をチェックする

自覚症状を言葉にすることができない赤ちゃんも、病気のときにはいろいろな方法でＳＯＳのサインを発します。赤ちゃんの日ごろの状態をよく知っているお母さんは一番先にそのサインに気がつきます。同じ熱でも、きげんがよく食欲があればさほど心配はいりません。お母さんの観察は、診断の参考にもなります。変だなと感じたら、ぜひ赤ちゃんの状態をチェックしてください。

全身状態がよいときは、症状も軽いはずです。翌日時間の余裕をみて病院へ連れて行くと安心です。重症と判断される場合または不安のあるときには、夜中でも迷わず救急病院に連絡します。

●熱を計る

熱は体の異常を知らせる赤信号です。熱のあるときは、赤ちゃんの顔が赤かったり、授乳やおむつ替えのとき体が熱く感じられます。三八度以上の熱があり、全身状態がよくないときは、医師の診察を受けます。

体温を計る方法はいくつかありますが、最近は電子体温計の使用が多く、だいたいわきの下で計ります。専用の直腸体温計を使って肛門で計る方法は、より正確な数値が得られます。ただし肛門で計った体温はわきの下より高くなります。

平常の体温は新生児に近いほど高いものですが、平熱には個人差があるので、元気なときに何回か熱を計っておくとよいでしょう。

赤ちゃんは病気以外でも熱を出すことがあります。気温が高かったり厚着をさせたために、水分が足りなくなった場合です。体温以外の全身状態をよく見て、心配のない熱がどうか判断しましょう。

●きげんのよしあし

熱があるときでも、あやすとよく笑い、きげんよく遊んでいるようなときは、あわてて病院へ行く必要はありません。落ち着いて様子を見ます。いつまでもぐずっていたり、なにかにつけてすぐ泣くよ

健康なときの体温・脈搏・呼吸

	体温（℃）	脈搏（一分間の回数）	呼吸（一分間の回数）
新生児	36.7～37.5	100～180	28～48
乳児	36.7～37.3	120～140	23～35
幼児	36.6～37.3	90～100	18～22

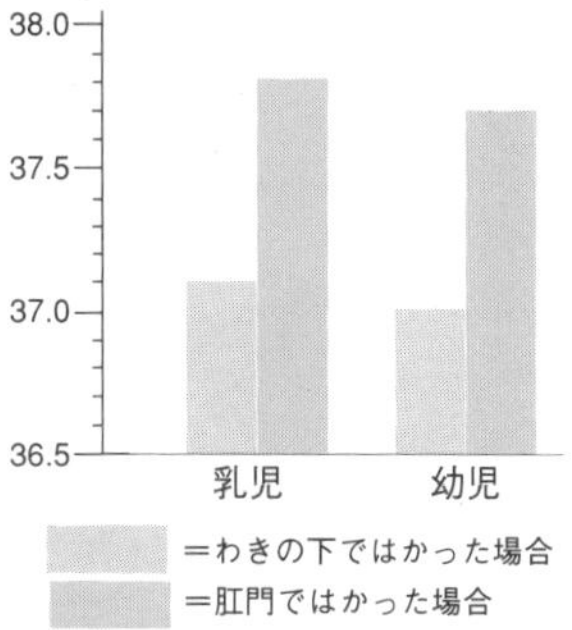
38.0
37.5
37.0
36.5
乳児
幼児
＝わきの下ではかった場合
＝肛門ではかった場合

平均体温は乳児と幼児で違いがあり、わきの下で計った場合と肛門で計った場合とでも差が出てくる。

体温を計る場所

肛門専用の体温計の先にオリーブ油をつけ、肛門内に2～3㎝さし入れる。

わきの下の汗をよく拭きとり、体温計の先端をはさんで腕を体にぴったり合わせる。

うなときは注意します。

●泣きかた

いつもと同じに元気よく泣き、抱いてあやしたりミルクを与えるとすぐ泣きやむようなら問題ありません。ぐあいのよくない場合は、泣きかたが弱々しかったり、おんぶをしても抱いてもぐずぐず泣き続けます。あるいは間隔をおいて激しく泣き、足を縮めるようなかっこうをします。

●元気があるか

手足が活発に動いているうちは、心配ありません。どことなく元気がない、動きも少なくぐったりしているのはよくない徴候です。診察を受けましょう。

●食欲

ミルクを飲む量が減ったり、いつも喜んで食べるものを食べないなど食欲不振のときは、ほかの全身状態をよく見ましょう。元気がなくなっているようであれば病気を考えます。吐いてぐったりしていたら、すぐ医師にみせます。

一時的な食欲不振は、病気ではありませんが、そのときは食べなくてもきげんよくしているのでわかります。

●顔色と表情

顔色が悪く唇が紫色になっている、活気のない表情で目がうつろな感じがする、うとうとしていて呼んでも反応が鈍いなどはかなり危険信号です。すぐ病院へいきます。

●呼吸

呼吸困難におちいると、ゼーゼー、ヒューヒューという苦しそうな呼吸、あえぐような呼吸、小鼻をピクピクさせる状態などが見られます。また、呼吸のとき鎖骨の上や肋骨の間がへこみ、チアノーゼをともなうこともあります。病院へ連絡しましょう。

〈重症でないときの全身状態〉

○きげんがよい○元気がある○よく眠る○食欲がある○泣きかたに元気がある○あやすと笑う○顔色がよい

〈緊急を要する状態〉

●激しい下痢、白い水様便●多量の血便●呼吸困難●けいれんが一〇分以上続く●くり返し吐く●意識がはっきりしない●脱水症状（尿が出ない）●激しく泣く

病気のときの家庭看護心得

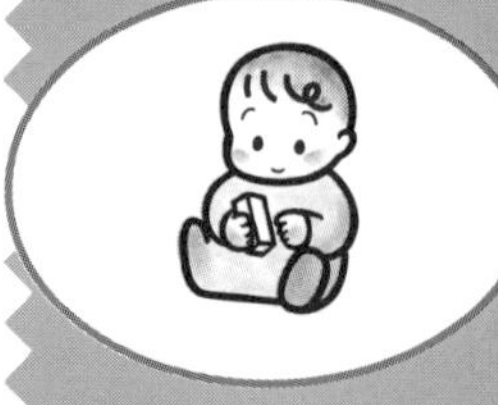

赤ちゃんのぐあいが悪くなったときは、入院を必要とする病気でない限り、家庭でのケアが中心となります。病気の症状に応じて、赤ちゃんが快適にすごせる環境を作りましょう。

赤ちゃんの部屋と環境

赤ちゃんのすごす部屋の室温は一八～二〇度くらい、湿度は六〇～六五%が適当でしょう。赤ちゃんは体のわりにはカロリーをたくさん取っていて大人より暑がりです。室温は大人がちょうどよいと感じるよりやや低めに保ち、ふとんのかけすぎや厚着に注意します。

暖房器具は部屋の空気をよごさないものが快適です。風邪で粘膜が弱っている場合は乾燥を防ぐために加湿器を用いると赤ちゃんは楽になります。洗濯ものを室内に干す、洗面器にお湯をはって置くなども湿度を上げる効果があります。

室温が一〇度以下になるときは、湯たんぽを使用します。お湯の温度は四〇～五〇度くらいにして、タオルでしっかり包みます。赤ちゃんの体にじかに触れないよう足元から離して置きます。

むし暑い夏は、クーラーや除湿機能を適度に利用して快適にしましょう。また室外との温度差は五度以内にします。

食事と水分

赤ちゃんは大人より水分を必要とします。発熱や下痢、嘔吐のあるときは特に水分の補給に気をつけましょう。

熱のあるときは、水分の多いもの、消化のよいもの、ビタミンの豊富な食事を。みそ汁、果汁、麦茶など好みの物を少しずつ与え、水分をおぎないます。

離乳前の赤ちゃんで下痢の回数が多いときは、母乳やミルクの量を減らし、電解質液、幼児用イオン飲料で十分水分をおぎないます。

離乳をすすめている場合は便の様子をみて食事のかたさや調理方法を初期のころの形態にもどします。下痢がおさまらないときは離乳食を一時やめて母乳やミルクでおぎないます。いずれも水分をたっぷり与えましょう。下痢がおさまったら消化のよいものから食べさせます。

赤ちゃんが吐いた場合も、水分の必要性は同様ですが、少しずつ何回にも分け

湯たんぽの当てかた

湯たんぽはカバーをつけて、掛けぶとんと毛布の間に入れる。

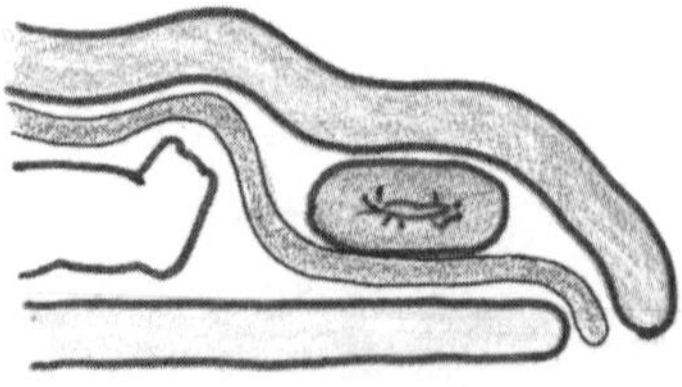

赤ちゃんの足と湯たんぽの間は20㎝くらい離す。

薬の飲ませかた

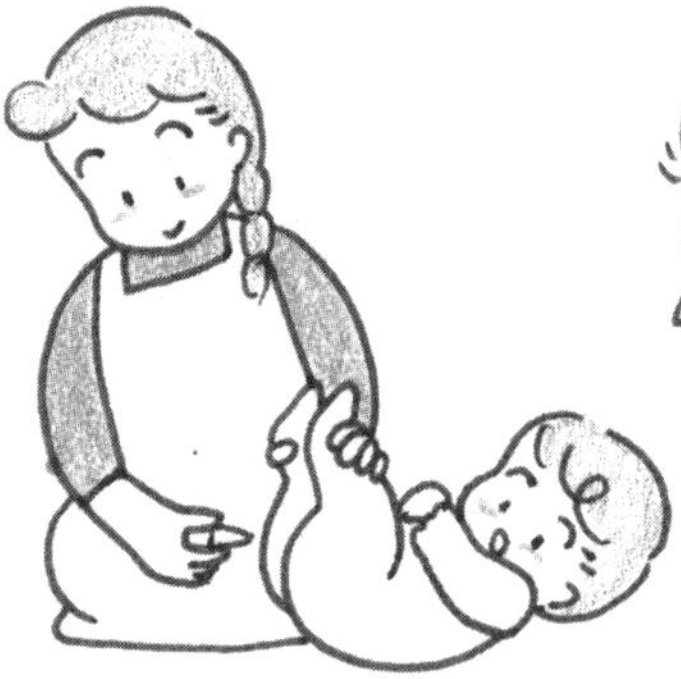

坐薬は赤ちゃんの両足を持ち上げ肛門の奥まで入れこむ。

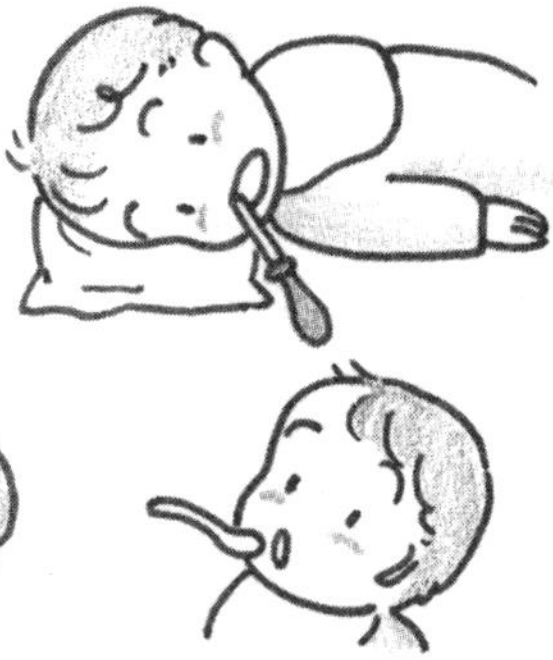

水薬はスポイトで頬の内側にたらすか、スプーンで飲ませる。

粉薬は水や湯で練って赤ちゃんの上あごか頬の内側にぬりつける。

て与えると飲みやすいでしょう。

薬は医師が処方したものを

薬は必ず病院で医師の処方したものを与えます。飲ませかたも医師の指示を守ってください。ただし、赤ちゃんはまだ規則正しく食事ができません。例えば一日三回食後服用とあれば、食後でなくても朝、昼、晩の適当な時間に飲ませればよいと考えます。眠っているときは、目がさめるまで待ちましょう。

薬は、日数がたつと変質したり効力を失う可能性があります。飲み残しの薬を飲ませるのはいけません。薬を飲みきる前に症状がおさまってしまった場合も、一応医師に相談します。なお解熱剤など保証期間の長い薬は、常備薬として保管することができます。

薬の飲ませかた

●水薬

水薬は、スプーンで飲ませます。口を開いたときにタイミングよく流しこむのがコツです。飲みにくいときは、少量の水で薄めてもよいでしょう。スプーンに慣れていないときは、スポイトを使って赤ちゃんの頬の内側にそっとたらすようにします。

●散薬

散薬（粉薬）は、お母さんの指先に乗せて口の中に入れます。薬の量が多いときは、粉薬に水をほんの少々たらして練りかためます。それを指先で赤ちゃんの頬の内側か上あごにぬりつけてください。薬がうまく口にはいったら、すぐ湯ざましを与えます。

●坐薬の挿入法

坐薬は主に解熱剤として使用されます。粘膜から吸収されるので即効性があり、吐き気で薬が飲めないときにも使います。体温でとけるので手早く扱い、涼しい場所に保管します。またなるべく排便をすませてから使用しましょう。

挿入するときは、おむつを替えるときの姿勢をとり、肛門にそろそろと挿入します。坐薬の後尾がかくれるまで深く挿入し、しばらくティッシュで押さえてからあおむけに寝かせます。

発熱・ひきつけ

赤ちゃんの熱が高いと、お母さんはちょっとあわてます。熱が高くても病気が重いとは限りませんが、いろいろな病気の出はじめには熱をともなうことが多いので、注意が必要です。

熱があるときの注意

熱をともなう病気には風邪をはじめとしてさまざまなものがあり、赤ちゃんはひんぱんに熱を出します。顔が赤い、抱いたときに体が熱い、目がうるんでいるなどの徴候があったら、熱を計ります。熱を計る場所はいくつかありますが、ふつうはわきの下でよいでしょう。汗をよく拭いてしっかりはさんで計ります。（165ページ参照）

他の症状とあわせて判断する

熱があるとされる数値は三七度五分以上ですが、健康な時の平熱によっても個人差があります。また赤ちゃんは水分が不足したり、厚着をすることで簡単に熱を出します。

心配のない熱かそうでないかは、赤ちゃんのきげんのよしあし、食欲、動きかた、顔色など全身状態を見て判断します。（164ページ参照）せきやくしゃみ、鼻水、発疹、嘔吐などの症状、便や尿の状態もあわせてよく見てください。熱があっても赤ちゃんが元気でよく動いている場合は、あわてて病院にかけこむ必要はないでしょう。

ぐったりしている、反応が鈍い、唇が紫色、顔が蒼白など、または嘔吐が激しく脱水症状が心配されるようなときは、早急に医師の診察が必要です。

ただし、生後三か月前の赤ちゃんが高い熱を出したときは、医師の診察を受けてください。この時期の高熱はしろうとには判断がむずかしく、容態も変わりやすいからです。

熱があるときに考えられる病気

病名	特有な症状
風邪	くしゃみ、鼻水、せき、下痢、嘔吐などがある。
おたふく風邪	あごの下や口の中がはれてくる。
扁桃炎	のどが赤くなり、痛んで、高熱が出る。
急性喉頭炎	のどが赤くなり、軽いせきや鼻水が出る。
髄膜炎	嘔吐、頭痛、けいれん、意識障害などを起こす。
中耳炎	耳が痛む。
熱性けいれん	ひきつけを起こすが１～３分でおさまる。

熱の応急手当てと看護

夜中に三九度を超える高い熱が出たときは、ほかに気になる症状がなければ、とりあえず解熱剤を使用して様子を見ます。

ほんとうは解熱剤も医師の処方を受けた薬のほうがいいのですが、医師へ緊急の連絡を必要としないと判断できる場合は常備薬でもかまわないでしょう。ただし、常備薬を使うときはきちんと使用法を守ることが大切です。すぐ熱が下がらないからと続けて使用するのはやめましょう。特に坐薬は効きめが強いので危険です。

タオルや氷枕で頭をひやしてもいいのですが、赤ちゃんがいやがるなら無理に使う必要はありません。氷枕を使うときは、頭を置く位置に注意して首や肩までひやさないようにします。

熱のあるときは、安静にして水分を十分に与えることが大切です。

（166ページ参照）

ひきつけのときの手当て

着ているものをゆるめて呼吸が楽にできるようにしてやる。

ひきつけを何度もくり返したり、10分以上も続いたりしたら病院へ。

ひきつけたとき

ひきつけの多くは、急に熱が上がりかけたときに起こる熱性けいれんです。白目をむいて、からだをつっぱらせ、意識がなくなり、文字通りけいれんを起こします。はじめて経験するお母さんは大変びっくりしますが、ひきつけそのもので死ぬことはめったにありません。発作は五分くらいで終わります。おさまるのを待って、医師に連絡しましょう。そのまま眠ってしまったときは、翌日でもかまいません。

ひきつけをひんぱんにくり返したり、一〇分以上発作が続く、また体の片半身だけがけいれんするときは、なるべく早く専門医に見せましょう。

熱性けいれん以外には、泣き入りひきつけといって、激しく泣いたとき呼吸がとまってけいれんを起こすことがあります。いわゆるカンの強い子に多く見られます。

ひきつけの手当て

そのまま静かに寝かせておきます。口にタオルや箸を入れてはいけません。衣服をゆるめ、顔を横に向けて吐いたものがのどにはいらないようにします。

熱の出る病気

●風邪

かぜとはウイルスや細菌が原因で、鼻やのど、気管などに炎症をひき起こす状態ですが、さまざまな症状があり、後述する扁桃炎などものど風邪の一種です。

生後まもない赤ちゃんは免疫があるので、生後六か月くらいまではあまり風邪をひきません。その後外出の機会も増え、保育園へかよい出したりすると、しだいに感染しやすくなります。

風邪の症状があっても、きげんよくしているときは、安静にして様子を見ます。元気がなく、高い熱、下痢や嘔吐をともなうときは、医師の診察を受けます。

●扁桃炎

のど風邪と考えていいでしょう。夕方から夜にかけて高い熱が出ることが多く、のど（扁桃）が赤くはれます。こわい病気ではありませんが、中耳炎、気管支炎をひき起こすと長びくので、医師の適切な処置を受けましょう。

●おたふく風邪

耳のつけ根からあごのあたり(耳下腺)がはれて痛み、熱をともないます。片方だけはれるものと、数日してもう一方もはれてくるものがあります。はれた部分の皮膚は赤くなりません。

熱は三八～三九度くらい出ることがありますが、軽ければ二～三日で引き、はれも一週間から一〇日でおさまります。

ウイルスによって感染し、うつりやすい時期ははれがはじまる数日前から、発病後七～一〇日くらいの間で、潜伏期間は一六～一八日間です。

特別の治療薬はないので、解熱剤や鎮痛剤が処方されます。安静を心がけ、頭やはれた部分をひやすと気分がよくなります。

唾液を分泌する管が炎症を起こし、ものを食べるのが苦痛になるので、食事は水分の多いのどごしのよいもの、アイスクリームなどを与えましょう。

幼児のうちは比較的軽く、年齢が上がるほど重症になります。早めにワクチンを接種するといいでしょう。まれに、感染してもほとんど症状の出ないこともあります。一度かかれば二度と感染することはありませんが、反復性耳下腺炎といって、おたふく風邪にそっくりな症状をくり返すこともあります。

●髄膜炎

おたふくかぜのウイルスが原因でかかる髄膜炎は比較的良性のもので、後遺症も残りません。症状によっては入院治療が必要になります。発熱と強い頭痛と吐き気が特徴です。赤ちゃんは頭痛を訴えることはできませんが、ふきげんになり、頭や首に触れると痛がって泣きます。

●川崎病

まだ原因ははっきりとわかっていない病気で、四歳以下の乳幼児に多く見られます。症状は、長期にわたる発熱、首のリンパ腺のはれ、目の充血、発疹、手足がテカテカになってはれたり、唇が乾いてひび割れるなどの、さまざまなものがあります。

昭和五十七年に大流行し、当時は奇病としておそれられていましたが、死亡率は年々減り、〇・三％以下といわれます。早期に診断を受け、適切な治療を受けることが大切です。(発疹は180ページ参照)

●リウマチ熱

発熱と同時に、関節がはれたり赤くなって熱を持つなどの炎症が起こり、胸の痛みを訴えることもあります。扁桃炎など細菌によるのど風邪のあとに、リウマチ熱にかかりやすいといわれます。リウマチ熱そのものはこわい病気ではありませんが、後遺症や再発を考慮してじっくりと医師の治療を受けてください。

●インフルエンザ

インフルエンザにはＡＢＣ三種類のウイルスがありますが、流行のたびに少しずつ型が変わり、毎年冬になると流行します。症状はほぼ同じで、三九度くらいの高熱と寒気、頭痛、関節の痛み、鼻水やせきなどです。高熱は三日ほどでおさまりますが、体がだるいなどの症状は数日間続きます。特効薬はないので、水分をとり十分体を休めるのが一番です。

●プール熱（咽頭結膜熱）

夏場の代表的なウイルスの病気で、プールなどで感染しやすい夏の風邪と考えていいでしょう。一般に高熱が出てのどと目が赤くなり、目やにが出たりするという症状ですが、乳幼児の場合は下痢や嘔吐の症状のほうが強く出ることがあります。特別な治療をほどこさなくても自然になおることが多いので心配はいりません。高熱の続く間は安静にしてすごしましょう。

●尿路感染症

腎臓で作られた尿が、尿道から体外に出るまでに通る道筋（尿路）のどこかが細菌による感染を起こします。感染の場所によって症状は異なりますが、ふつう原因不明の熱が五～六日続き、目立った風邪の症状が見られない場合は、小児科で尿検査をします。尿に細菌が発見されれば、抗生物質の投与で治療します。風邪をひきやすい季節や尿の量の減る夏期に起こりやすく、女の子に多いといいますが、乳児では男の子にも見られます。再発しやすい病気なので気をつけましょう。

●肺炎（176ページ参照）

肺炎は、その原因になるウイルスや細菌によって症状が異なります。中でも細菌性の肺炎は、高熱と同時に呼吸困難を起こし、一歳以下の赤ちゃんの場合は症状が急変することもあるので注意が必要です。適切な時期に抗生物質を投与するなどの治療を必要とします。

発熱のときに与えたい食品

りんごやみかんの果汁
野菜スープ
煮た白身魚
麦茶
アイスクリーム シャーベット
卵どうふ
野菜の卵とじ

下痢・便秘・腹痛

赤ちゃんの軽い下痢や母乳栄養のやわらかい便は、そのまま様子を見ていても大丈夫。こわいのは、吐いてしまって口からの水分の補給がむずかしいときです。下痢と嘔吐が同時にあるときは要注意。

心配のない便

離乳期前の赤ちゃんの便は水分が多く下痢のように見えたり、粒々や粘液のまじるものもあります。水っぽい下痢のようなうんちが続いても、食欲があってきげんよくしていれば心配ありません。

心配な症状

水のような便が続くとき、真っ黒でコールタールのような便、灰白色か白っぽい便、粘液に血がまじっているなどの症状があるときは、要注意です。

また、下痢以外に嘔吐をともなうようなとき、きげんが悪くぐったりしている、ぐずって泣きやまないなど、全身の状態がよくないときも、すみやかに医師の診察を受けてください。

下痢をしたときの看護

ミルク育ちの赤ちゃんは、ミルク濃度を薄めることもあります。下痢の程度によって異なるので医師の指示に従ってください。

下痢のときまず気をつけなくてはならないのは、水分の不足による脱水症状です。下痢をしているからといって水分までひかえてしまうのは間違いです。食事を一時的にストップして湯ざましやお茶、りんご果汁などを少しずつ与えましょう。ナトリウムが同時におぎなえる電解質液、幼児用イオン飲料も有効です。

下痢がひどいときには、赤ちゃんのおしりも赤くなったりただれたりします。おむつを替えるたびにお湯できれいに拭くか、洗面器におしりだけを入れてよご

便がおかしいときに考えられる病気

病名	特有な症状
消化不良症	鼻水、せき、下痢
ロタウイルス感染症	米のとぎ汁のような水様便を繰り返す
乳糖不耐症	授乳後、嘔吐や下痢を起こす下痢
キャンピロバクター腸炎	下痢、嘔吐、血便が出ることもある
先天性巨大結腸症	便秘、ミルクを吐く、飲まない、腹部がふくらむ
肛門裂（切れ痔）	便に血がつく、肛門の一部が切れる
新生児メレナ	吐血、血のまじったタール様の便を排泄
先天性胆道閉鎖症	便秘をし、灰白色の便。黄疸
ルビン症候群	血便（1～3週間でなくなる）

れを洗ってあげるといいでしょう。

下痢をともなう病気

細菌やウイルスの感染による下痢は嘔吐をともなうので、特に脱水症状に気をつけましょう。また風邪をひいたときにも下痢をします。そのほかミルクを消化する酵素が欠乏しているときに起こる乳糖不耐症。ミルクアレルギーなども下痢の原因としてあげられます。

便通をよくする食品

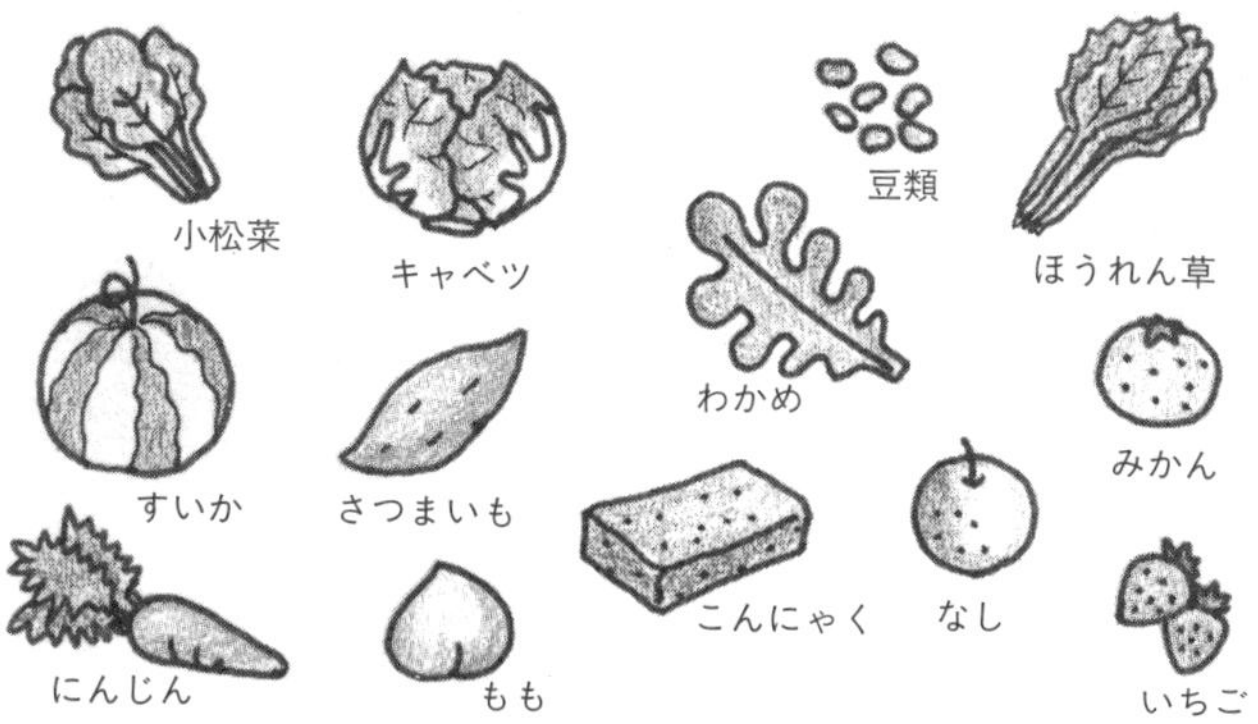
豆類
ほうれん草
小松菜
キャベツ
わかめ
みかん
すいか
さつまいも
なし
こんにゃく
いちご
にんじん
もも

●白色便性下痢症

ウイルス感染による胃腸炎で、二歳くらいまでの赤ちゃんに多く、冬に流行しやすいものです。発病直後は激しく吐き、それにともなって米のとぎ汁のような白っぽい水様便が日に十数回も出ます。赤ちゃんはぐったりし、脱水症状が心配されます。

●消化不良

食べものの量が多すぎたり、変わった離乳食を食べたなどの原因で起こる下痢です。水のような便の中に粘液や粒々がまじっていることもあります。きげんがよければ、離乳食の中身を検討し少し前の段階にもどすなどして様子を見ながら食生活のくふうをします。

吐いてきげんが悪く、泣いてばかりいる場合は、乳児下痢症も考えられます。医師の指導のもとに、症状と経過に見合った食事療法をし、水分の補給につとめましょう。

便秘について

全身状態がよく、元気なときの便秘はあまり心配する必要はありません。母乳は消化がよいので一時的に便秘になることもあります。また便の出る間隔が長いタイプの赤ちゃんもいます。

便秘がちのときは、みかん果汁、砂糖水、薬局で売っているマルツエキスなどを与えます。おなかのマッサージも効果があります。離乳食のメニューにも繊維の多いものを取り入れるようにしましょう。排便時に苦しがったり、便がかたくて肛門が切れるようなときは、医師の指示に従って浣腸をします。

長いこと便が出なかったり、体重の増えかたが悪かったり、おなかが張っているようなときも医師に相談しましょう。

おなかが痛い

赤ちゃんに腹痛があるときは、体をくの字に曲げたり、足を縮めるようにして泣きます。医師に相談し、心配のないものかどうか確認してください。

嘔吐・溢乳

赤ちゃんは吐きやすく、溢乳といって心配のない嘔吐もあります。トラブルのあるときは、嘔吐以外の症状をともなうことが多く、水分の補給をこころがけ、落ち着いて対応しましょう。

お乳を吐くとき

授乳期の赤ちゃんはよくミルクを吐きます。赤ちゃんの胃袋はとっくりのような形をしているので、飲んだ直後や体の向きを変えたときミルクが口からあふれてきます。口の端からダラダラとミルクを出していることもあります。これを溢《いっ》乳《にゅう》といいます。

また三か月くらいまでは、ゲップと一緒にゲボっとミルクを吐くことがあります。飲んでから時間がたっていると、ミルクがかたまってポロポロしたものが出てきたり、すっぱいにおいがしたりしますが、心配ありません。赤ちゃんはお乳を飲むとき空気も一緒に飲みこんでいるのです。授乳後のゲップを習慣づけてください。

食べすぎや風邪で吐く

好きなものを食べすぎてしまったあとに、子どもは自衛手段として吐くことがあります。簡単に吐きやすい体質の子どももいます。熱などの症状がなく、吐いたあとすっきりしたようであれば心配ないでしょう。

また、せきといっしょに食べものを吐いてしまうこともあります。吐いてもきげんよくしていれば心配いりません。風邪で高い熱をともなうときは、水分の補給を心がけましょう。

気になる嘔吐

赤ちゃんが、噴水のように勢いよくミルクを吐いたり、体重の増えかたが悪いときは異常の疑いがあります。吐いてぐったりしている、断続的に激しく泣く、頭を打ったあとで吐く、などの場合もすぐ医師の診察を受けてください。

●脱水状態に要注意

脱水症状になると、まず体の水分が失われるので、唇が乾燥して尿が出なくなります。ひどくなると塩分まで失われ、目は落ちくぼんでぐったりします。

嘔吐と下痢が重なるとき、激しく吐いて水分を受けつけないときは、重症にならないうちに、病院へいきましょう。

吐いたときの手当

吐いたあとは、顔を横に向けて口の中のものを拭き取ります。とりあえず安静にし、落ち着いたら少しずつ口をしめらせる程度に湯ざましを与えて、様子を見ます。またどんな様子で吐いたのか、他

嘔吐のときの処置

吐きそうなときは背中を下から上へさすってやると吐物が出やすくなる。

たてに抱いて背中を上から下へさすると吐き気はおさまる。

あおむけに寝かせると吐いたものが気管にはいって窒息事故を起こしやすいので、顔を横向きにさせる。

の症状などもよく見ておきましょう。

嘔吐のある病気

●幽門狭窄症《ゆうもんきょうさくしょう》

　生後二～八週をすぎた赤ちゃんが、噴水のように勢いよくミルクを吐くときは、幽門狭窄症の可能性があります。授乳のたびにくり返し吐くので体重の増えかたも悪くなり、元気がなくなります。

　この病気は胃の出口（幽門）の筋肉が厚くなって狭くなり、胃の中のものが腸に流れにくくなるために起こります。簡単な手術で完治しますが、薬で内科的な治療が行なわれることもあります。

●腸重積症

　六か月から一歳半くらいの赤ちゃんに多く、腹痛と嘔吐ではじまります。赤ちゃんは足をおなかに引きつけるような姿勢で激しく泣いて、いったんおさまりまた激しく泣くというような特有の泣きかたをします。時間がたつとぐったりして顔色も悪くなります。急いで病院に連れていきましょう。

●食中毒

　大腸菌、サルモネラ菌、赤痢菌などの細菌が原因で起こる胃腸炎です。

　嘔吐、腹痛が激しく、熱をともないます。生ぐさいにおいの下痢をし、血液や粘液がまじることがあります。夏場の食中毒は赤ちゃんだけでなく、たいてい家族も同時に発病します。初期治療が大切なので、早めに医師の診察を受けましょう。

●白色便性下痢症

（下痢をともなう病気。173ページ参照）

●自家中毒

　主に三歳から小学校前の年齢の子に多く見られますが、一歳半くらいで起こることがあります。なまあくびをして元気がなくなり、食べたものを全部吐きますが熱は出ません。

　なにかで興奮したり疲れたりすると、その翌日に症状が出ることが多いようです。風邪などの感染症が引き金になることもあります。たいていは静かに眠らせることで回復します。年齢とともに軽くなり自然に起こさなくなるので、あまり神経質に扱わないことです。

せき・ゼロゼロ

どんなせきをしているかによって、かくれている病気の種類も違います。体の深いところから出ているようなせきや、全身状態のよくないときは要注意です。

軽いせき

せきは、外からはいってきたほこりや細菌、異物を押し出すために自然と出るものです。気温が急に下がったり、つめたい空気に触れたとき、空気が乾燥しているときにも、せきが出やすくなります。赤ちゃんが元気ならそのまま様子を見ましょう。

体質的に、朝起きぬけと寝入りばなにせきをする赤ちゃんもいます。のどの奥がいつもゼロゼロ、ゴロゴロしている赤ちゃんは、痰が出やすいタイプなのです。でも赤ちゃんはいたって元気なことが多く、たいていの場合は自然になおっていくものです。体重の増えかたなどに問題がなく、発育が順調であれば、あまり気にしないようにしましょう。

せきが出るときの看護

せきどめなどの治療薬は、医師の処方したものを飲ませましょう。部屋を乾燥させないようにして、水分をおぎないます。水分を取ることで、痰が切れやすくなります。寝ているときせきがおさまらなくなった場合は、起き上がらせたほうが楽になるようです。

せきの出る病気

●風邪

風邪をひいたとき、はじめはコンコンという軽い乾いたせきが出ます。熱が高かったり、全身状態によっては早めに適切な治療を受けましょう。

風邪が長びくと、気管支や肺に炎症が起こる場合があります。呼吸が苦しそう

せきがひどいときに考えられる病気

病名	特有な症状
気管支ぜんそく	痰。息をするたびヒューヒュー、ゼイゼイが聞こえる。呼吸困難になる。
急性気管支炎	鼻水。痰。38度以上の熱。食欲がない。ヒューヒュー、ゼイゼイが聞こえる。
急性喉頭炎	ヒューヒュー、ゼイゼイをくり返す。声がれになる。
細気管支炎	くしゃみ。鼻水。痰。呼吸がゼイゼイ。微熱。
肺炎	熱が数日続く。呼吸困難になる。
百日ぜき	鼻水、せきが1～2週間続き、やがて発作性のせきが出るようになる。

になったら注意します。

●気管支炎

風邪が原因で起こりやすく、気管支の粘膜に炎症がおよびます。乾いたせきと発熱があり、しだいに痰がドロっとしてきて、一〜二週間でなおります。特別な治療薬はありませんが、医師の指導のもとに安静を心がけ、合併症などを起こさないように注意すれば心配ありません。

せきが出るときの処置

ひどいときはたて抱きにして背中をさすったり、軽くたたいてやる。

湯ざましや番茶などで水分を取らせる。

お湯をわかしたり加湿器を使ったりして部屋の湿度を高くする。

●細気管支炎

細気管支（枝分かれする部分）という、肺に近い場所がおかされた状態で、軽い肺炎ともいえます。二歳以下の乳幼児に特有な病気とされ、ぜんそくのようなせきが出ます。風邪の状態から急速に病気が進行することがあります。

●肺炎

肺炎は以前ほどこわい病気ではなくなりましたが、小さな赤ちゃんは症状が悪化しやすいので気をつけましょう。細菌やウイルス、風邪や気管支炎からも起こります。数日間風邪のような症状があってから、高い熱が出ます。呼吸困難になると、あえぐように息をする、鼻をピクピクさせる、顔が青白くなる、胸やおなかがペコペコするなどの症状があります。早めに適切な治療を受けましょう。

●マイコプラズマ肺炎

マイコプラズマという微生物によって起こるものです。三八〜三九度の発熱が続き、かなりしつこいせきが出るのが特徴で、吐くこともあります。軽症の場合は通院のみでも治療できます。

●百日ぜき

初期のうちは軽いせきで熱も高くありません。しだいにせきがとまらなくなり、夜になると特にひどく、コンコンコンという短いせきの終わりにヒュっという音をさせて、特徴のあるせきをするようになります。小さな赤ちゃんは重くなりやすいので早めに予防接種を受けます。

●ぜんそく

ぜんそくの発作は、せきと息をするたびにゼイゼイヒューヒューという呼吸困難を起こす状態で、気温の変化やアレルギーが原因とされています。

のどのゼロゼロしやすい赤ちゃんは、ぜんそく様気管支炎と診断をされることがあります。

アレルギー体質の場合、ぜんそくに移行することもありますが、そのときは専門医に相談しましょう。ぜんそくは、成長とともになおっていくものです。

発疹

赤ちゃんの病気には、発疹をともなうものが多くあります。熱に発疹が加わる場合、伝染性の病気のこともあります。発疹が出たときは、症状をよく見きわめて、早めに対処しましょう。

発疹の種類

発疹とは、皮膚に吹き出もののようなポツポツができることですが、大きさ、色、形にはさまざまなものがあり、それらのできる体の部位もいろいろです。

発疹を大別すると、はしかなど伝染性の全身病によるもの、アレルギーが原因でできるもの、とびひなどの皮膚病の三つの種類があります。

伝染性のものはたいてい発熱をともない、病気によって熱の出る時期と発疹のできる時期が異なります。

発疹のあるときの手当て

熱をともなう発疹や、原因のわからないものは、早めに医師の診断を受けることが大切です。

かゆみのあるものが多いので、なるべくかきむしらないように気をつけましょう。爪は短く切り、手を清潔にしておきます。

体温が上がるとき、夜寝るときにはかゆみが強くなります。むずがるときは、トントンと軽くたたくようにしましょう。

薬は必ず医師の指導を守って使い、入浴など日常生活についても、医師によく相談してください。

口の中に発疹や口内炎ができると、食べるのがつらくなります。おかゆ、スープ、プリン、ヨーグルト、アイスクリームなど食べやすいものを与えましょう。

発疹の出る病気（感染するもの）

●突発性発疹

生後六か月以降の赤ちゃんのはじめて

発疹ができたときに考えられる病気

病名	特有な症状
突発性発疹	39度程度の熱が３日くらい続き、解熱後発疹が出る。
はしか	最初は風邪ひきの症状だが、いったん解熱後に再び発熱し、発疹が出る。
風疹	発熱と同時に赤い発疹が全身に出る。
水ぼうそう	38度前後の熱。体、頭などに赤い斑点が出る。
猩紅熱	高熱。のどが赤くはれる。全身に赤い発疹。
手足口病	てのひら、足の裏、口中、膝などに小さな水疱ができる。
りんご病	ほほに真っ赤な紅斑、腕や太ももに出ることもある。
川崎病	不規則な発疹。球結膜充血。手足に硬性浮腫。

の高熱であることが多いようです。三～四日続いた熱が下がってから胸や腹、背中などに発疹が出て、下痢をすることもあります。熱のほかに目立った症状がなく、赤ちゃんはわりに元気で発疹も三日くらいで消えます。予後のよい病気なのであまり心配はいりませんが、発疹が出るまでは診断がつかないので、熱のある時期はよく経過を見ておきましょう。

発疹の形状と疑われる病気

形　状	疑われる病気
円形に赤く盛り上がる	水ぼうそう、小児ストロフルス、虫さされなど。
さまざまな形や大きさで盛り上がる	じんま疹、湿疹など。
半球状に盛り上がって中に液体がたまる	水ぼうそう、手足口病、とびひなど。
盛り上がらずに形や大きさはさまざまな斑点ができる	突発性発疹、猩紅熱、はしか、風疹など。

●はしか

一〇日から一二日の潜伏期間のあと三八度～三九度の高熱が出ます。同時にせきや鼻水、結膜炎などの症状があらわれます。熱は三～四日続き、いったん下がりかけたようになりますが、再び前よりももっと高い熱が出ます。このときに赤い小さな発疹が出はじめ、耳のうしろから顔、体へと広がっていきます。高熱と発疹は四～五日でおさまりますが、この時期が一番つらいといえるでしょう。

肺炎、中耳炎などの合併症を起こしやすいので、注意が必要です。早めにワクチンを接種しておくといいでしょう。

●風疹

三日ばしかの別名もあり、はしかに似ていますが、発熱と同時に発疹が広がり、首や後頭部のリンパ節がはれます。症状は軽く三～四日でなおります。

●水ぼうそう

二週間ほどの潜伏期間があってから、おなかや背中に虫さされのような米粒大の発疹ができはじめ、それが水疱になりかゆみが出てきます。発疹の最盛期には熱をともない、発疹は一週間くらいで乾いてかさぶたになります。感染力が強いので、保育園などで突然流行しますが、感染症の中では軽い病気です。

●猩紅熱《しょうこうねつ》

三～一二歳くらいの小児がかかりやすく、溶連菌によるのど風邪に、発疹が加わります。のどの痛みから急に高熱が出て、吐いたり、腹痛や頭痛を訴えることもあります。発病後一～三日の間に発疹が出て、五日ほど続きます。赤いこまかな発疹が全身に広がりますが、口のまわりだけはできません。舌はいちごのようなブツブツになります。

抗生物質による十分な治療で、合併症を防ぐことが必要です。

●手足口病

その名の通り、手足に小さな水疱が出て、口の中にも口内炎ができます。軽い熱とのどの痛みがありますが、発疹以外の症状はさほどひどくありません。

三、四日でなおりますが、口内炎が悪

化すると食事が取りにくくなることもあります。

●りんご病

五歳から十四歳くらいの年齢に多く、頬がりんごのように赤くなり、その部分が盛り上がって熱を持ちます。腕、太ももにもレース模様のような発疹が出ます。多少熱の出ることもありますが、特別な治療をしなくても五日程度でなおります。なおりかけに入浴したり、日光にあたるとぶり返すことがあります。

●川崎病

四歳以下の乳幼児に多く、高熱が四～五日、長くて十日くらい続いたのち、体に大小さまざまな不定形の発疹が出ます。唇や、口の中、目の粘膜も赤くなります。手足がテカテカに光り、はれてパンパンになるのも、特有です。

症状は、はしかや扁桃炎によく似ていますが、抗生物質を投与しても熱が下がらないとき、川崎病が疑われるようです。断定するためには、血液や心臓の検査も必要です。

一部心臓障害を起こすことから、以前はそのことが強調されてこわい病気のイメージがありました。しかしさまざまな治療法が検討された結果、かなりの確率でなおるとされています。（発熱の項。170ページ参照）

皮膚のトラブルいろいろ

●とびひ

黄色っぽい水ぶくれのようなものが顔や手足の皮膚にあらわれ、やがて水ぶくれが破れて中の膿がかさぶたになります。子どもはかゆくて、かさぶたをかきます。かいた指で触れた場所にすぐ菌がうつり、あちこちにできてしまうところから、とびひの名前がついています。ぬり薬、あるいは内服薬でなおります。とびひのできているところは、ガーゼなどでおおっておくといいでしょう。

●じんましん

一口にじんましんといっても、さまざまな出かたがあります。一種のアレルギー反応と考えられますが、原因のわからないものもあり、症状がひどいときは医師の診断が必要です。皮膚が赤く盛り上がり、かゆくなりますが、短時間でひいてしまうものも少なくありません。特定の食べものや薬品に反応することがわかったら、それを摂取しないようにして今後の発病を防ぎます。

●あせも

あせもは予防することも大切です。清

発疹のあるときの注意

かきむしらないようにガーゼを手にかぶせてやる。

口の中に発疹があるときには食べやすいものを。

さまざまな病気にみられる発熱と発疹

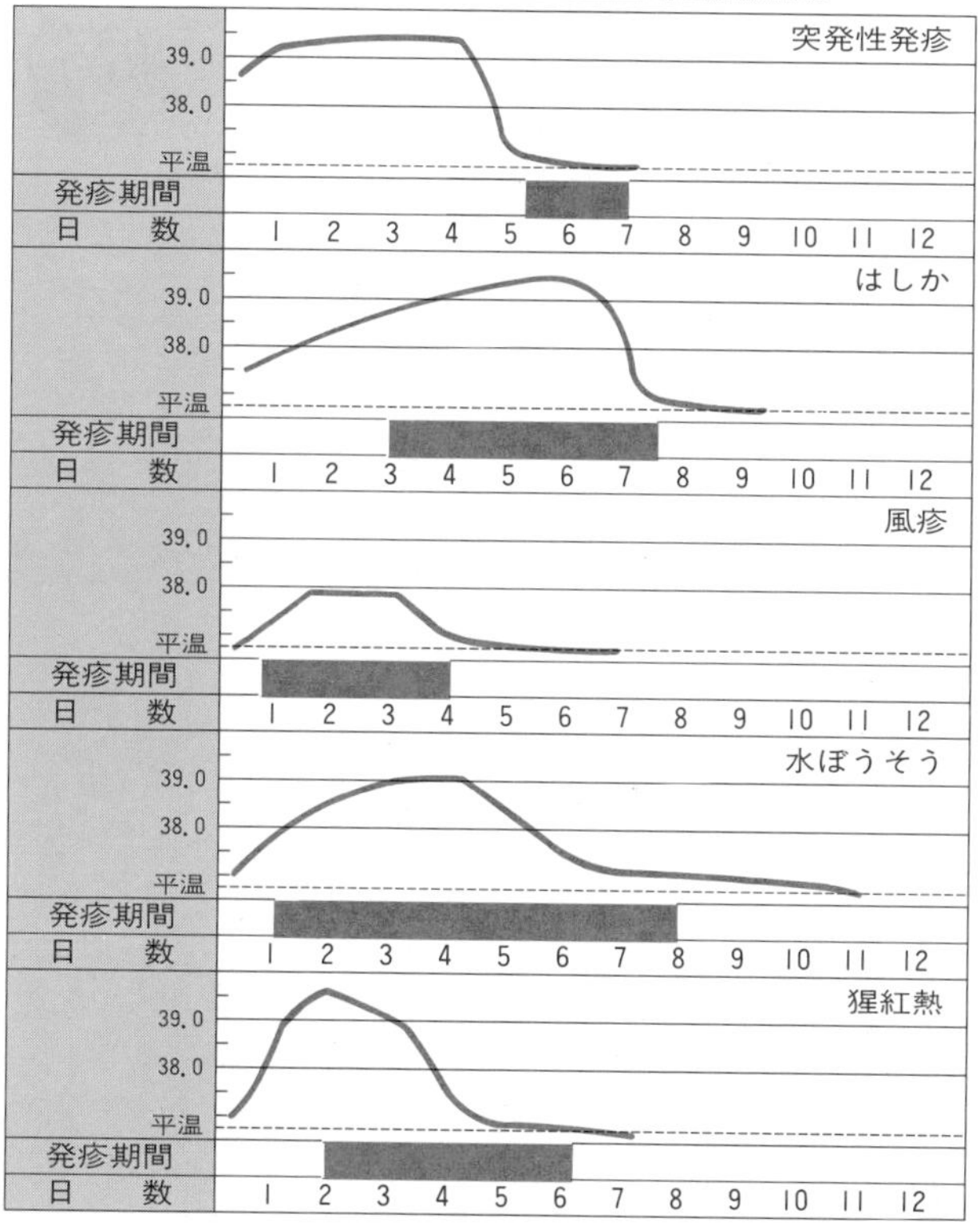

潔にして汗をかいたら拭き取ること、汗を吸いやすい綿の肌着を着せて、こまめに着替えさせることなどです。あせもが悪化してうんでしまったり、かゆみのある湿疹のようになったときは、専門医に見てもらって処置をあおぎましょう。

●湿疹

生後一～二か月の赤ちゃんは、顔や頭に脂っぽい湿疹の出ることが多いのですが、お風呂でよく洗い、清潔にしていれば自然となおってしまうこともあります。ひどくなったら医師の治療を受けますが、湿疹のできやすいタイプの赤ちゃんは、一度なおってもまたできることがあります。その場合はアトピー性皮膚炎であることが多く、強い薬を長時間使うと副作用も心配されるので、医師とよく相談しながら治療していきます。

●アトピー性皮膚炎

先天的に過敏な体質に多く見られるもので、アレルギー体質とも密接な関係があります。乳児期のアトピーは二歳くらいでなおることもあります。症状は、頬や耳のうしろがガサガサして赤くなり、かゆみを持ちます。かきこわしたり、症状がすすむとただれたようになります。中には幼児期まで続いたり、四歳くらいから出はじめ思春期近くになって自然となおる場合もあります。

アトピー性皮膚炎のはっきりした原因、食物との因果関係などはまだ結論が出ていません。成長とともに少しずつ軽くなっていくものです。適度に薬を使いながら、子どもの日常生活がつらくないよう、かゆみの対策や衣類、入浴などに心をくばってあげましょう。

その他の気になる病気

人間の体は、トラブルに出あったとき、自然になおろうとする力を発揮します。赤ちゃんも同じです。病気をおそれるのではなく正しい知識と医療で積極的にトラブルにアタックしましょう。

●結膜炎

細菌やウイルスが原因で、目が赤くなり目ヤニと涙が出ます。細菌性のものは黄色っぽい目ヤニがたくさん出ますが、眼科で抗生物質を点眼することによってわりにすぐなおります。

風邪をひいたり熱があるときなど、透明な目ヤニが出てまぶたがはれたり、涙目になることもあります。これらは風邪の症状とともに自然となおっていきます。

●さかさまつ毛

赤ちゃんのまぶたは、脂肪が多く筋肉が弱いので、まつ毛が黒目に触れやすく、多くの赤ちゃんが一時的にさかさまつ毛になります。自然になおるものがほとんどですが、角膜が傷ついているときは眼科で治療します。

●中耳炎

中耳炎は子どもに大変多い病気です。鼻やのどについた細菌やウイルスが中耳にはいり炎症を起こします。強く鼻をかんだり、激しいせきからも起こります。特に一～二歳の乳児はなおりにくかったりくり返してなることもあります。耳の病気は根気よく治療することが必要です。

症状は耳の痛みからですが、赤ちゃんの場合、ふきげんになり、夜泣きをしたり、頭を振る、耳をさわるなどの様子が見られます。そうするうちに耳だれが出てきて発見されるケースが多いようです。

耳鼻科で抗生物質や痛みどめを処方しますが、鼓膜が膿でひどくはれているときには、鼓膜切開をすることもあります。傷はすぐにふさがるので、心配はいりません。

これらの中耳炎はふつう化膿性中耳炎といいますが、ほかに滲出性中耳炎といって耳だれや痛みの症状の出ないものもあります。鼓膜の内側に滲出液がたまり、耳の聞こえが悪くなったり、耳の中でコトコト音がするなどの症状が出ます。

●出べそ

赤ちゃんが泣いたり気張ったりしておなかに圧力がかかると、おへそから腸の一部がふくれ出してきて、出べそのようになることがあります。へそのおを通る血管がおなかの中にはいりこむ部分を臍輪といいますが、ここはもともと筋肉のない場所で、腹壁の窓のようになっています。臍輪は一歳くらいまでに自然と閉じるので、よほど大きな出べそでもない限り、ほうっておいてもいいでしょう。

●そけいヘルニア（脱腸）

足のつけ根（そけい部）にはおなかの

筋肉のすき間があり、腹圧がかかるとそこから腸が出てきて、そけい部がふくらみ、ときには痛みます。自然になおる可能性もありますが、安全な手術が行なわれることも多く、数日の入院ですみます。

●斜頸

生後まもなくの赤ちゃんは、寝ぐせがあって、同じ方向ばかり向いて寝ていることがあります。しかしあまり頑固に片側ばかり向いているときは、赤ちゃんの首にさわってみましょう。斜頸が原因の場合は、いつも顔を向けているほうと逆のほうの首の筋肉に指先くらいのしこりが見つかります。

大部分のものはしだいに小さくなって自然になおります。顔がまっすぐ上を向くように、寝ているときタオルなどをはさんでもいいでしょう。首がすわるころになったら、しこりのある側でガラガラを振るなど自分から首をまわすようにします。無理に力を加えるのはよくありません。

しこりが大きく、一歳すぎても消えないときは整形外科に相談しましょう。

斜頸については、保健所の三〜四か月健診でも調べます。

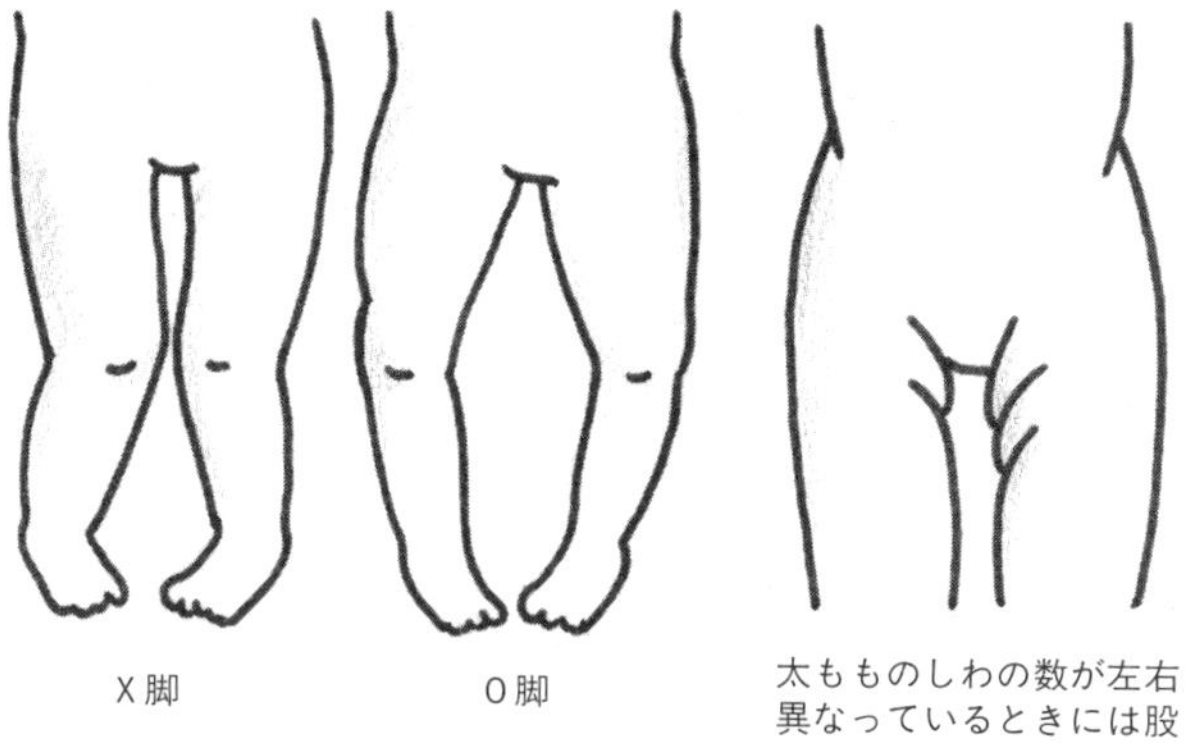

太もものしわの数が左右異なっているときには股関節脱臼が疑われる。

●先天性股関節脱臼

股関節脱臼は、ある程度予防することができるので、最近は少なくなった異常です。ただし自覚症状も痛みもないので、健診のときやおむつ替えのときに確かめてみるといいでしょう。

赤ちゃんの両足のもものところを持って、左右同時に押し広げたとき、同じように開けば問題ありません。どちらか一方に抵抗が感じられたり、開きが悪いときは可能性があります。まれにポキポキという音がすることもあります。

おむつの当てかただけでなおる場合もありますが、専用のバンドをつけて自然になおす方法も取られます。

赤ちゃんの足は、アルファベットのM字の形です。がに股は股関節の筋肉をリラックスした自然の姿なので、不自然な力を加えないようにして、股関節脱臼を予防しましょう。

●O脚とX脚

はじめのうちO脚だった赤ちゃんの足は、二歳くらいになると今度は逆にXの形になります。X脚とは、両方の脚をまっすぐ伸ばしたとき、膝が重なったり、くるぶしが離れたりする状態です。三歳くらいが一番強く出る時期ですが、その後しだいにまっすぐになり六〜七歳くらいでなおります。

やけど・打撲・傷・骨折

赤ちゃんに安全な環境をととのえてあげたいと考えるのは当然ですが、子育てにけがや病気はつきもの。それを避けて通ることはできません。なにかあったときには落ち着いた処置が必要です。

やけどはまず水でひやす

やけどは、乳幼児の事故にたいへん多いものです。部屋の中にはやけどの原因になるものがたくさんあります。赤ちゃんがはいはいをするころから、くれぐれも注意が必要です。ポットはもちろん電気のコードやコンセントでの事故もあります。浴槽のお湯も要注意です。

やけどをしてしまったときは、まずすぐに流水でひやします。これはどんなやけどでも同じことです。軽いものならひやしただけでなおることもありますし、重症の場合も病院に連絡する前にまずひやすことです。

水道を利用して二〇分くらいひやし続けます。やけどが広範囲におよぶときは、浴槽かたらいにつけます。水をかけにくい場所には、ぬれタオルを当てて取り替えることをくり返します。ビニールに氷と水を入れてひやしてもいいでしょう。

衣服を着ているときは、脱がせないで、先に衣服の上から流水をかけ、ひやしながら脱がせます。やりにくければはさみで切り、皮膚にくっついている部分は無理にはがさずそのまま医師に見せます。

病院へ連れていくときには、ひやした場所に清潔なガーゼかタオルを当て、空気に触れないようにします。傷口に味噌や油をぬってはいけません。

頭の打撲

頭を強くぶつけたときは、意識のあるなしがポイントになります。すぐに泣いたときはひとまず安心ですが、時間がたってから意識が薄れてくることもあるので、ぶつけてから二十四時間は気をつけておきましょう。二〜三日たって元気なら心配ありません。

ぶつけたあとすぐ泣かず、ボーっとしていたり、すぐ泣いてもしばらくしてから意識がおかしくなったときは、すぐ病院へ連れていきます。そのほかにも、嘔吐、手足の動きが鈍くなる、ろれつがまわらなくなる、けいれんが起こる、耳や鼻から血や液体が出るなどの症状が見られるときには、早急に医師の診察を受けましょう。

●すり傷の処置

すり傷は、傷口に砂などがついているので、あとで化膿しないようよく水で洗い流してから消毒することが大切です。絆創膏やガーゼをはった場合は、長くはりっぱなしにしておくと傷にくっついて

やけどの手当て

やけどで肌にはりついた衣服は無理にはがしたりせず、他の部分をハサミで切って脱がせる。

患部が広いときは水を入れた浴槽などで全身をひやす。

手や足のやけどは水道の流水でひやす。

しまうので注意します。傷がジクジクしてなおりにくかったら、病院で見てもらったほうがいいでしょう。

●切り傷は止血も必要

出血の多いときは、止血をします。一番安全で確実な止血法は圧迫止血法です。傷の上から清潔なガーゼを何枚も重ねてぐっと押しておくと、少々の出血ならやがてとまります。出血が多いとお母さんはあわててしまいますが、命にかかわるような大出血はめったにないものです。落ち着いて手当てしましょう。傷が心臓より下の部分であれば、患部を高く上げてささえることも効果があります。

ガーゼを何枚取り替えても出血がとまらないときには急いで病院へいきましょう。また傷口が深かったり、ギザギザになっているものは、縫わなければならないこともあるので、早めに病院へいってください。

●刺し傷

とげ、ガラスやくぎなどが刺さった傷は、刺さったものがすぐ抜けるようなら抜いて止血してから、傷口を十分消毒します。刺し傷はたいしたことがないように見えても、深く傷ついている場合があるので、刺さった異物が取れなかったり、痛みが強いときは外科医の診察を受けましょう。ガラスの細かい破片や針金などを刺したときは、無理に抜かずに傷に消毒液をかけ、病院へ急ぎます。

●骨折

ころんだり高いところから落ちて手足を打ったとき、骨折したかどうかすぐに判断がつかないこともあります。また折れた瞬間はあまり痛くなくても、直後に痛んでくることもあります。子どもの手足にさわると泣いて痛がる、体を動かそうとすると痛がる、患部がはれて皮膚の色が変わるなどの症状があるときは、すぐ外科医の診察をうけましょう。

●脱臼

子どもは肩やひじの関節がはずれやすく、手足の動きや痛みに注意して、脱臼の可能性があるときは整形外科などの専門医にみせます。

また脱臼はくせになりやすいので気をつけましょう。

溺れ・日射病・虫さされ

なにかの原因で呼吸がとまった場合、人間の体は五～六分というわずかな時間で脳が酸素不足状態になり、機能障害をひき起こします。そのときに役に立つ適切な応急処置を心得ておきましょう。

溺れたとき

家庭内の溺水事故は、浴槽や洗濯機によるものがほとんどです。赤ちゃんは一〇cmの深さの水でも溺れることがあるので、くれぐれも注意が必要です。赤ちゃんがつかまり立ちをはじめたら、浴槽や洗濯機に近づかないようなくふうをしてください。

乳児は足首を持って吊るし背中ををたたく。

立てひざの上にうつぶせにして背中をたたく。

溺れたとき、意識がはっきりしている場合は、手早く水を吐かせます。大人が立てひざをし、その上に子どもをうつぶせにして背中をたたきます。泣き声をたてるようならまずひと安心です。

意識がなくなっていたり、ぐったりしているときはすぐ救急車を呼び、その間に応急処置として人工呼吸をします。呼吸と脈をみて心臓もとまっているようなら、次の方法で人工呼吸と心臓マッサージを交互にします。

●人工呼吸

①子どもの首の下に手をそえて、あごをつき出させる姿勢をとる。

②口の中の異物を取り除き、舌をのどから離して気道の確保をする。

③子どもの口と鼻を大人の口でおおい、五秒に一回息を吹きこむ。吹きながら子どもの胸がふくらむのを確認する。

④子どもの呼吸がもどらなければさらに人工呼吸を続ける。

●心臓マッサージ

大人は左手で子どもの背中をささえます。子どもの胸の中央に右手をあてて人さし指と中指に力を入れてグッグッと押します。

マッサージと人工呼吸は二人で同時に行なうといいのですが、一人のときには交互にします。五回押したら口に息を入れ、また五回押す、息を入れる、の要領です。呼吸と意識が回復しても、必ず医師の診察を受けておきましょう。

日射病は涼しいところでひやす

強い陽ざしに長時間さらされると、体に熱がたまって体温コントロールができなくなり、日射病になります。また密室状態の暑い部屋や車の中などで起こる同じ症状を、熱射病といいます。赤ちゃんを車に寝かせたままにすることはやめましょう。特に夏は、あっというまに車内の温度が上がってしまうので危険です。

日射病、熱射病を起こすと、子どもは高い熱を出して顔が赤くなり、ぐったりします。脱水症状を起こす可能性があるので、すぐに涼しいところへ移動させてください。頭を高く寝かせ衣服をゆるめ、ぬれタオルなどで頭や体をひやします。さらにつめたい飲みものを与え水分をおぎないます。

吐き気が強い、意識がはっきりしない、高熱が続くなどの症状のあるときには、急いで病院へ連れていきます。

虫に刺されたとき

刺された直後であれば、アンモニア水をぬると楽になります。かゆみが強いとき、時間がたっているときは抗ヒスタミン軟膏をつけます。

ハチに刺されたときは、痛みとはれが強いのでとりあえずアンモニア水や抗ヒスタミン軟膏などをぬります。このとき冷湿布をするといくらか痛みがやわらぎます。ハチの種類によっては毒性が強く、針が残っていることもあるので、一応医師の診察を受けてください。

人工呼吸法

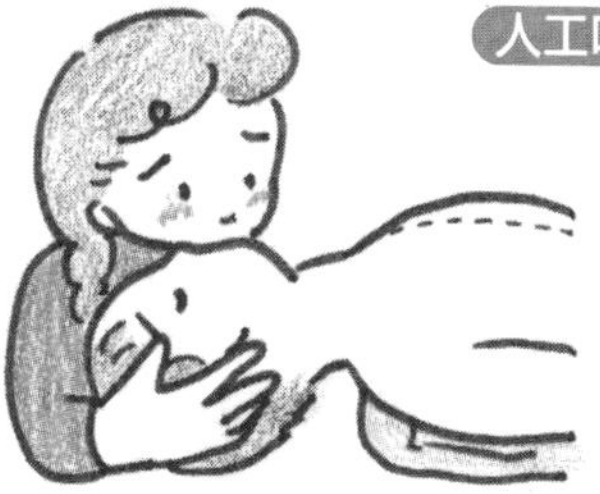

乳児なら口と鼻を同時に大人の口でふさぎ、同時にふさげぬ幼児なら鼻を手でつまんで、胸の動きを見ながら5秒に1回の割合で口に息を吹きこむ。

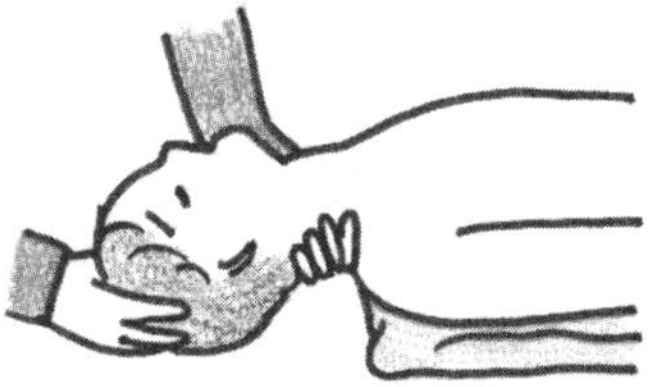

あおむけにして片手を首すじ、片手をひたいに当て、頭をうしろにそらせて気管を開き、空気が通るようにする（気道の確保）。

心臓マッサージ

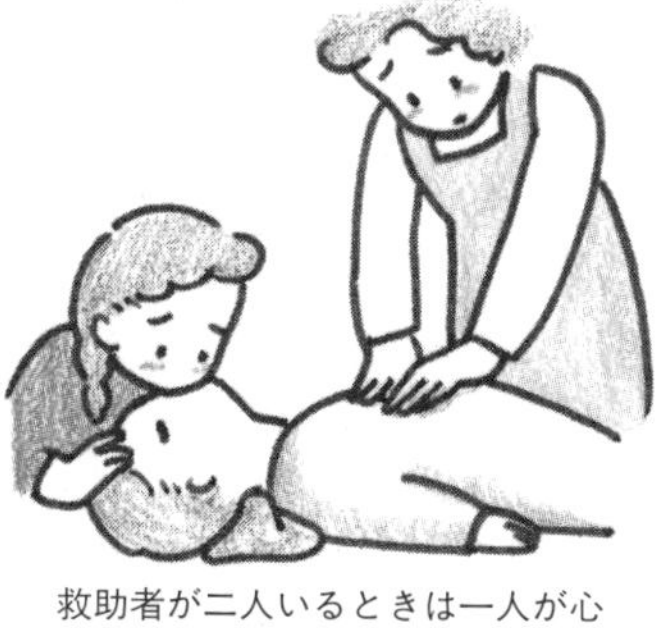

救助者が二人いるときは一人が心臓マッサージをし、マッサージ5回に1回の割合で息を吹きこむ。

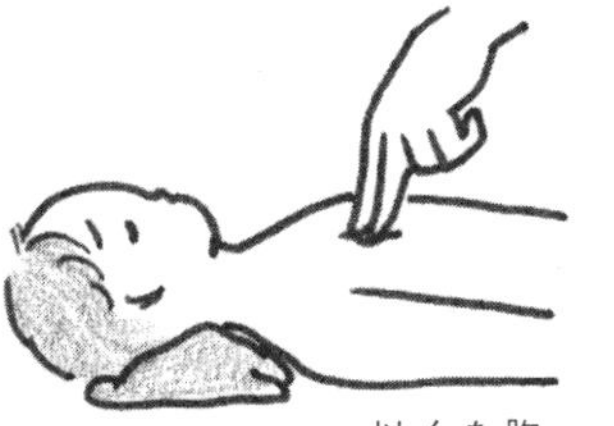

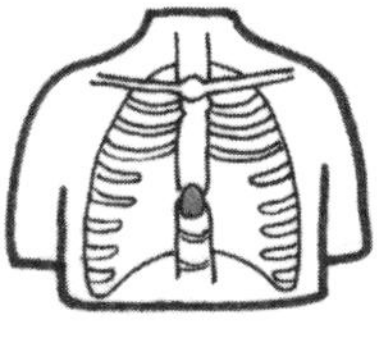

胸のまん中（胸骨の上）を人さし指と中指で強く速く、間隔0・5秒以内で圧迫し続ける。

異物を飲んだ・つまらせた

誤飲をしたときは、なにをどのくらいの量飲んだのかよく確かめます。ほんのちょっとなめただけのこともあります。まず落ち着いて確認し、吐かせるか吐かせないかを判断します。

毒物を飲んだとき

●吐かせずにすぐ病院に連絡するもの

トイレ用洗剤、漂白剤、排水パイプ用洗剤、カビ取り洗剤、ワックス、マニキュア、除光剤、灯油、ガソリン、シンナー、殺虫剤、塗料、ボタン電池、ピン、ガラスの破片など。

赤ちゃんが飲んだり食べたりした毒物は、原則的には吐かせますが、中には吐かせてはいけないものがあります。石油類や酸性・アルカリ性の強いものは、胃から再び出ると気道にはいって危険です。水を飲ませて薄め、急いで救急車を呼びます。

●吐かせるもの

タバコ、アルコール飲料、整髪料、香水、化粧品、台所洗剤、シャボン玉液、シャンプー、薬類、インク、靴墨など。

吐かせるときは、なるべく早く水か牛乳を飲ませ、子どもののどの奥に指を入れて、舌の奥を押すように刺激します。何回か吐かせたら、病院へ連れていきますが、そのとき飲んだものの容器を持参します。

ただしナフタリンは、牛乳に溶けて吸収が早まってしまうので、牛乳を飲ませてはいけません。

タバコは、二cm未満ならまず様子を見てからでいいでしょう。灰皿に水がはいっていてその水をのんだ場合は危険です。ただちに吐かせて病院へいきます。

のどにつまったとき

ものを食べながら、あるいは遊んでいるときに子どもが急に目を白黒させて苦しみ出したときは、窒息の危険があります。

①赤ちゃんをさかさまに抱いて背中の中央を勢いよく数回たたきます。のどの入口にひっかかっている程度なら、たいてい出てきます。子どもが大きければ、立

のどにつまったものの吐かせかた

さかさに抱き上げて背中を平手で強くたたく。

乳児はさかさに両足首を持って背中を強くたたく。

てひざをした上に、子どものおなかがくるように、うつぶせにしてたたきます。

②子どもをうしろから抱きかかえるようにして、ひざの上に座らせみぞおちのあたり（おへその少し上）に大人の両手を置き、人さし指と中指で素早く上方に押します。この方法は、横隔膜を押し上げて、肺の空気を勢いよく出すことで、異物を押し出す効果のあるものです。

深いところにはいっているようなら、立たせた姿勢で背中をたたくことで、奥に落ちて楽になることもあります。

いずれにしても、取れないときは至急病院へいきます。

目にゴミがはいったとき

なるべく手でこすらないようにしていれば、涙が出て自然に流されます。まぶたの裏にはいったゴミは、まぶたをつまんで裏返すようにして、ぬれた綿棒やガーゼで拭き取ります。砂が大量にはいって取れにくいときは、目薬をさしたり、清潔なきゅうすやスポイトに入れた水で洗い流します。

鼻にものをつめたとき

こよりなどで鼻をくすぐり、くしゃみをさせると出てくることがあります。鼻をかめる年齢なら、片方の穴をふさいで強く鼻をかませます。お母さんが口で吸ってもいいでしょう。

耳に虫や異物がはいったとき

虫は、懐中電灯を当てると光に誘われて出てくる場合もあります。またベビーオイルを耳の中へほんの少したらすと、虫は窒息死します。先の丸いピンセットで取り出しますが、取りにくいときには耳鼻科にいきましょう。

プールやお風呂で水がはいったときは、タオルの上に耳を下にして寝かせます。綿棒を使うときには、奥まではいりすぎないように注意してください。

おもちゃの部品など小さな物が耳にはいった場合、無理に取ろうとすると鼓膜を傷つけることもあるので、耳鼻科にいったほうが安全でしょう。

目にゴミがはいったとき

上の場合も下の場合もまぶたを裏返して、水でぬらした綿棒でとる。

耳に虫がはいったとき

ベビーオイルを耳の中に数滴たらして虫を殺しピンセットで取るか、懐中電灯の光を当てて虫が出てくるのを待つ。

鼻に異物がつまったとき

つまっていないほうの穴を押さえ、フンと強く息を出させるか、口を当てて吸い出してやる。こよりでくすぐってくしゃみをさせてもよい。

これだけはそろえておきたい救急用品

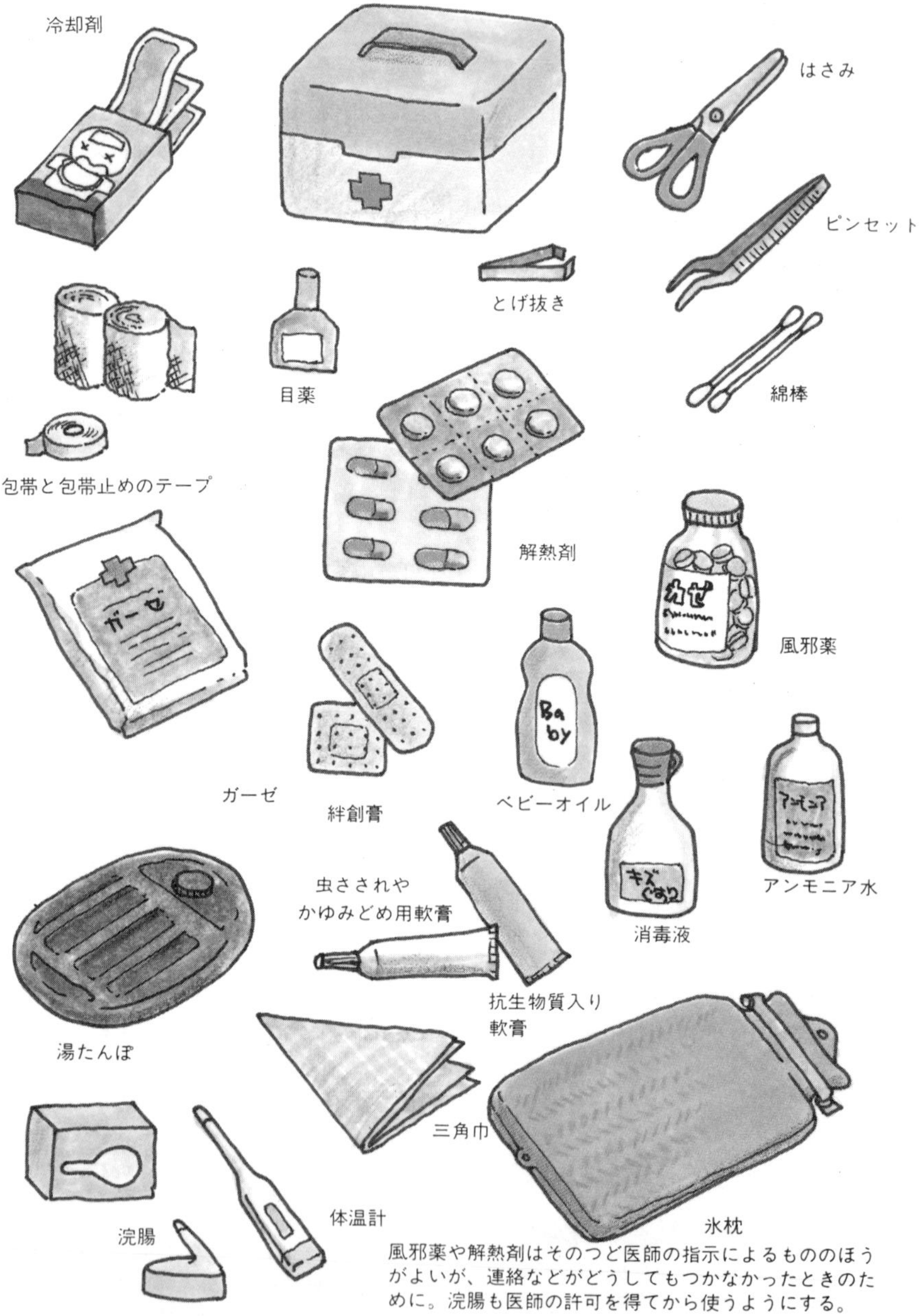
冷却剤
はさみ
ピンセット
とげ抜き
目薬
綿棒
包帯と包帯止めのテープ
解熱剤
風邪薬
カゼ
ガーゼ
ガーゼ
絆創膏
ベビーオイル
Baby
アンモニア水
虫さされや
かゆみどめ用軟膏
消毒液
キズぐすり
抗生物質入り
軟膏
湯たんぽ
三角巾
氷枕
体温計
浣腸

風邪薬や解熱剤はそのつど医師の指示によるもののほうがよいが、連絡などがどうしてもつかなかったときのために。浣腸も医師の許可を得てから使うようにする。

初めての育児12か月

監　修　小《こ》　滝《たき》　周《しゅう》　曹《ぞう》
発行者　深　見　悦　司
印刷所　大盛印刷株式会社

発　行　所
成美堂出版
〒112-8533 東京都文京区水道1-8-2
電話(03)3814-4351 振替00170-3-4466

PRINTED IN JAPAN
ISBN4-415-01095-4